ÉTICA POLICIAL

ÉTICA POLICIAL

JOSÉ LUIS SERVERA MUNTANER
Catedrático de Ciencias de la Educación en E.M.

tirant lo b||anch
Valencia, 1999

Colección dirigida por:
FRANCISCO ANTÓN BARBERÁ

EDITA: TIRANT LO BLANCH
C/ Artes Gráficas, 14 - 46010 - Valencia
TELFS.: 96/361 00 48 - 50
FAX: 96/369 41 51
Email:tlb@tirant.com
http://www.tirant.com
DEPOSITO LEGAL: V - 2962 - 1999
I.S.B.N.: 84 - 8002 - 907 - 2
IMPRIME: GUADA LITOGRAFIA, S.L. - PMc

A María Jesús, Rocío y Javier

Índice

La moral no consiste sólo en ser bueno,
sino en ser bueno para cualquier cosa.
Henry David THOREAU

Prólogo

Me temo que el único mérito que puedo aducir para prologar este libro sea mi amistad y el afecto con que me distingue JOSÉ LUIS SERVERA MUNTANER, Catedrático de Ciencias de la Educación de Enseñanzas Medias, profesor de Sociología, hombre vitalista, amante de la mar, de múltiples, profundos y variados conocimientos. Acepto con gusto el encargo, a la vez que agradezco el honor y el placer de poder leer su manuscrito antes de que vea la luz pública.

Decía un famoso crítico inglés que si la obra es mala, no bastarán todos los prólogos firmados por los autores más ilustres para hacerla buena ni pasadera; y si la obra es buena de verdad, sin necesidad de prólogo, se recomendará por sí misma. Este último es el caso del trabajo que nos ocupa.

La Ética, disciplina fundada por Aristóteles, tiene muchas definiciones como ustedes saben y procede del griego, costumbre, se explica como: *la ciencia de las costumbres*. También suele precisarse: *metafísica de las costumbres, ciencia de los actos humanos, ciencia del bien y del mal, ciencia de los principios constitutivos y fundamentales de la vida moral natural, filosofía moral,...* La palabra moral (del latín *mos-moris*, costumbre), significa etimológicamente lo mismo que ética. En todas estas definiciones hay un fondo común, que es la voluntad libre en acción. Y como la voluntad no se mueve sino en busca del bien, que es su fin, en la relación de esos dos términos hay que apoyar el concepto y la definición de la Ética.

JOSÉ LUIS SERVERA no nos habla tan sólo de Ética, sino de ÉTICA POLICIAL y aquí está precisamente la novedad. Pese a una introducción desesperanzada, así lo atestiguan frases como «*no se añora la ética porque casi no la han conocido nuestros jóvenes*», subyace en el texto un rayo de esperanza: «*no todo lo que se ve es negativo*», para descargar seguidamente sobre los muchachos llenos de ideales la tarea renovadora, al confiar sus esfuerzos al servicio de los más necesitados que, sin duda, propiciarán aires frescos ante el poder casi omnímodo del neoliberalismo económico y cultural, auspiciado por las multinacionales.

Nada tiene que ver el planteamiento formulado en este libro con el enfoque deontológico clásico de antaño, impartido por ejemplo en las clases del pionero P. TORRENTE, en la antigua Escuela General de Policía de la calle Miguel Ángel de Madrid, desde una visión totalmente confesional. Se trata de una ética policial actual, aconfesional, válida para cualquiera, creyente o no.

Sin ser un libro de investigación, lo es de divulgación; no carece de precisión científica, su autor pretende una fácil comprensión, no ajena al esfuerzo reflexivo, para que el lector, desde los primeros apartados, tenga una visión global de la sociedad en la cual estamos inmersos y pueda explicar la pluralidad moral.

ÉTICA POLICIAL se estructura en doce capítulos, los primeros dedicados especialmente a introducirnos en los conceptos básicos, para ir poco a poco transitando por el desarrollo y progreso ético del hombre y desembocar en las líneas fundamentales de la Deontología policial en la España actual. Igualmente, forman parte de la obra tres Anexos, cruciales a mi entender, para futuros investigadores del tema.

En resumen, labor de recopilación, estudio y puesta al día de una materia importante en una sociedad democrática, en la cual el policía debe superar los retos asignados para mejor proteger el libre ejercicio de los derechos y libertades y garantizar la seguridad ciudadana, según proclama nuestra Carta Magna.

A los lectores en general, a los integrantes de los Cuerpos y Fuerzas de Seguridad en particular y a cuantos se hallan relacionados de un modo u otro con el mundo policial, asegurarles que la lectura de este libro no les defraudará, pues desde este instante puede augurársele un buen futuro, convencido como estoy de que el tiempo le hará ocupar en la Colección Ciencia Policial, que ahora lo acoge ilusionado en su seno, un lugar destacado en la misma. Finalmente, solo me resta, una vez más, reiterar mi agradecimiento al autor por la confianza depositada.

L'Eliana, 23 de Mayo de 1999

FRANCISCO ANTÓN BARBERÁ
Inspector Jefe del Cuerpo Nacional de Policía
Profesor del Instituto de Criminología U.V.

Introducción

Hoy día, aunque parezca una paradoja, la ética está de moda porque se nota que no existe, se palpa la falta de ética, se constata su necesidad y se añora. Los más jóvenes, quizás, ni siquiera la añoran porque casi no la han conocido.

No es un problema de la juventud actual, sino de nuestra sociedad actual, del neoliberalismo y de la economía de mercado que dominan nuestra sociedad. No sólo en la sociedad española, sino en todas las sociedades desarrolladas donde bastantes, no todos, viven bien.

Vamos a analizar por qué pasa esto. ¿Dónde están las raíces de este vacío ético? Es necesario que abramos bien los ojos, que atinemos en el análisis del origen del mal que sufre nuestra sociedad. Por todo ello, nos ha parecido interesante que antes de hablar de ética profesional se hiciera un análisis del por qué existe un vacío ético que como hemos dicho no sólo afecta nuestra sociedad española sino a todas las desarrolladas.

Estamos cansados de ver cómo la corrupción se extiende por todas partes. No todo está corrompido, pero sí que son muchos los que se dejan corromper. Basta echar una ojeada a la prensa diaria o escuchar los telediarios para darnos cuenta que esto es verdad. El mal uso de los fondos reservados, comisiones ilegales que se reciben a costa de que suba el valor que tiene que pagar el dinero público, malversación, cohecho y prevaricación, palabras que a fuerza de oírlas ya se nos han hecho habituales, los famosos «pelotazos» que tanto han dado que hablar, la «ingeniería financiera» y la «maquillación de presupuestos» forma elegante y retorcida de disimular el llamar las cosas por su nombre, como es robar. Parece que se impone la *antiética* del: *todo vale, sólo cogen a los tontos, cuanto más pueda ganar y más rápido mejor*, a costa de lo que fuere, deseo de poder y de ascender, a costa de quien sea, cambio de chaqueta las veces que haga falta para poder seguir estando subido al carro de la política y seguir trepando, autopistas deficientes que con las comisiones han resultado de las más caras de Europa y una larga lista de más cosas.

Pero no todo lo que se ve es negativo. También se puede observar que nacen nuevas sensibilidades a la contra de la dinámica social, que al no estar cohesionada, por sus contradicciones, va creando dichas sensibilidades que hacen posible un florecimiento de organizaciones no gubernamentales, alimentadas por jóvenes que llenos de ideales ponen su esfuerzo al servicio de los más necesitados y si pueden en los países más deprimidos. Otros que se lanzan contra la voracidad del sistema y se oponen a que se siga machacando la naturaleza, contaminando y sin preocuparse del futuro. Son los llamados verdes que se sienten custodios de nuestro planeta, sobre todo velando para que exista un futuro para las próximas generaciones. Otros que se lanzan a la calle con pancartas antimilitares y antibelicistas, defendiendo que lo que hace falta es menos armamento y más diálogo para resolver nuestros problemas. Otras que centran toda su vida en defender los derechos de la mujer, reivindicando una sociedad más justa donde la mujer sea tratada con los mismos derechos que el hombre y cuyas relaciones hombre y mujer sean en un plano de diálogo e igualdad.

En fin, que también soplan otros aires frescos capaces de ilusionar con la utopía y producir nuevos cambios sociales. Sin embargo, a pesar de todo y de momento, sigue dominando un sentimiento de impotencia ante el grandísimo poder del neoliberalismo, no sólo económico sino también cultural que impregna las instituciones oficiales y es la bandera que impulsan las grandes multinacionales.

Este libro, quiere ser por una parte una reflexión general sobre la ética para analizar y clarificar sus aspectos más relevantes y motivar hacía una mayor preocupación por lo ético, y por otro lado, una reflexión sobre la deontología profesional de una policía actualizada y adaptada a las sensibilidades y exigencias de la sociedad actual. Hablamos de una policía que hoy es más necesaria que nunca como garante del orden social y de los derechos fundamentales, únicamente al servicio de todos los ciudadanos, sobre todo los más desfavorecidos, a pesar de las presiones que tendrá que aguantar, porque solamente este tipo de servicio es el que la justifica y que la honra, y que le da la autoridad moral para poder actuar.

Quiere ser un libro, no de investigación, ni de polémicas académicas, sino de divulgación, que pueda ser leído y aprovechado por el policía de a pie, aunque le suponga un pequeño esfuerzo reflexivo, cosa que cada día nos cuesta más porque no estamos acostumbrados a ello, pero que sigue siendo necesario hoy más que nunca si queremos conservar una personalidad propia y con ideas personales.

A través de este pequeño esfuerzo reflexivo, se pretende que el policía pueda ir descubriendo por el mismo, las claves que nos explican el por qué de lo que está sucediendo en nuestra sociedad.

En el planteamiento del trabajo, hemos huido de un enfoque deontológico clásico que se impartía en las antiguas clases de moral, partiendo de una teología moral y agotando todos los temas, desde la personalidad hasta el pecado, desde una visión totalmente confesional e impropia de los tiempos en que vivimos, una vez aprobada la Constitución, en un Estado no confesional y con libertad total de creencias. Queremos confeccionar una ética policial que pueda llegar a todos los policías sean o no creyentes.

La ética al ser histórica, no puede ser tratada de una manera descontextualizada, ni como si fuese algo absoluto, definitivo o venido de fuera de este mundo.

La ética o mejor dicho, su contenido que son las normas morales, son totalmente históricas, nacidas de la interacción humana desde una sociedad y a partir de una cultura. Al ser las normas morales históricas deben ser tratadas como tales.

Por consiguiente, para hacer un análisis del momento ético actual debemos empezar analizando el momento histórico que atraviesa nuestra sociedad y cultura, viendo cuales son las características que lo enmarcan y las repercusiones que tienen a nivel ético.

Posteriormente, antes de proseguir un análisis más detallado, nos hemos parado a analizar y clarificar tres conceptos, que aunque coincidentes en algunos aspectos, son diferentes. Se trata de los conceptos de ética, moral y deontología.

Seguidamente, era primordial aclarar si toda esta investigación era necesaria o superflua. Si para la persona humana la realidad ética es algo accidental o añadido, la investigación carecerá de sentido, si por lo contrario, descubrimos que toda persona humana implica sustancialmente una vertiente ética, entonces tendrá sentido y será necesario continuar nuestra investigación.

Comprobado que la dimensión ética es una faceta sustancial de la persona humana y teniendo en cuenta que las normas morales son históricas y que nacen en la historia del hombre, hacemos un recorrido histórico del nacimiento, desarrollo y crecimiento de estas normas morales, descubriendo que cada vez se caracterizan más por una mayor sensibilidad y universalidad.

Ahora bien, este progreso histórico se ha hecho posible y solamente se puede entender desde la *interacción* hombre, sociedad y cultura, de aquí que haya sido necesario hacer un análisis de lo que es la sociedad, la cultura y su vinculación con la moral.

Sin embargo, todo nuestro trabajo no ha sido hecho principalmente por un fin especulativo sino práctico. Queremos conocer el mundo ético y sus normas morales para hacer posible un cambio social, o sino por lo menos para poder mejorarnos. Para posibilitar este cambio o mejora es importante conocer los conceptos de ideología y mentalidad, porque conociéndolos comprenderemos mejor en que situación nos encontramos y hacia qué ética, desde nuestra mentalidad concreta, tendemos. Completamos este aspecto analizando las diferencias entre mentalidad tradicional, tecnológica y postindustrial, análisis que nos ayuda a profundizar por qué nos encontramos ahora en un pluralismo ético, aspectos que pueden clarificarnos mucho los problemas que estamos viviendo.

Llegados a este punto ya sólo nos queda intentar averiguar si podemos superar el relativismo cultural a que puede conllevar el pluralismo. ¿Son todas las posturas éticas igual de respetables o por el contrario existe un progreso ético y un modo de descubrir qué normas nos comprometen más? Veremos que no toda ética está en un mismo nivel, y no por colonialismo cultural, no toda ética obliga por igual.

Finalmente, pasamos ya a los capítulos X, XI y XII que una vez introducido el tema ético, nos permiten hacer un análisis de la ética policial como deontología profesional de la policía. Viendo en el capítulo X la importancia que tiene hoy una deontología profesional para la policía. En el capítulo XI recorriendo la historia de la deontología de la policía. Para acabar, haciendo en el capítulo XII un análisis y comentario del código deontológico actual de la policía española.

En la última parte del libro, añadimos tres anexos con documentos que nos han parecido importantes para tener a mano y acompañar la lectura del libro.

Se trata de los textos internacionales que han influido en la ética policial actual. Los textos nacionales que han hecho posible la actual deontología profesional de la policía. Y en el último anexo se incluye una selección de textos que nos hacen patente y visible el progreso ético que se ha dado y que sigue avanzando.

En esta línea que hemos manifestado quiere ser de divulgación, hemos seguido a algunos autores preferidos como DAHRENDORF, HABERMAS,

Touraine, Aranguren, Mardones, Cortina, Sánchez Vázquez y muchos otros que con sus investigaciones han contribuido a iluminar los cambios sociales actuales y el camino de la ética adecuada.

Deseo agradecer, de una manera especial, a Paco Antón la ayuda que a todos los niveles me ha prestado, aportándome datos, consejos y aliento en cuanto he necesitado y sobre todo apoyando la realización del proyecto de este libro que poco a poco se ha ido haciendo realidad.

El motivo de llamar al libro *Ética policial*, a pesar de que quedará más claro en el capítulo de *Ética, moral y deontología*, ha sido porque aún dando al manual un carácter divulgador, no por ello deja de tener precisión científica y precisamente con el título de ética, he querido subrayar esta precisión que intento mantener a lo largo de todo el texto. También pretendo huir de las connotaciones negativas que conlleva la palabra moral. Recordemos las clases que aguantaron nuestros estudiantes y quizás muchos de nosotros de una moral especulativa, ahistórica, casuística y confesional.

Sin más, espero que estas líneas puedan ser útiles a los policías de a pie que desde su anonimato ejercen una profesión de servicio a la comunidad.

Capítulo I

El neoliberalismo como sistema económico y pensamiento único en el mundo actual

Características y consecuencias. El fin de la historia. Globalización y mercado único. Atractivo de la utopía neoliberal. Alternativas a lo que se ha llamado fin de la historia. Condiciones de posibilidad para la utopía humanizadora en la sociedad liberal

Como podremos ver a lo largo de este libro, la ética no tiene sentido ni puede ser analizada al margen del tipo de sociedad en que surge y se encuadra. Por eso, el objetivo principal de este primer capítulo es que conozcamos el marco social en el que nos estamos moviendo. Nuestro aquí y ahora social, es el neoliberalismo, que es más una cultura, que un simple sistema económico, con un gran vacío de valores pero también con una nueva sensibilidad naciente, que se está abriendo camino a la contra y originando unos nuevos valores que deben ser capaces de alentar nuestra esperanza de cambio, de posibilitar un mundo mejor, más solidario, más justo y menos contradictorio.

El comienzo del neoliberalismo nació con algunas tesis económicas que se empezaron a llevar a cabo en el mundo económico americano, durante los últimos años de la Administración demócrata del presidente CARTER. La victoria de REAGAN, reforzó aquella línea socioeconómica que posteriormente fue empujada con mucho más fuerza por la Sra. TAHATCHER. Esta última, lanzó en Gran Bretaña una revolución que completaba la iniciada por el presidente REAGAN en EEUU. Esta nueva concepción socioeconómica fue denominada *movimiento neoliberal* que, guiado por un pensamiento que pronto se convirtió en único, avasalló en el resto del mundo, dominio que fue facilitado por el derrumbamiento de la Unión Soviética y por el debilitamiento del movimiento socialdemócrata y del pensamiento *Keynesiano* al que pasó a sustituir, convirtiéndose en el pensamiento hegemónico del mundo occidental.

En un período histórico relativamente corto, el pensamiento liberal, ayudado por unos medios de información controlados por los centros financieros y económicos más importantes del mundo occidental, se convirtió en el pensamiento único y dominante.

El neoliberalismo considera las intervenciones del Estado como responsables del enlentecimiento económico que la gran mayoría de los países de la OCDE han experimentado desde 1972. El Estado interventor está afectando la eficiencia económica del mundo capitalista desarrollado, causando los problemas sociales derivados del enlentecimiento económico, tales como el crecimiento del desempleo, el problema social más importante en los países de la OCDE.

Dentro de las intervenciones del Estado, las que el pensamiento único considera más perjudiciales, son las intervenciones del Estado del bienestar. Recalcan que los efectos redistributivos del Estado del bienestar, transfiriendo fondos y recursos de las clases más pudientes a las más populares, están disminuyendo la capacidad de ahorro de las clases más adineradas, a las que se supone con mayores posibilidades de ahorro, disminuyendo así la inversión y la creación de empleo y bienestar social. Acusan a los que defienden la continuación e incluso expansión del Estado del bienestar, de dañar el bienestar de la población a la que intentan favorecer. Otro defecto de la política económica del Estado del bienestar es estimular el consumo, a través del gasto público, porque así se disminuye el ahorro y por lo tanto la inversión a la que siempre se ha considerado como el motor del crecimiento económico y del bienestar social. También se denuncia el impacto negativo que el Estado del bienestar tiene en la eficiencia económica a través de las rigideces que este Estado impone en el mercado laboral, tanto a través de su regulación como a través de los costes sociales que el Estado del bienestar impone a los empresarios para la protección social del trabajador. Pudiendo sintetizar todas estas objeciones en un sólo principio, a saber, *la incompatibilidad entre equidad y eficiencia económica*[1].

---

[1] NAVARRO, V. (1998): *Neoliberalismo y Estado del bienestar*. Ariel. Barcelona, p. 28

El neoliberalismo guiado por este principio de la aparente incompatibilidad entre equidad y eficacia económica, optando claro está por la eficacia económica, comenzó a reducir las intervenciones del Estado interventor, con la desregulación de la economía y de los mercados laborales, y con una disminución del efecto redistributivo de Estado del bienestar. Sin ningún reparo se favorece a los grupos más poderosos y pudientes de la población, a los que se asume que son los que más pueden ahorrar, con el supuesto que esta riqueza acumulada en la cúspide, se irá filtrando al resto de la sociedad. *Por lo tanto, para poder crecer es necesario disminuir la equidad según el neoliberalismo*[2].

Otro de los argumentos que se aducen con frecuencia para apoyar las políticas neoliberales de austeridad, es el de conseguir la competitividad rebajando los salarios o no subiéndolos para no perderla. Habiéndose demostrado en un análisis comparativo internacional de los costes de producción que mientras que en España el coste del trabajo es de los más baratos entre los países europeos con que compite, los costes de energía, de las comunicaciones, de los servicios y del dinero son de los más altos[3]. Por lo tanto, claramente se ve lo desacertado que es insistir tanto en los salarios y en la flexibilidad del empleo, cuando en ellos estamos por delante de los demás países europeos sin ser este el aspecto más importante del problema.

El pensamiento neoliberal no es sólo un pensamiento económico, es primordialmente un sistema político, sus objetivos, así como su producción, exigen un discurso y una práctica política que niega lo político[4]. En realidad, sostiene que los condicionamientos económicos internacionales determinan un camino único a seguir, independientemente de la orientación política que gobierne. Afirman la existencia de un tipo de determinismo económico.

Todo lo dicho anteriormente, vemos por los telediarios y la prensa que se está afirmando en España e intentando llevar a cabo, ya por el anterior gobierno y todavía más por el actual. Se pretende reducir el gasto público privatizando las empresas públicas y de una manera más disimulada la sanidad pública. Se está fomentando la enseñanza privada y poco a poco desmantelando la pública. Se pretende liberar el

2 Ibid., p. 29
3 Ibid., p. 34
4 Ibid., p. 35

mercado de trabas estatales y desregular más el empleo, para que se cree más empleo, y lo que se ha conseguido es que en España tengamos el empleo más inseguro de Europa. *España es uno de los países de la OCDE donde hay mayor rotabilidad e inseguridad en los mercados laborales, con mayor inestabilidad en los puestos de trabajo*[5].

Al hablar de neoliberalismo, debemos tener en cuenta que existen diferentes modos de considerarlo. Algunos ponen todo su énfasis en sus dimensiones económicas; nosotros vamos a considerarlo desde una triple perspectiva, es decir, un modo de articular la sociedad.

El neoliberalismo o capitalismo democrático se caracteriza por la conjunción de tres órdenes sociales o sistemas que configuran el rostro de nuestra sociedad actual.

Un orden económico o tecno-económico basado en el mercado único: la propiedad privada de los medios de producción y la libre empresa individual con el propósito de obtener el máximo beneficio.

Un orden político democrático que favorece la democracia representativa y parlamentaria, subrayando la autonomía individual y la capacidad de los ciudadanos para participar, reivindicar y cambiar el partido político gobernante.

Un orden cultural pluralista, donde ya no hay una sola cosmovisión dádora de sentido personal y colectivo, sino una pluralidad de ellas conviviendo pacíficamente. Nos abrimos hacia un orden cultural donde coexisten un pluralismo de valores y opciones morales sobre unos criterios sociales aceptados por todos.

Frente al proceso del siglo pasado que clamaba a través del movimiento obrero y de los sindicatos por controlar una economía que se consideraba salvaje y destructora, asistimos un siglo después al proceso contrario: todo un movimiento que rechaza los controles sociales y el intervencionismo estatal sobre la economía. Siendo sus únicos objetivos, los mejores rendimientos posibles financieros y el crecimiento económico por si mismo. Desaparecen las reglas de juego que sometían el desarrollo económico a las demandas sociales y al aparato del Estado. Bajo los nombres de competitividad, flexibilidad y desregulación, se dan cita los intereses más descarnados de los especuladores y de los

---

[5] Ibid., p. 42

empresarios sin escrúpulos. Se crea un mercado mundial autoregulado y fuera del alcance de los centros políticos de decisión y control.

Como repiten analistas críticos como TOURAINE, J. HABERMASO C. OFFE, el neoliberalismo mundializado favorece un individualismo competitivo y consumista, donde las relaciones mercantilistas toman el lugar de las relaciones solidarias, pudiendo advertir que estamos ante una situación socio-cultural, no sólo económica. Este ambiente social y cultural incide en las personas creando expectativas, induciendo prácticas y generando valores y visiones del mundo. El neoliberalismo ha pasado de ser un modo de producción a un modo de ser y vivir social con alcance planetario.

Comentando a MARDONES[6], los defensores de esta situación han querido subrayar unas características, afirmando que nos encontramos tres aspectos.

CARACTERÍSTICAS DEL NEOLIBERALISMO

1. El fin de la historia

Así tenemos a FUKUYAMA[7] que nos dice en su libro «El fin de la historia y el último hombre»: «*Hemos alcanzado la cumbre desde donde se divisan todos los demás montículos y todos han quedado por debajo del capitalismo democrático en versión liberal. Estamos en el «non plus ultra» de la organización económico-política y social.*» Con esta nueva situación se pretende señalar el punto final de la evolución histórica. No puede haber avance que supere el sistema descubierto. Solamente nos queda ensayar variaciones sobre el mismo sistema. Tres grandes versiones pugnarán por disputarse el futuro venidero: La versión más individualista americana, la más socializante europea y la empresarial-feudal japonesa.

Entre los opositores a esta versión, encontramos a ROBERT MUSIL que la llamó «*la utopía del statu quo*». Afirmando que quizás detrás de ella late en el fondo, el miedo a la novedad, a lo desconocido. Aquí, tendría sentido la famosa frase de Felipe González: «*Es el menos malo de todos los sistemas que conocemos*»... Se proclama un sueño que quisiera

---

6 MARDONES, J. M. (1998): *Neoliberalismo y religión. Verbo Divino*. Estella pp. 79-91.

7 FUKUYAMA, F. (1992): *El fin de la historia y el último hombre*. Planeta. Barcelona

congelar, en el presente de lo dado, la historia. Una utopía para «gente bien» pero condena para los que viven bajo la miseria.

2. Globalización y mercado único

La palabra, cada vez más usada, globalización nos da a entender una cualidad del capitalismo de nuestro tiempo: se ha hecho mundial, lo llena todo.

Uno de los conceptos más poderosos que existen en los pensamientos políticos y económicos presentes en el mundo occidental desarrollado es el de la globalización económica mundial, entendiéndose como tal la globalización de las relaciones comerciales, de la producción y de las finanzas a escala mundial. A esta globalización se la supone responsable de la pérdida de importancia de los estados en configurar su propio destino. Se considera así que estas fuerzas internacionales globalizadoras son las que marcan las pautas de los posibles comportamientos políticos y económicos de los gobiernos, reduciendo de una manera singular y sin precedentes, las opciones que estos gobiernos pueden escoger. De esta manera esta teoría de la globalización económica reduce el espacio y la importancia de lo político: los gobiernos aparecen presos de las fuerzas económicas internacionales que configuran el marco de lo posible dentro de cada estado.

Este discurso, que contiene un potente determinismo económico, se ha convertido en un nuevo teorema que justifica muchas políticas públicas que se están imponiendo a pesar de su impopularidad en los países de la OCDE.

Pero esto sería el aspecto extensivo y los analistas sociales nos mandan prestar atención a su dimensión de profundidad. No basta entender que el capital y la tecnología se han internacionalizado, asistimos a una integración mundial de la economía que no tiene un centro único —Nueva York, Londres, Francfort, Tokio— ni ninguna nación es capaz de tener el timón de la economía mundial. Ni siquiera todas juntas unidas. La economía, mediante los flujos de capital y los intercambios en el mercado internacional, está integrando cada vez más, en un único proceso de producción a todo el planeta. La globalización económica borra así las fronteras nacionales. No hay autonomía, existe un mercado único, un proceso que nos engloba y nos integra a todos.

3. Atractivo de la utopía neoliberal

Los intelectuales neoliberales nos ofrecen bajo tres imágenes el atractivo de la utopía del neoliberalismo.

- Es la ideología triunfante, después de la revolución de terciopelo, por su realismo y eficacia en la respuesta a la realidad del ser humano.

- Es un modo de producción con la máxima eficacia productiva y distribuidora. P. BERGER nos recuerda que si al principio de la revolución industrial europea se tardó más de veinticinco años en ver distribuido el fruto de la producción entre las clases bajas, ahora, en nuestro tiempo, ya sólo bastan cinco años. Es decir, nos encontramos con el mejor y más eficaz de los sistemas productivos y distribuidores.

Sin embargo, no podemos olvidar que también existen fuertes contradicciones como nos recuerda TOURAINE. En nuestra vida cotidiana española y europea podemos descubrir que el paro prosigue y se le va despojando al ciudadano de pequeñas seguridades que le ofrecía el *Estado de Bienestar*.

- Nos ofrecen la libertad social y el individualismo competitivo y consumista como seguro de una vida realizada personalmente, con éxito material y social. El individualismo comunitarista, la persona con iniciativa, seguridad, talento y una ética competitiva y productiva, está en el retrato general de este diseño personal y cultural. Su ideal de ciudadano, es un individuo seguro, centrado en sus intereses, despolitizado en medio de la democracia.

Una ideología triunfadora tras la época de bipolarización mundial, un sistema único, con una ideología única y un único mercado con las palabras mágicas de mundialización, globalización, modernización, competitividad, responsabilidad individual y reducción del Estado de Bienestar.

Sin embargo, por poco críticos que seamos, vemos que no es tanta la panacea de la sociedad neoliberal, si tenemos en cuenta que sólo se beneficia de ella, una tercera parte de la humanidad, a costa de las otras dos terceras partes, que cada vez sufren más hambre y miseria, y no sólo esto, sino que ni siquiera esta tercera parte puede gozar toda ella de estos logros, ya que un tercio sufre paro y pobreza, formando el cuarto mundo de los pobres.

Junto a los defensores de nuestra sociedad dominante, que no por ser más que no lo son, hacen más ruido, por poseer el poder y los medios de producción, existe también, una gran mayoría, con frecuencia disimulada, que se muestra a disgusto con la cultura dominante, deseando un giro radical. Se trata de deslegitimar algunas formas del status quo del liberalismo capitalista vinculado a la tecno-producción y predominio del objetivismo cientificista, produccionista y consumista. El rechazo se dirige hacia el predominio de lo funcional, instrumental, logicista, calculador, rentable, eficaz, con sus variantes individualistas, consumistas o utilitario-pragmáticas.

Existe un cansancio en los espíritus ante los efectos depredadores de este estilo de vida sobre el sentido de lo humano, las tradiciones culturales, la comercialización de las relaciones personales, la tecnificación generalizada. No se trata de un rechazo frontal, sino de la necesidad de poner unos límites. Se rechaza el colonialismo funcional de la vida en general. Se apunta hacia una civilización de la solidaridad: con la naturaleza, con los otros y con el misterio que recorre la realidad.

Frente a las actitudes instrumentalistas se propugna el descubrimiento de lo relacional, la vuelta de un ser humano con un instrumento de dominación y sometimiento en la mano, a un ser que cuida de su entorno. De este giro brota una actitud piadosa —compasiva o de indignación— frente a lo insoportable, a lo que amenaza a otros. Estamos ante una recuperación de la sensibilidad moral, de la compasión por el sufrimiento de los otros. Los demás aparecen ante mí como ligados a mi vida y destino. Mi felicidad y realización depende de los demás. Se rompe el aislamiento instrumental y los rituales sociales establecidos, y entramos en el mundo de las relaciones personales, del encuentro y la comunicación. La fraternidad aparece de la mano de la solidaridad en contraste con el mundo del Mercado Único.

A. Touraine nos afirma que existe con el dominio del neoliberalismo una ruptura entre el mundo instrumental y el mundo simbólico, entre el mundo objetivado y el espacio de la subjetividad, entre economía y cultura[8]. Las relaciones instrumentales no nos proporcionan una comunicación seria, profunda y personal, sintiéndonos juntos pero a la vez solos. Se cumple lo que afirmó Riesman en su libro, «*Muchedumbre solitaria*».

---

[8] Touraine, A. (1994): *¿Qué es la democracia?* Temas de hoy. Madrid

La tecno-economía logra una «*colonización*» imperialista por parte de la técnica y el mercado sobre el mundo de las relaciones personales, afectivas, educativas y políticas, como afirma HABERMAS[9]. Es lo que ahora vivimos como autonomización del mercado, fragmentación de sentido y ruptura entre el mundo tecno-económico y mundo simbólico o comunitario. Se produce una desocialización y despolitización de la sociedad. Como reacción se da una búsqueda compulsiva de la relación, del calor del grupo y del sentido comunitario. Hay sed de compartir, pertenecer, abrigarse al calor del otro que me comprende y participa de mis creencias. Existe un gran peligro de volver a los comunitarismos totalitarios.

ALTERNATIVAS A LO QUE SE HA LLAMADO FIN DE LA HISTORIA

La ciencia, técnica, producción ingente, industrialización, burocracia y militarismo son elementos de la modernidad que se han revelado peligrosos. Introducen un riesgo permanente sobre la vida del planeta, el equilibrio ecológico, la paz, la subsistencia de las culturas pequeñas y pobres. Vivimos ante algo que está a punto de estallar y que los periodistas llaman bomba ecológica, bomba demográfica o bomba genética. Y no hay modo de huir a otra parte, o desplazar el riesgo hacia otro lugar u otras personas. La única solución viene del autocontrol de tales dinamismos de la modernidad, lo que HABERMAS llama «*autorestricción inteligente*»[10]. Se trata de dar un giro en nuestro estilo de vida. Veamos como se formula en diseños críticos dicho giro.

1. **Unos mínimos garantizados para todos:** Hemos visto anteriormente que en la sociedad neoliberal un 23% de la población disfruta de un 80% de los recursos. El otro 77% tiene que repartirse el 20% restante... ¡Garanticemos mínimos para todos! Esta utopía exige una elevación moral generalizada. C.OFFE afirma que, sin un salto moral no se podrán solucionar los problemas de las desigualdades. Para ello, es necesario, profundizar la democracia: al sentido de la responsabilidad ciudadana, a su sentido de participación y del interés por los demás. Sin una ciudadanía con una implicación personal en los problemas de la polis mundial actual,

---

9 HABERMAS, J. (1989): *El discurso filosófico de la modernidad*. Tauros, Madrid.

10 HABERMAS, J. (1989): Ibid.

sin capacidad de sacrificio por los otros menos favorecidos, sin sensibilidad por la desigualdad y la injusticia, sin solidaridad eficaz, no hay posibilidad de llevar a cabo las condiciones sociales para un cambio de vida social y personal que pueda garantizar los mínimos para todos.

2. **Utopía de la humanidad libre y justa sobre una tierra habitable:** La sensibilidad de los llamados nuevos movimientos sociales ha denunciado una tríada maléfica que dominan la sociedad moderna y son: productivismo, militarismo y patriarcalismo que hacen peligrar la biosfera, la paz del mundo y las relaciones entre sexos. Las contradicciones del sistema imperante no se reducen, solamente, a nivel de sistema económico. En esta modernidad reflexiva según BECK, las contradicciones se apiñan alrededor de una serie de dilemas que marcan estilos de vida:

- ¿Elegimos tener más cosas para ser más felices y entramos en la dinámica del crecimiento y la expoliación, o nos contentamos con menos e instauramos unas relaciones nuevas con la naturaleza, más respetuosas y posibilitantes de una vida mejor para todos y más perdurable?
- ¿Queremos seguir solucionando los problemas a nivel biológico y por la fuerza bruta y mortífera, o entramos en los niveles humanos del diálogo y la discusión por razones?
- ¿Nos imponemos sobre los otros rebajándoles y sometiéndoles como forma humana de ser nosotros, o aceptamos a los otros —de otro sexo, raza, cultura— como iguales, capaces de confianza mutua y amistad?[11].

Hay que elegir y cambiar el estilo de vida. Las propuestas se orientan hacia una «*limitación del crecimiento*» y control de la explotación de los recursos naturales; hacia la restricción del consumo y el cambio en los valores que orientan la vida y hacen depender la relación de la posesión de más cosas. Orientarse decididamente hacia el diálogo. Procurar un progresivo desmantelamiento del complejo industrial-militar, la creación de instancias internacionales de control y solución pactada de conflictos. Promoción de las relaciones basadas en la igualdad y la creación de una confianza básica mutua. Se trata de crear una cultura

---

[11] BECK, U. (1998): *La sociedad del riesgo*. Paidos. Barcelona

nueva ecopacifista y feminista donde sea posible que amanezca una humanidad libre y justa sobre una tierra habitable.

3. **La utopía de la diferencia:** Otro signo cultural del momento es la tensión que introduce un doble proceso dominante. Por una parte, la homogeneización funcional que provocan las prácticas tecno-económicas y por otra la mundialización o globalización-mass-mediática que nos hace realmente contemporáneos a todos los habitantes de la tierra y a la vez, nos hace ser conscientes del pluralismo cultural y de la relatividad de nuestras tradiciones. La homogeneización funcional expande uniformismo mundial de usos y costumbres instrumentales que va implantando una lógica funcional y un modo objetivista de ver la realidad, que deseca las tradiciones y el sentido. La mundialización de las mentes va a la par a la del mercado y del consumo. Pero otro fenómeno no menos universal y efectivo, tiene lugar mediante la expansión de los mass-media. La TV nos hace presentes a los grandes acontecimientos mundiales, lo mismo que a sus miserias y desastres. A la vez, mediante programas y noticiarios, tomamos conciencia de la diversidad de situaciones y tradiciones, de folklores, religiones y lenguas. Somos una tradición entre otras tradiciones. Nuestra situación es paradójica: Por un lado vivimos un uniformismo funcional creciente y por otro, tomamos conciencia de una diversidad y diferencias que nos produce el vértigo de la relativización y el descubrimiento de nuestra peculiaridad nacional, regional o local.

Las consecuencias son muchas y de gran alcance. Sentimos la universalidad impositiva de la lógica de la producción y de la ciencia que empequeñece y uniforma el mundo. Al mismo tiempo, experimentamos la precariedad e inseguridad del sentido de la vida, dado el pluralismo y relativismo cultural como la amenaza de desaparición de lenguas, costumbres y culturas pequeñas y débiles a manos de la colonización invasora de los poderosos.

Ante todo ello, se producen reacciones de miedo e inseguridad ante la pérdida de sentido y de identidad. Como reacción, se desatan búsquedas compulsivas de identidad y sentido, mediante una sobrevaloración exclusivista en contraposición frente a los otros. Estas reacciones rechazan la crítica y afirman lo propio de modo fundamentalista. Las tristes realidades de un nacionalismo enloquecido de nuestro mundo europeo y español bastan para convencernos de la realidad de este fenómeno social. El futuro debiera ser una unidad mundial donde la igualdad sea respetuosa de la diversidad cultural y la diversidad no se encierre de una manera exclusivista en sí misma.

4. **Brotes de esperanza de un cambio de civilización**: Tras las utopías de fin de milenio se muestra el disgusto con la cultura dominante y el deseo de un giro radical. Las utopías atisban posibilidades, todavía débiles pero suficientemente fuertes para hacerse críticas en la forma de lo deseado y anhelado frente a lo existente. Tratan de deslegitimar las utopías de statu quo, del liberalismo capitalista estrechamente vinculado a la tecno-producción y al predominio del objetivismo cientifista, productivista y consumista.

El rechazo se dirige hacia el predominio de lo funcional, instrumental, calculador, rentable, eficaz, con sus variantes individualistas y consumistas en los diferentes ámbitos de la vida humana, desde la economía hasta la política y la educación.

Como hemos afirmado anteriormente, no se trata de un rechazo frontal, sino de la necesidad de poner límites. Se rechaza el colonialismo funcional de la vida en general.

CONDICIONES DE POSIBILIDAD PARA LA UTOPÍA HUMANIZADORA EN LA SOCIEDAD LIBERAL

Los cambios sociales, son lentos y difíciles, y cuando acontecen, detrás de ellos emergen intereses institucionales que los frenan cuanto pueden. Conviene por lo tanto, que la utopía se convierta cuanto antes en realidad. Pero nos podemos preguntar ¿podremos ser ciudadanos en la sociedad neoliberal? ¿en qué acabará el desmantelamiento del Estado de Bienestar? ¿qué podemos aventurar cuando vivimos un capitalismo sin trabajo, que cuestiona de hecho la integración ciudadana de millones de personas, ya que las reduce a la marginación social y con ella a la carencia de identidad personal y social? Este capitalismo victorioso es la tumba para la sociedad democrática. Sin seguridad material no hay libertad política. Y sin libertad, el peligro de viejos y nuevos totalitarismos está muy cerca. Ante esta problemática encontramos un camino de solución en lo que nos dice MARDONES:

Tenemos que activar la crítica social. Lo que más teme la ideología dominante y solitaria, es la aparición de la crítica práctica.

Tenemos que activar la participación ciudadana. Sin la profundación democrática por la vía de la participación y responsabilidad ciudadana no habrá resistencia ante el desmantelamiento político ideológico que lleva consigo el neoliberalismo. Esto supone revalorizar los pequeños gestos y participaciones.

Tenemos que activar y mantener la compasión solidaria. Frente al individualismo competitivo la compasión solidaria. Cooperación con los movimientos sociales que expanden una sensibilidad contraria a la difundida por todos los canales de las prácticas sociales dominantes[12]. Gunter Grass sugiere que esta movilización ciudadana contra el neoliberalismo, hay que hacerla en nombre de la Constitución. Si no despertamos la conciencia ciudadana, no hay condiciones para la recepción de la utopía y solamente ella nos puede iluminar e ilusionar con un camino de un futuro mejor. Es necesario, dejar alumbrar la utopía, que como dice Freire *«la utopía no es imposible, lo irrealizable, la palabra irreal, sino la palabra verdadera, que aunque no es está llamada a ser. Es la dialectización entre el acto de denuncia del mundo que deshumaniza, y el anuncio del mundo que humaniza. Anuncio y denuncia que deben darse en la praxis transformadora dentro de la historia humana»*[13].

No podemos terminar la descripción de nuestro marco social, sin tener un recuerdo hacia tantos jóvenes de color que mueren en el sur de España, al intentar llegar a nuestras costas, las costas de Europa, en pateras viejas y abigarradas de personas, la gran mayoría muy jóvenes, cuya única ilusión y esperanza, es llegar al mundo de las posibilidades, a la Comunidad Europea, al mercado único, al neoliberalismo que ni siquiera sabe quitarse su propio paro de encima, a pesar de estar viviendo a costa de las 2/3 partes de la humanidad. Que se cierra a cal y canto a estos jóvenes y a otros, que vienen a por lo mismo, del centro de Europa, con una ley de extranjería durísima, que no te da trabajo si no tienes los papeles en regla, y que no te da los papeles, si no tienes trabajo. No podemos olvidarnos de estas 2/3 partes de la humanidad. Si no lo hacemos por solidaridad, ellos romperán el cerco, por medio de la violencia, para poder comer.

---

12 Mardones, J. M.: Op. cit., pp. 106 y 107.

13 Arroyo, T.: Paulo Freire. *Hechos y Dichos*. Zaragoza. p. 163

Vivimos en un mundo de opulencia, consumo y derroche para unos pocos, que ni siquiera llega a todos los suyos, y de pobreza y abandono para otros muchos, en el que cada vez son más pobres y al mismo tiempo con grandes amenazas ecológicas que ponen en peligro a todo el planeta, por la voracidad devoradora de un sistema sin freno, por querer ganar más y producir más para aumentar su rentabilidad.

Si esto es el «*non plus ultra*» de los sistemas económicos, ya podemos empezar a buscar una alternativa que corrija seriamente sus defectos.

Capítulo II
Ética, moral y deontología

Conceptos fundamentales y relaciones. Relación de la ética con otras ciencias. Concepto de moral. Concepto de deontología. Diferencias entre el orden moral y el jurídico.

En este capítulo queremos aclarar y delimitar los contenidos de los tres vocablos, que a menudo tanto se equiparan como se diferencian, son los conceptos de ética, moral y deontología. Analizaremos sus significados, su evolución histórica si la han tenido y sus interrelaciones si es que se dan.

Con frecuencia, cuando se quiere explicar el contenido de una palabra, se acude al significado etimológico, y lo mismo han hecho muchos autores al hablar de ética. Quizás, en sus orígenes tuvo sentido el análisis etimológico, sin embargo, el concepto de ética ha evolucionado, y actualmente el significado etimológico de ética y moral no nos dan el significado actual de ambos términos. Una y otra palabra, mantienen hoy día, una relación que no tenían propiamente en sus orígenes etimológicos.

La ética es una de las ciencias que se ha liberado, en parte, de sus raíces filosóficas. Al definir la ética como «*un conjunto sistemático de conocimientos racionales y objetivos, acerca del comportamiento humano moral*»[14], la ética se nos presenta con su objeto propio que se tiende a tratar científicamente. Esta concepción contrasta con la tendencia tradicional, que la reducía a una simple especialidad de la filosofía racional, en la mayoría de casos especulativa, a priori y fijando su esencia fuera de le historia. Hasta hace poco, la ética era considerada, únicamente y por todos, como una parte de la filosofía. Le ha pasado

[14] SÁNCHEZ VÁZQUEZ, A. (1974): *Ética*, Grijalbo, México, p. 18

como a la psicología, que hasta hace muy poco, se denominaba psicología racional, siendo considerada como una parte de la filosofía. Por esta razón, cuando nació la psicología como especialidad universitaria, nació en la Facultad de Filosofía y Letras, como una especialidad especulativa más. Hace poco, la psicología se ha independizado como una ciencia científico-técnica-empírica y su Facultad se ha separado de Filosofía y Letras. La ética todavía sigue anclada en la Facultad de Filosofía, pero le llegará su momento de adultez y de poderse separar.

La ética es la ciencia que estudia el comportamiento moral de los hombres. Es teoría, investigación o explicación de un tipo de experiencia humana o forma de comportamiento de los hombres: el de la moral, pero considerado en su totalidad, diversidad y variedad. Lo que en ella se diga acerca de la naturaleza o fundamento de las normas morales, ha de ser válido para todo tipo de moral. Esto es lo que asegura su carácter teórico, y evita que se reduzca a una disciplina normativa o pragmática. El valor de la ética como teoría está en lo que explica, y no en prescribir o recomendar cosas, con vistas a la acción en situaciones concretas.

No le corresponde a la ética, emitir juicios de valor acerca de la práctica moral de otras sociedades, o de otras épocas, en nombre de una moral absoluta y universal, pero sí que tiene que explicar la razón de ser de esta diversidad y de los cambios de la moral, es decir, ha de esclarecer el hecho de que los hombres hayan recurrido a prácticas morales diferentes e incluso opuestas.

La ética en cuanto conocimiento científico, debe aspirar a la racionalidad y objetividad más plenas, y a la vez ha de propiciar conocimientos sistemáticos, metódicos y, hasta donde sea posible, verificables de lo que es la moral.

La ética está muy relacionada con otras ciencias de cuyos descubrimientos depende en muchas de sus investigaciones. Está relacionada con la psicología, porque ésta presta una importante contribución a la ética, al esclarecer las relaciones internas y subjetivas del acto moral. La explicación psicológica de la conducta humana permite comprender las condiciones subjetivas de los actos de los individuos y, de este modo, contribuye a entender su dimensión moral. Problemas morales como el de la responsabilidad y el de la culpabilidad, no pueden abordarse al margen de los factores psicológicos que han intervenido en el acto con respecto al cual el sujeto se considera responsable y culpable. Ahora bien, cuando se sobrestima este aspecto subjetivo de la conducta humana, es decir, el papel de los factores psicológicos, y se relega al olvido el aspecto objetivo y social del comportamiento humano, hasta el punto de hacer de él la clave de la explicación de la conducta moral, se cae entonces en un psicologismo ético, es decir en la tendencia a reducir lo moral a lo psicológico.

La ética mantiene también estrecha relación con las ciencias sociales como la antropología social y la sociología. En ellas se estudia el comportamiento del hombre como ser social en el marco de unas relaciones dadas. Estudian asimismo las estructuras en que se integran esas relaciones, así como las formas de organización y de relación de los individuos concretos en el seno de ellas. Esas relaciones, así como las instituciones y organizaciones sociales, no se dan al margen de los individuos. La reducción de los actos morales a hechos sociales, y la búsqueda de la clave de la explicación de los primeros en los segundos, conduce al sociologismo ético, es decir, a la tendencia de convertir la ética a un capítulo de la sociología. Aunque la sociología aporte datos y conclusiones indispensables para el estudio del mundo moral, ella sola no puede reemplazar la ética.

Si existe la diversidad de morales, no sólo en el tiempo, sino también en el espacio, y no sólo en las sociedades que se insertan en un proceso histórico definido, sino incluso en aquellas sociedades hoy desaparecidas que precedieron a las sociedades históricas, la ética como teoría de la moral, ha de tener presente un comportamiento humano que varía y se diversifica en el tiempo.

El antropólogo social, por un lado, y el historiador por otro, ponen ante nosotros la relatividad de las morales, su carácter cambiante, su cambio y sucesión al cambiar y sucederse sociedades concretas. Pero esto no significa que el pasado moral de la humanidad sea sólo un montón de ruinas, y que todo lo que en otros tiempos tuvo una vitalidad moral se extinga por completo, al desaparecer la vida social a la que correspondía determinada moral. Los datos y conclusiones de la antropología y de la historia contribuyen a que la ética se aleje de una concepción absolutista o suprahistórica de la moral, pero a la vez le plantean la necesidad de abordar el problema de si, a través de esta diversidad y sucesión de morales efectivas, existen también, junto a sus aspectos históricos y relativos, otros que perduran, sobreviven o se enriquecen, elevándose a un plano moral superior. Resumiendo, la antropología y la historia, a la vez que contribuyen a establecer la correlación entre moral y vida social, plantean a la ética un problema fundamental: el de determinar si existe un progreso moral.

Por último, la ética se halla relacionada también, con la economía política como ciencia de las relaciones económicas que los hombres contraen en el proceso de producción. Esa relación tiene por base la relación efectiva, en la vida social, de los fenómenos económicos con el mundo moral. La ética como ciencia de la moral, no puede dejar de lado los problemas morales que plantea, particularmente en nuestro tiempo, la vida económica, y a cuyo esclarecimiento contribuye la economía política, como ciencia de las relaciones económicas o de los modos de producción.

Hemos visto que la ética se relaciona estrechamente con las ciencias del hombre, o ciencias sociales, ya que el comportamiento moral no es sino una forma específica de comportamiento del hombre, que se pone de manifiesto en diversos planos: psicológico, social, jurídico, religioso o estético.

Pasando ya al concepto de lo que es la moral, podemos afirmar que es *«un conjunto de normas y prescripciones inspiradas en unos valores y con unos fines concretos que se suelen recopilar en un código, cuando superan la fase de la transmisión oral. La moral pretende enseñar al hombre en su obrar, lo que es justo y correcto para ser feliz como hombre»*.

Al ser el hombre un ser histórico, que se ha ido desarrollando y creciendo a través de la historia, la moral como conjunto de normas del obrar de este hombre, también es histórica, y por esto, ha ido variando y adaptándose a los cambios de dicho hombre.

Sin embargo, ha existido un ahistoricismo moral, en el campo de la reflexión ética, que ha seguido tres direcciones fundamentales:

a) **Dios como origen o fuente de la moral.** Las normas morales derivan de un ser suprahumano, cuyos mandamientos constituyen los principios y normas morales fundamentales. Las raíces de la moral no están en el hombre, sino fuera o por encima de él.

b) **La naturaleza como origen o fuente de la moral.** La conducta moral del hombre, no es más que un aspecto de su conducta natural y biológica, que en un cierto grado comparte con los animales.

c) **El hombre, considerado en general, como origen y fuente de la moral.** Desde esta perspectiva, se habla de un hombre, como un ser dotado de una esencia eterna e inmutable, inherente a todos los individuos, cualesquiera hayan sido sus vicisitudes históricas o la situación social. De este modo de ser, que permanece y dura, a lo largo de los cambios históricos y sociales, formaría parte la moral.

Estas tres concepciones del origen y fuente de la moral, coinciden en buscar la moral, fuera del hombre concreto y real, es decir, del hombre como ser histórico y social.

Por otra parte, según sea el tipo de moral que analicemos estará fundamentada en unas fuentes o en otras. Así, la moral cristiana, «*es el conjunto de normas y prescripciones que indican al hombre lo que es correcto en su obrar, cuyas normas están basadas en la Biblia y la tradición de la Iglesia*».

Estas normas y prescripciones morales no tienen ni pueden tener un carácter científico, pero sí que pueden y deberían ser compatibles con los conocimientos científicos de la época, acerca del hombre y de la sociedad, para no ser alienantes. Cuando, a veces, se ataca la moral católica, no se hace a menudo, porque se crea que no pueda existir una moral católica, es decir, inspirada en las enseñanzas de Jesucristo, sino que se ataca que esta moral no sea compatible con los conocimientos científicos actuales y/o que parta en muchas de sus deducciones de presupuestos desfasados, de falsos conocimientos o de conocimientos parcialistas o partidistas.

Todos conocemos cuál es la postura oficial de la Iglesia Católica sobre la sexualidad o la homosexualidad. Para ella, sólo está permitido el ejercicio de la sexualidad en función de la procreación y por lo tanto la homosexualidad es una perversión, cuando la totalidad de los psiquiatras actuales no lo ven así, sino como un modo menos frecuente de expresar la sexualidad humana. Hoy día, no se puede admitir, como hace la moral católica, que el enfoque de la sexualidad humana sea fundamentalmente biológico y en la línea procreativa, de tal modo que cuando en un acto sexual humano falte esta posibilidad, este acto ya es inmoral y prohibido. No se puede olvidar que la sexualidad humana es ejercida por personas en las cuales el ámbito biológico está muy por debajo del psicológico y que si existen conflictos prevalece el ámbito psicológico. Precisamente lo que nunca puede faltar en la sexualidad humana, es el ámbito psicológico, es decir, la relación respetuosa de persona a persona, y si falta ésta, entonces, si que la sexualidad humana se rebaja a nivel animal. Una relación homosexual personal es humana y sin embargo una violación heterosexual es inhumana y animal, y por lo tanto inmoral y rechazable.

Si nos limitamos a aclarar, solamente, los conceptos de ética y moral, nos quedaría por analizar otro concepto que a menudo se mezcla con los dos anteriores, se trata del concepto de deontología. Concepto cuyo nacimiento tuvo lugar mucho después que los anteriores. Etimológicamente viene de *deos, deontos* que significa obligación, deber que se opone a necesidad física y a utilidad, y logos que significa tratado o ciencia. Así que deontología es «*la ciencia de los deberes*» y código deontológico porque siempre ha venido relacionado con las profesiones, es «*un conjunto de normas éticas que regulan la actividad profesional*». Parece que fue JEREMY BENTHAM, el primero que usó este vocablo, empleándolo por primera vez en su obra «*Science de la morale*» escrita en 1832 y que precisamente más que ser un código deontológico era un tratado utilitarista. Históricamente, el código deontológico más antiguo, aunque explícitamente no era llamado así, fue el «*Juramento Hipocrático*» que se obligaba hacer a todos los médicos noveles antes de empezar su trabajo profesional. Este mismo juramento, muchos años después, en 1947 fue retocado, actualizado y aprobado en Ginebra como código deontológico de los médicos, aceptado casi en todos los países y siendo el primer código, reconocido como tal, que se conoce.

DIFERENCIAS ENTRE EL ORDEN MORAL Y EL JURÍDICO

Las diferencias son muchas y esclarecedoras, para poder comprender con mayor profundidad aquello en que coinciden los dos órdenes, y sobre todo en lo que se diferencian. Se distinguen por:

1°. El **origen**, puesto que la fuente del derecho es externa —legislación— y la de la moral interna —conciencia—.

2°. Su **finalidad**, siendo para el derecho la libertad externa del individuo en sociedad y la de la moral la libertad interna, la autodeterminación.

3°. El **objeto**, siendo para el derecho los aspectos externos, observables de las acciones, prescindiendo de los motivos, y para la moral la dimensión interna del actuar, el motivo no observable de la acción.

4°. La **obligatoriedad**, imponiendo el derecho una obligación hipotética, «*debes hacer esto, si no quieres tal sanción*», y por su parte la moral impone una obligación categórica, absoluta, «*debes hacer esto, es tu obligación*».

5º. Su **eficacia**. El derecho es sancionable ante la sociedad ya que su objeto es directamente observable y verificable[15].

La moral al ser su objeto interior a las personas, no es sancionable. Aunque a partir de esta no-sancionabilidad en este mundo, se deduzca por algunos la conveniencia o necesidad de «*un más allá*» donde se sea sancionado por un «*Ser Supremo*», ello no implica que sin la existencia de dicho ser, no tenga sentido ni fuerza, la moral y su obligatoriedad desde le punto de vista puramente humano, y que si ha existido una buena educación ética en la infancia, el peso interior de la culpabilidad puede ser suficientemente disuasorio.

El derecho concreta la moral en cuanto proporciona eficacia y sancionabilidad a muchos principios morales. La moral, a su vez, con su evolución y progreso histórico obliga a actualizarse al derecho, haciendo que se adapte a la vida social que está en constante evolución. Recordemos la cantidad de sentencias puestas en entredicho por la contestación social, en la calle y en tribunas públicas, desde un pensamiento ético, más sensible y mucho más actualizado, y la respuesta de los jueces, diciendo «*si no nos cambian las leyes nosotros no podemos hacer nada*».

Las normas deontológicas codificadas en los códigos de ética profesional, se encuentran entre la moral y el derecho. Cabe señalar que:

a. No son morales. En cuanto que tienen un cierto grado de positividad (están promulgadas, forman parte de una declaración acordada por todos los miembros de un colectivo) e incluso son sancionables (con una multa, inhabilitación y hasta expulsión).

b. No son jurídicas. Por no haber sido promulgadas por el poder civil y no son aplicables por un órgano judicial, ni sancionables por un poder ejecutivo ajeno al colectivo profesional.

Los valores éticos no son realizables plenamente por ninguna persona y, además, su óptima realización posible supone una pluralidad de vías y métodos. Al concretar un valor moral en una fórmula que se pretenda válida para muchos profesionales, durante mucho tiempo, se compromete esa riqueza de incumplicidad y pluralidad, induciendo a que el cumplimiento del ideal quede rebajado al cumplimiento de una

15 GONZÁLEZ BEDOYA, A. J. (1987): *Manual de Deontología Informática*. Alhambra, p. 7

receta. Esta rebaja de la moral a un mínimo de ideales y a un máximo de realidades, viene propiciada también por la formulación, generalmente negativa de las normas deontológicas.

Concluyendo, podemos afirmar que, todo intento de formulación de los valores éticos los limita y empobrece. Los códigos deontológicos deben ser considerados, desde esta perspectiva, como un mal menor y necesario. Desde esta limitación, se entiende lo que decía MARAÑÓN cuando hablaba de la vocación profesional: *«A un profesional vocacionado no es preciso enseñarle deontología. Más aún, la vocación hace inútil la ética profesional, porque un profesional con vocación es, eo ipso, un buen profesional»*[16]. Pienso que esto se debe entender como aquel dicho de SAN PABLO, que después de recitar cantidad de obligaciones acaba diciendo, *«ama y haz lo que quieras»*. Así como un verdadero amor supera todas las reglas, una verdadera vocación aunque no tenga ciencia infusa, desborda lo que le puedan mandar las reglas deontológicas. Esto no quiere decir que dichas normas sean inútiles, porque estamos hablando de casos extraordinarios que no son frecuentes.

Resumiendo lo dicho en el análisis de los conceptos de moral, ética y deontología, debemos recordar que entendemos por:

1. **Moral**. *«Un conjunto de normas y prescripciones inspiradas en unos valores y con unos fines concretos, que se suelen recopilar en un código»*. La moral pretende enseñar al hombre en su obrar, lo que es justo y correcto para ser feliz como hombre.
2. **Ética**. *«Un conjunto sistemático de conocimientos racionales y objetivos, acerca del comportamiento humano moral»*. Por lo tanto, la ética es una ciencia que intenta explicar la conducta moral humana, ¿cómo se produce, de qué depende, por qué cambia, cómo se explica su diversidad y si progresa o no?
3. **Deontología**. La *«ciencia o tratado de los deberes profesionales»*. Nació y va siempre unida a las profesiones. Abarca un campo de la moral siendo ella mucho más amplia y es una parte del objeto de estudio de la ética.

A veces, se utiliza indistintamente deontología profesional y ética profesional en el lenguaje corriente, aunque a nivel conceptual prevalez-

[16] MARAÑÓN, G. (1996): Vocación y ética y otros ensayos. Espasa-Calpe. Madrid, pp. 17-94

can los aspectos anteriormente citados. También se podría decir moral profesional que sería el conjunto de normas morales que están relacionadas con el quehacer profesional. Si en lugar, de relaciones con el quehacer profesional ponemos con los deberes profesionales, su concepto más correcto será deontología y si queremos subrayar, sobre todo, el aspecto científico de dichos deberes, en cuanto a su fundamentación racional, pondremos ética profesional.

Capítulo III

La persona humana y su estructura ética

Persona. Conciencia. Libertad y responsabilidad. Estructura interna del hombre

Analizados los conceptos de moral y ética, en el capítulo anterior, ahora nos interesa saber, si las normas morales y el obrar moral del hombre son algo artificial y prescindible o por lo contrario, algo totalmente necesario dado el modo de ser humano, y como funciona y se desarrolla su conducta.

Lo más íntimo y característico del hombre-mujer es ser persona. Si nos preguntamos ¿en qué consiste ser persona? o mejor mirando a los demás ¿qué observaríamos en un ser viviente que viniese de otro planeta para saber si es persona? Está claro que la forma humana externa, para esta característica, no tiene importancia. Entonces ¿qué habrían de tener estos recién aparecidos seres extraños para ser personas como nosotros? Bastaría que tuvieran conciencia de sí mismos, porque como veremos, al tener conciencia serían responsables de su conducta y tendrían libertad, siendo entonces iguales a nosotros.

Por lo tanto, para analizar la estructura interna de la persona humana y su modo humano de proceder, lo vamos a hacer a través de un análisis de lo que es la conciencia y lo que ésta significa para el hombre. MOUNIER[17] afirma que «*una persona es un ser constituido como tal por una manera de subsistencia y de independencia en su ser; conserva esa subsistencia por la adhesión a una jerarquía de valores libremente aceptados, asimilados y vividos por un compromiso responsable y una*

[17] MOUNIER, E. (1967): *El compromiso de la acción*. Zyx. Madrid, p. 24

constante conversión». Si la conciencia, cuando actúa de posibilitadora de la conducta moral del hombre necesita las normas morales para poder obrar, entonces podremos afirmar, que la moral no es algo superfluo y prescindible para el obrar humano, sino algo totalmente necesario para que podamos actuar como personas.

La palabra conciencia viene del latín «*conscientia*» que designa un conocimiento (ciencia) que acompaña (prefijo con) nuestras impresiones y acciones. San Agustín afirmaba: «*Yo digo que soy consciente, porque sé que sé*» (*scio me scire*).

La conciencia es una faceta de nuestro modo de pensar. Por medio del conocimiento humano, no sólo podemos conocer los objetos externos sino que también podemos conocernos a nosotros mismos, nos podemos auto-observar y entonces hacemos que actúe nuestro conocimiento como conciencia.

En la conciencia se dan dos tipos de conocimiento superpuestos. Por una parte conozco algo, pero a la vez, soy capaz de conocer que estoy conociendo. Es como si fuésemos capaces de salir de nosotros mismos y captarnos desde fuera. Veo algo y a la vez me doy cuenta que estoy viendo, que disfruto de ver aquello, que lo visto me está atrayendo agradablemente y que puedo controlar desde dentro mi manera de ver.

La conciencia es la posibilidad de autoconocernos a través de nuestras acciones. Mediante este autoconocimiento de nosotros mismos actuando, lentamente se va formando el autoconcepto de nosotros mismos, es decir, la imagen que tenemos de nosotros, a la cual poco a poco le vamos cogiendo cariño y afecto, transformándose paulatinamente, en nuestra autoestima, muy importante para el desarrollo de una personalidad sana.

Pero la historia no acaba aquí. Este autoconocernos nos permite autoposeernos, es decir, ser dueños de nosotros mismos, lo cual implica poder autodirigirnos, es decir, poder ser libres y por lo tanto responsables de nuestros actos.

Esta libertad y responsabilidad no es algo que poseamos ya por naturaleza, sino algo que debemos conquistar, que está en nosotros al nacer como posibilidad de ser conquistada. El hombre no es como el animal que solamente se mueve por sus instintos y tiene la mayoría de problemas vitales resueltos siguiendo dichos instintos. El hombre con su estilo de conocimiento y su conciencia, ha ido supliendo sus instintos por decisiones personales, que le han ido liberando de las necesidades inmediatas y abriendo a infinitas posibilidades de desear y decidir. El animal está cerrado en su mundo instintivo, el hombre está abierto al mundo de las posibilidades. En esta autoposesión y apertura al mundo de las posibilidades está el centro de la libertad humana. Porque nos autoposeemos y estamos abiertos al mundo podemos ser libres, podemos no ser esclavos de los estímulos inmediatos sino preferir y decir lo que queremos y no por esto, como dice SARTRE: «*el hombre es una pasión inútil*» sino como afirma HEIDEGGER: «*El ser del hombre, dasein, —ser ahí— se encuentra rodeado de otros entes como ser en el mundo. Los objetos del mundo no son seres en sí sino «para», algo que está al servicio del dasein, son puros instrumentos. El dasein debe usar del mundo para realizar su modo concreto de ser, la existencia. El sentido, por tanto, de estar—en— el mundo es encontrarse ante una multitud de posibilidades que le brindan las cosas, y, por consiguiente, ponerse en marcha a sí mismo. Como el dasein no existe sólo en las cosas, sino con los otros, surge también la preocupación de la coexistencia, que en su forma más auténtica consiste en despertar en los demás la realización de su propio ser"*» Nunca el ser de la existencia del hombre es una cosa hecha y un resultado definitivo, sino que siempre es un quehacer abierto al mundo.

Nuestra libertad descansa sobre nuestras tendencias y preferencias que por una parte la limitan, haciéndola humana, pero a la vez la posibilitan porque a través de ellas podemos realizar nuestro proyecto de vida. El hombre, ni está condenado a ser libre, ni es una pasión inútil, sino que a partir de sus tendencias y preferencias, y a través de su libertad, puede optar por un modo de ser propio, personal, elegido por el mismo y a través del cual realiza su proyecto del tipo de persona que el quiere ser. Como nos recuerda ASLEY MONTAGU «*la herencia, como la constitución, no es, como creían pasadas generaciones, el equivalente de predestinación, sino la expresión de lo biológicamente dado en interacción con lo ambientalmente dispuesto. Herencia no significa "destino", sino algo con lo que, si queremos, podemos hacer muchas cosas*»[18]

Nos encontramos frente al corazón del ser moral del hombre, de la moral como estructura natural del hombre. A través de la conciencia, no sólo me veo actuando, sino que también soy capaz de juzgarme según lo hecho. Esto es la conciencia moral, ser capaz de conocer la bondad

---

[18] ASLEY MONTAGU (1969): *La dirección del desarrollo humano*. Tecnos. Madrid, p. 255

o maldad de nuestros actos. Ser bueno o ser malo, son posibilidades que tenemos abiertas, y según optemos, nos transformamos en personas buenas o personas malas.

Vista la estructura interna del hombre como ser capaz de autoconocerse, autoposeerse y ser libre, conociendo que está abierto al mundo, es decir, a muchas posibilidades de ser, por ello el hombre necesita conocer lo que es correcto para él y para poder elegir correctamente sus opciones. Todo hombre, para poder desarrollar su proyecto de hombre correctamente, necesita desde pequeño, que se le eduque en la ética de los valores, en un tipo de moralidad, que le es connatural y necesaria, no como algo añadido, represor o superfluo, para poder realizarse, en un tipo de sociedad concreta, como persona adulta, responsable, creativa y única.

Hemos visto, como la estructura de la persona humana debido a su libertad y que está abierta al mundo de las posibilidades, necesita encontrar unos valores que la orienten y así poder justificar su vida, es decir, vivirla justamente como persona, dejando de ser un robot únicamente movida por el capricho y estímulos inmediatos.

Ahora, siguiendo el análisis de BERGER y LUCKMANN vamos a explicar cómo la persona humana o mejor dicho, la comunidad humana va formando el sentido y valor de las cosas.

El sentido se constituye en la conciencia humana: en la conciencia del individuo, que está individualizado en un cuerpo vivo y ha sido socializado como persona. La conciencia, la individuación, la especificidad del cuerpo vivo, la sociabilidad y la constitución histórico social de nuestra identidad personal son características de nuestra especie humana.

La conciencia en sí misma no es nada, es siempre conciencia de algo. Existe sólo en la medida en que dirija su atención hacia un objeto o meta. Este objeto intencional está constituido por los múltiples logros sintéticos de la conciencia y aparece en su estructura general, ya sea en la percepción, memoria o imaginación; alrededor del núcleo, del tema del objeto intencional se extiende un campo temático delimitado por un horizonte abierto. Este horizonte, en el que siempre viene dada la conciencia de propio cuerpo vivo, se puede a la vez tematizar. La secuencia de temas interrelacionados, llamémoslos vivencias, no tiene sentido, en sí. Ella es, con todo, el fundamento desde el cual puede surgir el sentido. Nuestras aprehensiones posteriores de aquellas vivencias que más nos llaman la atención, las trasforman en experiencias claramente perfiladas.

Las experiencias, consideradas individualmente, no tendrían aún sentido. Sin embargo, cuando nuestra conciencia separa del trasfondo de vivencias un núcleo de experiencia y capta la relación de este núcleo con otras experiencias se constituye el nivel más elemental de sentido. El sentido no es más que *una forma algo más compleja de conciencia:* no existe de forma independiente. *El sentido es conciencia del hecho de que existe una relación entre varias experiencias.* La unidad de sentido admite diferentes niveles de complejidad, desde el nivel más sencillo, a otros muy complejos, desde los cuales podemos construir sentidos totalmente globalizantes.

La constitución subjetiva del sentido es el origen de todos los acervos sociales de conocimiento, los depósitos históricos de sentido en que pueden apoyarse las personas nacidas en una sociedad y en épocas particulares. El sentido de una experiencia o acto cualquiera surge en alguna parte, en algún momento, como la acción consciente de un individuo para resolver un problema en relación con su entorno natural o social. Puesto que la mayoría de problemas a los que se ve enfrentado el individuo afloran a la vez en las vidas de otras personas, las soluciones a estos problemas no son sólo subjetivamente sino también intersubjetivamente relevantes. Los problemas afloran a la vez de la acción social interactiva, de modo que las soluciones deben encontrarse también en común. Tales soluciones pueden objetivarse en alguna de un cierto número de formas posibles, pero sobre todo a través de las formas comunicativas de un lenguaje, quedando así disponibles para todos.

En las objetivaciones, el sentido subjetivo de la experiencia, o del acto, está desligado de la singularidad de la situación original y se nos ofrece, el mismo, como un sentido típico para ser incorporado a los acervos sociales del conocimiento.

Así como personas que son diferentes reaccionan de manera similar a desafíos similares, puede llegar a ocurrir que también esperen estas mismas reacciones en los demás o que incluso se obliguen unas a otras a afrontar dicha situación típica de ésta y no de ninguna otra forma. Esta es la precondición para que los actos sean transformados en instituciones sociales. La aparición de depósitos de sentido y de instituciones históricas libera al individuo de la pesada carga de solucionar los problemas de la experiencia que afloran por primera vez, en situaciones particulares.

Sin embargo no todo sentido subjetivamente constituido e intersubjetivamente objetivado es absorbido por los acervos sociales de conocimiento. El sentido objetivado es socialmente procesado y tales procesos son en buena medida determinados por las relaciones sociales dominantes. La supervisión de la producción de sentido hasta los albores de la humanidad tuvo una característica común: *la tendencia a la monopolización.* Expertos particularmente entrenados asumen la función censora, de canonización, de sistematización y de pedagogía del sentido.

La fracción del depósito de sentido que es conocimiento general constituye el núcleo del sentido común cotidiano, mediante el cual el individuo ha de hacer frente al entorno natural y social de la época. Hoy día, los medios de información masivos difunden en forma popularizada el saber de los expertos y la gente se apropia de fragmentos de dicha información y los integra en su bagaje de experiencias repercutiendo en su sentido.

Desde la época de las antiguas culturas avanzadas, primero los expertos religiosos y después los expertos filosóficos han desarrollado, a partir de los depósitos de sentido, configuraciones de valores que luego transforman en sistemas de valores. Esas configuraciones pretenden explicar y regular, de una manera que tenga sentido, la conducta del individuo y su relación con la comunidad, tanto en la vida cotidiana como en la superación de crisis, en relación con realidades que trascienden la vida cotidiana. El sentido de las rutinas cotidianas está subordinado al sentido de la vida.

Singularmente importantes son aquellas instituciones cuya labor incluye el procesamiento social de sentido. Las más relevantes son aquellas cuyas principales funciones consisten en controlar la producción de sentido y transmitir sentido.

Las instituciones morales religiosas han estado históricamente íntimamente ligadas al aparato de dominación en el almacenamiento y reconstrucción de sentido.

Cuando las condiciones de las instituciones de sentido se aproximan a las de un mercado abierto, como se está dando en la sociedad neoliberal en la que se ha mercantilizado todo, en ese caso, cierto número de proveedores de sentido, instituciones, filósofos y «profetas», se enfrentan a una competencia para un público que a su vez se enfrenta a la dificultad de tener que elegir el sentido más apropiado de entre un raudal de sentidos disponibles. Esta competencia permite opciones diferentes y da como resultado el pluralismo social que estamos viviendo en nuestra sociedad[19].

Terminada la exposición que hemos hecho de BERGER y LUCKMANN, podemos añadir que el hombre para poder encontrar el sentido en su vida y poder justificar sus acciones se encuentra con dos grandes escollos. Por una parte, la necesidad de aclarase en el mercado de valores ofrecidos, con frecuencia ofrecidos como nuevas mercancías, de última hora, lo más novedoso y que nos hará felices, y por otra, la necesidad de encontrar un tiempo y la tranquilidad necesaria par descubrir quién es en realidad, lo que desea verdaderamente y entre todos los valores-sentido los que realmente son capaces de hacerle comprometer su vida. Lo malo es que para que esto se pueda realizar, hace falta reflexión, profundización, maduración y hoy mariposeamos mucho, de valor en valor, consumiéndolos como a las demás mercancías, pero sin profundizarlos ni comprometernos, cayendo con facilidad en una vida intrascendente y llena de futilidad.

Cuando una persona no posee las valoraciones propias de la ética o de la moral, su conducta se mueve únicamente por las tendencias e impulsos inmediatos, por no tener un proyecto de vida que le guíe, entonces esta persona no es libre, porque irremediablemente su conducta estará dictada por sus tendencias e impulsos inmediatos. Si obrando así, esta persona se auto-observa, descubrirá que no es nadie, que no tiene personalidad propia, que lo único que hace es reaccionar automáticamente, impersonalmente ante sus impulsos y tendencias. En la medida que se ha introducido en nuestra vida una conducta casi puramente reactiva, renunciamos a esta segunda naturaleza que debemos conquistar, y de la cual ya hablaba ARISTÓTELES, a la que estamos llamados, a construir nuestro propio proyecto personal de ser hombres, fruto de nuestras preferencias y decisiones libres y a través de las cuales nos reconocemos, no como fantasmas que deambulamos por el mundo, sino como personas diferentes, creativas y entrañables, pese a nuestras deficiencias, que también forman parte del proyecto, porque somos humanos y como tales debemos aprender a perdonamos y a perdonar.

El psicoanálisis ha contribuido mucho a ayudamos a conocer mejor el funcionamiento de nuestra conciencia. Distingue tres principios

---

[19] BERGER PL y LUCKMANN, T. (1997): *Modernidad, pluralismo y crisis de sentido. Paidos*. Barcelona pp. 31-42

dinámicos que la dirigen: el yo, el super-yo y el ello. El yo abarca toda la parte consciente de nuestro ser. El super-yo se extiende a todo el mundo del deber, que desde pequeños, hemos ido interiorizando desde una comunidad concreta. El ello está constituido por toda la fuerza vital que está en nosotros y que se manifiesta a través de las tendencias y pulsiones. Una personalidad bien desarrollada, es la que ha sabido conjugar equitativamente y armónicamente los derechos de los tres ámbitos. Con un super-yo demasiado grande, concederíamos demasiada importancia al deber y poca a nuestras necesidades vitales. Seríamos unos esclavos del deber, unos reprimidos llenos de tensiones. Con un ello excesivo y un super-yo disminuido, seríamos unos grandes egoístas, muy abiertos a nuestros deseos, caprichosos y poco sensibles a nuestras obligaciones, posiblemente unos irresponsables.

Este proceso es un aspecto del proceso de socialización que experimenta todo ser humano desde cada sociedad concreta y P. FERMOSO aplicando la teoría psicoanalítica nos lo explica así: «*La socialización se produce a través del super-yo, formado por actitudes inconscientes y parentales; las actitudes de los padres se introyectan e interiorizan, con el fin de evitar temores inconscientes ante la frustración, ante la posible pérdida de cariño paterno y materno. El super-yo es un producto de la convivencia del niño con sus padres, y la socialización consiste en una identificación entre el yo y el super-yo*»[20].

Por lo tanto, interesa que nuestro yo aprenda a armonizar las necesidades del ello y del super-yo, para que podamos alcanzar una sana madurez personal, una buena salud mental y una gratificante convivencia.

La adolescencia representa un momento muy importante, de cara a nuestro futuro ético. De pequeños, como hemos dicho, se nos enseña desde una comunidad concreta, lo que es bueno y lo que es malo. Nosotros lo vamos aceptando e interiorizando sin cuestionarlo. Es lo que llamamos moral externa o extrínseca, porque nos viene de fuera, y sin haber sido analizada por nosotros mismos la hemos admitido, por el poder de la autoridad de los adultos que nos rodean. Pero llega un momento, la adolescencia, que empezamos a necesitar analizar y sopesar las cosas por nosotros mismos, para admitirlas o desecharlas. Ya no las aceptamos por la autoridad de los adultos sino por haber

---

[20] FERMOSO, P. (1980): *Sociología de la Educación*. Agulló. Barcelona, pp. 88-89

llegado a un convencimiento propio. Las cosas ya no son buenas o malas porque lo dicen nuestros mayores, sino porque así lo vemos nosotros. Ahora ya no necesitamos un guardián externo para que nos las haga cumplir, sino que nuestro guardián está dentro de nosotros mismos. Hemos alcanzado el estado de adultez ética y ya somos capaces de ser responsables, de poder responder de nuestras acciones, de justificarlas. Sin embargo, existen personas que durante toda su vida, no han sido capaces de alcanzar este nivel o que lo han alcanzado mínimamente, a pesar de ser un aspecto tan importante y donde se descubre si una personalidad es madura o sigue siendo infantil.

Por último, queremos recordar que con frecuencia, cuando obramos mal, sentimos dentro de nosotros como una voz que nos recrimina, que ha sido llamada voz de la conciencia. Algunas creencias han querido ver en ello, como la interpelación de la voz de Dios que nos llama la atención, como algo sobrenatural que se manifiesta al hombre. No hay nada de eso, se trata únicamente de una reflexión ética que nos hacemos nosotros mismos automáticamente, a partir de nuestros propios convencimientos éticos que con anterioridad hemos interiorizado. A la vez que obramos, nuestra conciencia se muestra como conciencia ética, enjuiciando lo que hacemos. Dicho de otro modo, el fondo de nuestro superego se actualiza en nuestra conciencia recordándonos la bondad o maldad de lo que hacemos. Sin embargo, existen personas que por una mala maduración de su afectividad —psicópatas— no sienten remordimientos, y también otras, que por haber tenido de pequeños una educación ética insuficiente, tienen un superego raquítico que tampoco se deja oír como voz que les recrimina cuando obran mal. Esto es malo para ellos y para la sociedad, porque son personas que andan sin rumbo, generalmente muy impulsivas, movidas únicamente por los estímulos inmediatos y por lo tanto casi carentes de libertad y responsabilidad, sin ser capaces de arrepentirse de los males realizados.

Resumiendo, podemos afirmar que en el interior de todo hombre existe una estructura ética, es decir, una necesidad de aprender a distinguir el bien del mal obrar, fundamentada en nuestra autoposesión y apertura a infinitas posibilidades, es decir, en nuestra posibilidad de libertad y responsabilidad, y como consecuencia de todo ello, en nuestra necesidad de encontrar una escala de valores capaz de iluminar y justificar nuestro proyecto de vida. Porque solamente somos verdaderamente personas, en cuanto somos capaces de transformar nuestra vida en un proyecto de vida, distanciados de las simples respuestas inmediatas a los impulsos y tendencias. Porque si somos personas gracias a nuestra autoconciencia, autoposesión, libertad y responsabilidad, solamente cuando actuamos ejerciendo estas características actuamos como personas, nos realizamos como personas y crecemos como personas.

Capítulo IV

Desarrollo y progreso del ser ético del hombre

Evolución histórica de la moral. Régimen comunal. Régimen esclavista. Régimen feudal. Régimen burgués. Ilustración. Derechos Humanos

La moral es, como veremos, un hecho histórico, y por lo tanto, la ética como ciencia de la moral, no puede concebirla como algo dado de una vez y para siempre, sino que tiene que considerarla como un aspecto de la realidad humana que cambia con el tiempo. La moral es histórica porque orienta el modo de comportarse de un ser, el hombre, que es por naturaleza histórico, es decir, un ser que se caracteriza precisamente por estar haciéndose o autoproduciéndose constantemente, tanto en el plano de su existencia material, práctica, como en el de su vida espiritual, incluida dentro de ésta, la moral. No se puede analizar el nacimiento de la moral fuera de la historia, pues la moral nace dentro y desde la historia del hombre. Si bien es cierto, que el comportamiento moral parece que se da en el hombre desde que éste existe como tal, o sea, desde las sociedades más primitivas, la moral cambia y se desarrolla con el cambio y desarrollo de las diferentes sociedades concretas.

La moral sólo puede surgir cuando el hombre deja atrás su naturaleza puramente natural e instintiva, y posee ya una naturaleza social, es decir, cuando ya forma parte de una colectividad. En este origen de la moral, debemos subrayar dos aspectos fundamentales que se deben dar para que ella pueda nacer. Por una parte, requiere que el hombre se halle en relación con los demás y por otra que posea cierta conciencia, aunque sea limitada, de esa relación, a fin de poder conducirse de acuerdo con las normas que le rigen.

Pero esta relación de hombre a hombre, o entre el individuo y la comunidad, es inseparable de otra vinculación originaria: la que los hombres, para subsistir y protegerse, mantienen con la naturaleza que les rodea, y a la cual tratan de someter. Con su trabajo, los hombres primitivos tratan de poner la naturaleza a su servicio, pero su debilidad ante ella es tal que, durante larguísimo tiempo, aquella se les presenta como un mundo extraño y hostil. La propia debilidad de sus fuerzas ante el mundo que les rodea, determina para poderle hacer frente, que se agrupen todos sus esfuerzos con el fin de multiplicar su fuerza. Su trabajo cobra necesariamente un carácter colectivo, y el fortalecimiento de la colectividad se convierte en una necesidad vital. Sólo el carácter colectivo del trabajo y, en general, de la vida social, garantiza la subsistencia y afirmación de la comunidad. Surgen así una serie de normas, mandatos o prescripciones no escritas, de aquellos actos o cualidades de los miembros del grupo que benefician a la comunidad. Así surge la moral, con el fin de asegurar la concordancia de la conducta de cada uno con los intereses colectivos.

La necesidad de ajustar la conducta de cada miembro de la comunidad a los intereses de ésta, determina que se considere bueno o beneficioso todo aquello que contribuya a reforzar la unión o la actividad común y al revés, que se vea como malo o peligroso lo contrario. Se establece de este modo, una línea divisoria entre lo bueno y lo malo, así como una tabla de deberes y obligaciones, basada en lo que se considera bueno y beneficioso para la comunidad. Se destacan así una serie de deberes: todo el mundo está obligado a trabajar y a luchar contra los enemigos de la comunidad. Estas obligaciones comunes entrañan el desarrollo de las cualidades morales que responden a los intereses de la colectividad: solidaridad, ayuda mutua, disciplina, amor a los hijos de la misma comunidad. Lo que más tarde se calificará de virtudes, así como de vicios, también se halla determinado por el carácter colectivo de la vida social.

El concepto de justicia responde también al mismo principio comunitario. La justicia distributiva, implica la igualdad en la distribución —víveres o botín de guerra—. Para ellos, justicia significa reparto igual para todos. A la vez, entienden la justicia retributiva, como la reparación de un daño inferido a un miembro de la comunidad en sentido colectivo: los agravios son un asunto común. Quien derrama sangre, derrama sangre de todos y por ello todos los miembros del grupo están obligados a vengar la sangre derramada. El reparto igual, por un lado, y la venganza colectiva, por otro, como dos tipos de justicia primitiva, cumplen la misma misión práctica y social: fortalecer los lazos de unión de la comunidad.

Esta moral colectivista, propia de las sociedades primitivas, que no conocen la propiedad privada ni la división de la sociedad en clases sociales, es una moral única y válida solamente para todos los miembros de la comunidad.

Por otra parte, la moral primitiva implicaba una regulación de la conducta de cada uno de acuerdo con los intereses de la comunidad, pero en esa relación el individuo sólo se veía a sí mismo como una parte de la comunidad. No existían propiamente cualidades morales personales. La absorción de lo individual por lo colectivo, no dejaba lugar para una verdadera decisión personal, y por lo tanto, para una responsabilidad propia, que son los índices de un vida propiamente moral. Por esto, se trata de una moral poco desarrollada, cuyas normas y principios se aceptan, sobre todo, por la fuerza de la costumbre y tradición.

Los rasgos de una moral más elevada, basada en la responsabilidad personal, sólo podrán aparecer cuando surjan las condiciones sociales que permitan un nuevo tipo de relación entre el individuo y la comunidad. Las condiciones económico-sociales que habrán de hacer posible el paso a nuevas formas de moral, serán justamente la aparición de la propiedad privada y la división de la sociedad en clases sociales.

El Régimen Comunal que como hemos visto, siendo el más primitivo, se caracterizaba por el predominio de lo colectivo y la absorción de lo personal en lo comunitario, reparto de frutos del trabajo por igual según las necesidades de cada familia, una justicia retributiva enfocada al conjunto y una moral única aceptada por todos.

Este sistema de convivencia se destruyó por dos razones:

1ª. El descubrimiento de la domesticación de los animales —ganadería—, el aprendizaje del cultivo de la tierra —agricultura— y la aparición de oficios manuales, incorporaciones que posibilitaron una mayor productividad que la necesaria para vivir, lo cual conllevó poder almacenar sobrantes y acaparar riquezas, produciendo en dichas comunidades la desigualdad de riquezas, el comienzo de la propiedad privada y de la estratificación social con sus antagonismos de clase.

2ª. La misma dinámica de atesoramiento basada en el principio «*que un hombre es rentable*» porque trabaja-produce más de lo que come, llevó a respetar la vida de los prisioneros de guerra, transformándolos en esclavos para el trabajo.

El Régimen Esclavista nace fruto de los cambios anteriores y a partir del régimen comunal. Sociedad dividida fundamentalmente en dos clases sociales: libres y esclavos. Dentro de los libres existía una estratificación social según la riqueza particular que se poseyese. Esta división de la sociedad, comporta una división de la moral única que había prevalecido hasta entonces, encontrándonos con una moral dominante, la que se impone y la única que se tiene por verdadera y la otra, la de los dominados.

La moral dominante alcanza un alto nivel teórico, siendo fundamentada y justificada por filósofos como SÓCRATES, ARISTÓTELES y PLATÓN. ARISTÓTELES consideraba que por naturaleza existían unos hombres libres y otros esclavos, y que esta distinción era justa y útil. Los dominados influidos por el contexto social, «*se veían a sí mismos como cosas*» por haber introyectado el como les veía la moral dominante. A su vez, iban cobrando, poco a poco una oscura conciencia de su derecho a la libertad. En la medida que despertaban, rechazaban los principios impuestos y consideraban válidos los suyos, fruto de su vivencia y convivencia comunitaria. Sin embargo, esta moral de los esclavos nunca pudo llegar a alcanzar un nivel teórico, aunque tuvo algunas expresiones conceptuales.

Los rasgos de la moral dominante de régimen esclavista, por ejemplo, del tiempo del apogeo de Atenas son:

1. Moral estrechamente vinculada a la política, como intento de dirigir y organizar las relaciones entre los miembros de la comunidad sobre bases racionales.
2. Desprecio del trabajo manual, propio de los esclavos, y aprecio del trabajo intelectual y de las artes de hacer la guerra.
3. Exaltación de las virtudes morales cívicas —sólo para hombres libres— como fidelidad y amor a la patria, valor en la guerra y dedicación a los asuntos públicos por encima de los privados.

Por otra parte, nace una nueva y fecunda relación para la moral entre individuo y comunidad, se eleva la conciencia de los intereses de la colectividad y surge una conciencia reflexiva de la propia individualidad, pudiéndose liberar la persona de la anterior absorción por parte de la comunidad.

El Régimen Feudal aparece con el hundimiento del mundo antiguo que descansaba en la institución de la esclavitud. Los rasgos se perfilan durante los siglos V y VI y dura diez siglos.

En el régimen económico-social feudal, coexisten dos clases sociales fundamentales. Los señores feudales dueños de las tierras en una economía fundamentalmente agrícola y los campesinos, siervos de la gleba, que trabajaban para los primeros. Por otra parte, poco a poco, a partir de los hombres libres de las villas, empezará a nacer otra clase social, la burguesía.

Los campesinos-siervos estaban adscritos de por vida a la tierra y eran vendidos con ella, obligados a trabajar para su señor. Sus derechos eran, poder disponer de parte del fruto de su trabajo, tenían derecho a la vida y se les reconocía que no eran cosas sino seres humanos. La Iglesia se insertaba también en este tipo de sociedad jerarquizada. En la cumbre estaba el Papado, que justificaba el sistema con el principio de que «*el poder viene directamente de Dios*».

La moral de la sociedad medieval respondía a sus características económico-sociales y espirituales. De acuerdo con el papel predominante de la Iglesia en la vida de la sociedad, la moral estaba impregnada de un contenido religioso que aseguraba cierta unidad moral de la sociedad. Pero, al mismo tiempo, y de acuerdo con las rígidas divisiones sociales en estamentos y corporaciones, se daba una estratificación social, es decir, una pluralidad de códigos morales ordenados jerárquicamente: el de los nobles-caballeros, órdenes religiosas, gremios y universitarios. Solamente los siervos carecían de una formulación codificada de sus principios y reglas.

De todos estos códigos, el que más influía era el de la clase dominante, la aristocracia feudal cuyos principales valores eran:

a) Desprecio del trabajo físico,

b) Exaltación del ocio y la guerra,

c) Virtudes caballerescas y culto al honor.

La moral caballeresca partía de la premisa de que el noble, por el mero hecho de serlo, por su sangre tenía una serie de cualidades morales que lo distinguían de los plebeyos y siervos. Sin embargo, estos, pese a las terribles condiciones de dependencia personal en que se encontraban, y a los obstáculos de toda índole para elevarse a la comprensión de las raíces sociales de sus males, en su propio trabajo y, particularmente, en la protesta y la lucha por mejorar sus condiciones de existencia, los siervos iban apreciando otros bienes y cualidades que no podían encontrar cabida en el código moral feudal: su libertad personal, el amor al trabajo en la medida en que disponían de una parte de sus frutos, la ayuda mutua y la solidaridad con los que sufrían su misma suerte, eran valores que cada vez se les hacían más patentes.

Así, pues, mientras no se liberan efectivamente de su dependencia personal, la religión les ofrecía —algo impensable en aquellos tiempos— su libertad e igualdad en el plano espiritual, y con ello una posibilidad de una vida moral que, en el mundo real como siervos, les era negada. Este aspecto del cristianismo de contar con otro mundo donde todos seremos iguales y libres, por una parte fue alienador, porque les distraía de sus problemas reales, pero por otra tremendamente revolucionario, porque jamás se había afirmado la igualdad de todos los hombres en ningún plano de la realidad, y dicha afirmación, poco a poco, fue calando en las conciencias de todos, pudiéndose afirmar que fue la semilla que siglos después germinó, en la manifestación de la verdadera igualdad de todos los hombres, aquí abajo, profesada por la Ilustración y luego manifestada en diversas constituciones.

El Régimen Burgués: En las entrañas de la sociedad feudal fueron gestándose unas nuevas relaciones sociales, a las que habría de corresponder una nueva moral. Un nuevo modo de regular las relaciones entre los individuos y la sociedad. En las ciudades surgió una nueva clase social, la burguesía, que viene de *burgo* que significa ciudad, gente de ciudad que queda incluida, desde el primer momento, entre los no privilegiados. Sin embargo, el burgués se consideró un hombre libre, no ligado por ningún lazo de dependencia al señor feudal. La riqueza era la única distinción de clase que aceptaba. Por ello, dentro de la burguesía ciudadana, se distinguieron pronto dos grupos: la alta burguesía, formada por banqueros y comerciantes ricos y la pequeña burguesía, formada preferentemente por artesanos. La masa de asalariados y pobres vagabundos formaba el pueblo.

Los intereses de esta nueva clase social estaban vinculados al desarrollo de la producción y a la expansión del comercio. Ello exigía mano de obra libre —liberación de los siervos de las tierras— y, desaparición de las trabas feudales para poder crear un mercado nacional único y un estado centralizado que acabara con la fragmentación económica y política. Para mantener la independencia económica respecto al señor feudal, los ciudadanos procuraron crear un sistema de gobierno autónomo. A menudo, contaron con el apoyo de los monarcas en la lucha contra los señores feudales. Acabaron dependiendo, a fines del siglo XV, de los monarcas autoritarios, estableciéndose las bases de lo que luego fue llamado el antiguo régimen, es decir, la monarquía absoluta. El capitalismo inicial —mercantilismo— exigía un poder fuerte y concentrado para dirigir el conjunto de la organización industrial y comercial del país, en competencia con el exterior. Esa protección, sólo la podía prestar una monarquía autoritaria. Los monarcas aprovechando el apoyo y el dinero de la burguesía, aumentaron su poder. Se crearon formas de gobierno más complejas. Los monarcas y la burguesía querían superar el vínculo personal del vasallaje y basar el gobierno en instituciones políticas. Así nacieron, las cortes y los parlamentos.

La gran burguesía apoya, de momento, a los gobiernos absolutistas, cuya cooperación es importante para el desarrollo comercial y financiero, pero el choque con las clases privilegiadas llegará cuando, ya en el siglo XVIII la burguesía advierta que, en realidad, tiene cerrados los caminos de intervención en la vida política.

En el tránsito del siglo XVII al XVIII se observan ya elementos discordantes dentro del pensamiento absolutista. Aunque en Francia y Alemania, algunos pensadores inician la crítica del absolutismo y de la Iglesia Católica, es en Inglaterra donde se ponen las bases de este movimiento de crisis. La figura más representativa de esta generación de transición entre los dos siglos es JOHN LOCKE. Sus ideas políticas están expuestas en su obra «*Dos tratados de Gobierno*» (1690), donde propugna la separación de poderes, es decir, un tipo de gobierno parlamentario, frente al sistema absolutista vigente en toda Europa.

Este nuevo sistema económico-social alcanza su expresión clásica a mediados del siglo XIX en Inglaterra. Rige como ley fundamental, la ley de la plusvalía. El obrero es considerado, exclusivamente, como un hombre económico, medio o instrumento de producción, o como decía MARX como «*mercancía*». La situación con que se encuentra el obrero con respecto a la propiedad de los medios fundamentales de producción —desposesión total— da lugar al fenómeno de la enajenación o del trabajo enajenado. El obrero, como sujeto de esta actividad, produce objetos que satisfacen necesidades humanas, pero siendo a su vez el trabajo, una actividad esencial del hombre (no un castigo por un pecado sino única fuente de realización personal), sin embargo, por estar dicha actividad enajenada, el obrero no la reconoce como tal, como actividad propiamente suya, ni se reconoce en sus obras, sino que por el contrario, su trabajo y sus productos se le presentan como algo extraño e incluso hostil, ya que no le trae sino miseria, sufrimiento e incertidumbre.

En este sistema social-económico, la buena o mala voluntad individual o las mismas consideraciones morales, no pueden alterar la necesidad objetiva, impuesta por el sistema, que el capital alquile la fuerza de trabajo por un salario y pretenda ganar el máximo de plusvalía. Esto llevó a la invención de un salario de hambre, llamado salario de sustentación, es decir, pagar por el trabajo lo mínimo necesario para que el obrero pudiera sobrevivir, dentro de unos horarios atroces, sin vacaciones, ni seguridad social, ni pensión de jubilación y en unas condiciones de vivienda totalmente inhumanas.

La economía se rige, ante todo, por la ley del máximo beneficio y esta ley genera una moral propia de culto al dinero. Tendencia a acumular los mayores beneficios a costa de lo que sea. Como consecuencia de ello, nace un tipo especial de relación entre los individuos, caracterizado por un fuerte espíritu de posesión, búsqueda exclusiva de la rentabilidad de las cosas, egoísmo, individualismo, agresividad social y deseos de superación a costa de lo que fuere.

La burguesía, que precisamente, en sus comienzos se quiso presentar como clase social regeneradora frente a la decadente aristocracia feudal, defendiendo a nivel teórico unos valores, como laboriosidad, honradez, puritanismo, amor a la patria y libertad, es ahora la que en realidad, prácticamente representa los antivalores del capitalismo naciente.

La moral que se inculca como moral común —moral de los que dominan— contribuye a justificar y reforzar los intereses del sistema, regido por la ley de la producción de plusvalía y es por ello una moral ajena a los intereses verdaderamente humanos.

De la misma manera se echa mano de la moral, para justificar y regular las relaciones de opresión y explotación, en el marco de la política colonial o neocolonialista. En este terreno, se da un proceso semejante al operado históricamente en las relaciones entre individuos. Se procura inculcar entre los gobernados por la metrópoli, inmadurez, fatalismo, resignación, humildad y pasividad como cualidades del buen ciudadano para así poder proseguir su labor explotadora

Sin embargo, el extraordinario desarrollo científico del siglo XVIII tenía que influir, lógicamente, en la sociedad y cultura de la época. «*Surge así, el movimiento cultural denominado Ilustración*». La Ilustración nació, como dice CORTINA, de la captación del contraste entre los frutos de las Ciencias de la Naturaleza y de las que se ocupaban de la conducta humana, mientras las primeras florecían con esplendor avanzando a paso seguro, las segundas avanzaban inseguras, llenas de tópicos, estando la filosofía, la moral, la religión, la economía, el arte, la política y la historia muy lejos de su objetivo: la felicidad humana. Hacía falta aplicar el mismo método de las Ciencias Naturales a la conducta humana para iluminarla y poderla liberar de tópicos, apriorismos y mitos.

En este proceso reflexivo-liberador, la aportación de las ciencias no se entiende de un modo positivista. Las ciencias tienen la misión de aclarar la naturaleza de las cosas y de los hombres, para lograr una acción encaminada a la felicidad. Sin embargo, a medida que se desarrollan las sociedades industriales, las ciencias son «*positivizadas*» porque son convertidas en puras fuerzas productivas de la evolución social; se limitan a producir recomendaciones técnicas, a suministrar instrucciones para manejar procesos objetivados. Convierten al hombre en un objeto más de estudio, en una mercancía que se compra y se vende.

Pero prescindiendo de esta derivación negativa de la ciencia, manipulada por los intereses mercantiles de la sociedad capitalista, la intención de la Ilustración fue muy otra como nos recuerda KANT: «*La ilustración es la liberación del hombre de su culpable incapacidad. La incapacidad significa la imposibilidad de servirse de la inteligencia sin la guía de otro, supone la mayoría de edad frente el famoso aforismo "doctores tiene la iglesia". Esta incapacidad es culpable, porque su causa no reside en la falta de inteligencia, sino de decisión y valor de servirse de ella por sí misma sin la tutela de otro. ¡Sapere aude!¡Ten valor de servirte de tu propia razón! He aquí el lema de la Ilustración.*»

Podríamos resumir las ideas básicas de la mentalidad ilustrada en:

1. Naturaleza, cuyos secretos se van descubriendo y que el hombre admira, considerando que la sociedad ha corrompido al hombre.
2. Progreso, que surge gracias al desarrollo científico, dando paso a la técnica, a lo útil para el avance de la humanidad.
3. Razón, que se aplica a todos los campos, confiando en que el hombre, mediante el uso de la razón es capaz de conquistarlo todo. Como se ve dominaba un optimismo exagerado.
4. Felicidad, concepto que nos da idea del sentido optimista de la Ilustración. Se considera que el hombre tiene derecho a ser feliz y se define a la política como «*el arte de hacer felices a los pueblos*». Como utopía bien, pero por desgracia muy lejos de nuestra realidad.

Fruto de estas ideas y debido también al desarrollo de las fuerzas sociales y económicas, a finales del siglo XVIII, se producen en la sociedad dos impactos fundamentales. Una aceleración sin precedentes de los medios de producción, que es la Revolución Industrial inglesa, y una revolución social de masas que expulsa a la nobleza de los centros de poder, que es la Revolución Francesa (1789-1794). El modelo económico inglés y el modelo político francés van a presentarse en una sociedad que tiene ya necesidad de suprimir las trabas que dificultan la economía de mercado —liberación de tierras, libertad de industria y comercio—, de que se establezcan las relaciones entre hombres a nivel formal de igualdad jurídica y no estamental o de status fijos e inamovibles, abriendo así la vía a la industrialización. Institucionalmente, necesita también sustituir las monarquías absolutas —como hemos visto anteriormente— por regímenes liberales que permitan el acceso burgués a la acción política y un nuevo tipo de relaciones sociales. Con la revolución industrial se vienen abajo los cimientos de la sociedad del antiguo régimen. Se afirma que los hombres nacen iguales, sin privilegios. La capacidad personal puede permitir escalar al grupo social más elevado. En el gobierno colaboran hombres procedentes en su mayoría de las clases medias. La ley es la misma para todos. «*Debemos tener muy en cuenta, el profundo significado y alcance de estos logros trascendentales para la futura historia del hombre y de su moral*».

En esta nueva línea encontramos la Declaración de Derechos de Virginia del 12 de junio de 1776 en la que se afirma la igualdad entre los hombres y la existencia de derechos inalienables a la vida, libertad y búsqueda de la propia felicidad. Debemos subrayar que nos encontramos en un gran momento histórico. «*Por primera vez en la historia de la humanidad, se afirma en el plano real (antes el cristianismo lo había afirmado para la otra vida) la:*

a) Igualdad entre los hombres y

b) Existencia de unos derechos inalienables para toda persona humana, como son el derecho a la vida, libertad y poder ser feliz».

Poco después se escribe la Declaración de Independencia de los Estados Unidos el 4 de julio de 1776, cuyo autor principal del texto y redactor final fue THOMAS JEFFERSON, uno de los padres de la independencia. Dicha declaración afirma:

«*Sostenemos como evidentes estas verdades: que todos los hombres son creados en igualdad, y dotados por su creador de ciertos derechos inalienables entre los que se encuentran la vida, la libertad y el derecho a la felicidad. Que, para asegurar estos derechos, los hombres crean gobiernos que derivan sus justos poderes del consentimiento de los gobernados. Que cualquier otra forma de gobierno que atente a estos fines puede el pueblo alterarla o abolirla para instituir un nuevo gobierno, que tenga su fundamento en tales principios y organice sus poderes de tal forma que parezca más seguro alcanzar mediante él la seguridad y la felicidad*». El documento continua exponiendo las condiciones y cómo un gobierno puede ser depuesto desde la legalidad.

Posteriormente, en una línea de progreso moral ascendente encontramos la «*Declaración de los derechos del hombre y del ciudadano*» de 1789. Declaración compuesta de 17 artículos y precedida de un preámbulo, cuyo texto fue aprobado por los miembros de la Asamblea Constituyente de la Revolución Francesa del 17 al 26 de agosto de 1789. Influyó en ella la Declaración de Independencia de EUA, así como el pensamiento filosófico del siglo XVIII (ROUSSEAU, MONTESQUIEU, CONDORCET).

Se pretendía hacer una declaración de principios de validez universal. Sin embargo, era en gran parte, una obra redactada por y para la burguesía.

En el preámbulo, se defendían los derechos naturales del hombre que, según el art. 2, eran imprescriptibles. Entre ellos se admitían sólo derechos civiles, en primer lugar la libertad art. 1 y 2, en sus diversas formas: individual art. 7, 8 y 9, de pensamiento art. 10 y 11, de prensa art. 11 y de credo art. 10. Se fijaba como límite de esta libertad el ejercicio de los derechos análogos por los otros miembros de la sociedad art. 4 y 5; Se reforzaba el carácter intangible de la propiedad privada art. 2 y 17, y se constituía una fuerza pública que velara por la seguridad de los ciudadanos y de sus bienes.

En cuanto a la igualdad, a pesar de que la Declaración afirmaba que era un derecho natural art. 1, que el Estado debía asegurar al hombre en el triple plano legislativo art. 6, judicial art. 6 y 7, y fiscal art. 13, hubo que reconocer que era imposible, diferenciándose los individuos por su utilidad social art. 1 y su capacidad intelectual art. 6.

La Declaración subrayaba dos conquistas esenciales realizadas en el plano político:

1. Transferencia de la soberanía del rey a la nación, art. 2, y
2. Separación de poderes, art. 16.

Ya en el siglo XX, como últimos frutos de este progreso moral, que a pasar de los retrocesos que a veces sufrimos en tantas partes del mundo y que con demasiada frecuencia, puntualmente, no se cumplen, tenemos tres generaciones de Derechos Humanos que han ido siendo reconocidos y aceptados históricamente en esta larga toma de conciencia, que va haciendo el hombre sobre sí mismo, descubriendo cómo es y por donde deben ir dirigidos sus proyectos de realización humana. Estos derechos humanos son como las vías por donde deben pasar todos los proyectos humanos si queremos contribuir a que la civilización cada día se humanice más.

La primera y segunda generación de los Derechos Humanos fueron reconocidos expresamente en la Declaración Internacional de Derechos de las Naciones Unidas de 1948. En cuanto, a los que denominamos de tercera generación, todavía no han sido asumidos en ningún documento oficial, pero si que están asumidos en la conciencia social actual, al menos con el mismo vigor que los anteriores.

La primera generación abarca los derechos civiles y políticos, fruto fundamentalmente del liberalismo, y que se extienden ante todo al derecho de la persona a la vida, a pensar y expresarse libremente, a reunirse con quienes desee y a desplazarse por donde crea oportuno, a participar en la legislación de su propia comunidad política; en suma, a ejercer aquellos derechos a los que se ha denominado también «*libertades fundamentales*» y cuyo respeto constituye el ser o no ser de un estado de derecho.

La segunda generación de derechos se extiende a los derechos económicos, sociales y culturales, expresados en el art. 22 y cuyo mérito de su toma de conciencia e inclusión, fue ante todo de los movimientos socialistas de este siglo. Desde ellos, se trata de dotar de un apoyo real a las libertades, porque sin alimentación suficiente, sin casa y abrigo, sin medios para acceder a la cultura, sin protección ante la enfermedad, la ancianidad, la jubilación o el desempleo, es una hipocresía decir que una persona es libre.

Los derechos de la tercera generación integran el derecho que toda persona tiene de nacer y vivir en un medio ambiente sano, no contaminado de polución y ruido, y el derecho de nacer y vivir en una sociedad en paz. Podemos afirmar, que el respeto a estos dos derechos es condición de posibilidad del respeto a todos los demás, porque poco puede respetarse la vida, la salud y todas las otras exigencias que hemos indicado, desde un medio ambiente contaminado y, sobre todo, desde una sociedad en guerra.

Los derechos humanos no pertenecen al género de los derechos legales, que se recogen en los códigos positivos de distintos países, sino al género de los llamados derechos morales. Significa esto que no son derechos que se conceden graciosamente a unas personas, sino que se reconocen en todas y cada una de las personas por el hecho de serlo. Por eso, no son derechos legales, sino anteriores a cualquier legislación concreta: surgen de aquellas exigencias morales que cada persona puede presentar a las demás porque se refieren a necesidades que deben ser satisfechas para llevar adelante un tipo de vida que consideramos verdaderamente humano. De ahí, que su carácter de exigencia moral sea previo a su reconocimiento como derechos de las personas que una comunidad debe reconocer y proteger.

Según CORTINA, los derechos humanos cumplen cinco características:

1) Son universales ya que se adscriben a todo ser humano.

2) Son absolutos, en el sentido de que al entrar en conflicto con otros derechos deben ser satisfechos prioritariamente.

3) Son innegociables, es decir, son el presupuesto de toda negociación racional.

4) Son inalienables, ya que el sujeto no puede rechazar el poseer estos derechos, pues se situarían en contra de su propia racionalidad.

5) Son derechos aún antes de su respaldo legal, pues al ser condiciones de racionalidad del habla, los seres humanos están autorizados a ejercerlos y a exigir su protección a los organismos correspondientes.

Como la historia sigue y con ella el proceso y el progreso moral, el hombre sigue autodescubriéndose y ante los nuevos problemas que se le presentan, le surge la necesidad de reafirmar otros derechos para hacer posibles sus proyectos de un futuro más humano. Así que, estas tres generaciones se prolongarán en otras que ya insinúan nuevos derechos, como el derecho a la intimidad y el de la inviolabilidad del propio patrimonio genético.

Por último, queremos dar cuenta de un documento que, por primera vez en la historia de las religiones, el Consejo del Parlamento de las Religiones del Mundo ha osado elaborar y difundir, una declaración sobre una ética mundial, con ocasión de la reunión celebrada por él en Chicago, del 28 de agosto al 4 de septiembre de 1997, con la participación de 6.500 asistentes en representación de numerosas religiones.

Cuando se les pregunta el por qué de este esfuerzo ético, responden que en nuestro tiempo, nadie debería cuestionar que en una edad del mundo como ésta, caracterizada más que alguna otra anterior por realidades tales como política mundial, tecnología mundial, economía mundial y civilización mundial, se necesite una ética mundial. Es decir, se precisa de un acuerdo básico en cuanto a valores vinculantes, criterios inamovibles y actitudes personales básicas. Sin un consenso de partida en materia de ética, toda sociedad estará amenazada, antes o después, por el caos o por la dictadura. No es posible un mejor orden mundial sin una ética mundial.

Ética mundial no significa ideología mundial, ni religión unificada mundial más allá de las religiones ya existentes, ni una mezcolanza de todas ellas. La humanidad está cansada de ideologías unívocas y, además, las religiones del mundo son tan diferentes entre sí en cuanto a creencias, dogmas, símbolos y ritos, que no tendría sentido alguno pretender unificarlas. Cualquier cóctel sincretista resultaría inaceptable.

Entonces ¿de qué se trata? De una ética mundial que pretende potenciar todo aquello que es común a todas las religiones del mundo por encima de todas las diferencias. Todo lo que les es común en cuanto a conducta humana, valores éticos y convicciones morales básicas. Con otras palabras: una ética mundial no pretende reducir las religiones a un minimalismo ético, sino que más bien se ocuparía de promocionar este mínimun que las religiones del mundo han alcanzado ya, en cuanto a una ética común. Todo ello no va dirigido contra nadie sino que, muy al contrario, constituye una invitación a que todos, creyentes y no creyentes, interioricen esta ética y actúen en consecuencia.

Todos somos responsables en la búsqueda de un orden mundial mejor. Tras dos guerras mundiales y concluida la guerra fría, tras el derrumbamiento del fascismo y del nazismo, y superados ya el comunismo y colonialismo, la Humanidad dispone hoy de suficientes recursos económicos, culturales y espirituales como para poder instruir un mejor orden mundial. A pesar de ello, una serie de tensiones étnicas, nacionalistas, económicas, sociales y religiosas, antiguas y modernas, ponen en peligro la construcción pacífica de un mundo mejor.

Estamos convencidos de que precisamente las religiones, a pesar de todos sus abusos y reiterados fallos históricos, pueden responsabilizarse de que tales esperanzas, objetivos, ideales y criterios puedan perdurar, enraizar y pasar a formar parte de nuestra vida.

Finalmente destacamos las cuatro orientaciones básicas e inalterables del documento:

1. Compromiso a favor de un cultura de la no violencia y respeto a toda vida.
2. Compromiso en favor de una cultura de la solidaridad y de un orden económico justo.
3. Compromiso a favor de una cultura de la tolerancia y de un estilo de vida honrado y veraz.
4. Compromiso a favor de una cultura de igualdad y camaradería entre hombre y mujer.

Ser verdaderamente humano de acuerdo con el espíritu de nuestras grandes tradiciones éticas y religiosas significa:

a) en lugar de la dominación patriarcal o degradación, que son manifestaciones de violencia y que a menudo provocan la violencia como respuesta, deben reinar un respeto mutuo, comprensión y compañerismo.

b) en lugar del afán posesivo o del abuso sexual de cualquier tipo, debe haber una mutua consideración, tolerancia, apertura a la reconciliación y al amor.

Reconociendo que sólo se puede poner en práctica a nivel de naciones y religiones lo que ya se vive en el plano de las relaciones personales y familiares.

Como hemos podido observar a través de todo este capítulo, la moral es un hecho histórico totalmente ligado al hombre en cada uno de sus momentos históricos y a su tipo de relaciones sociales, que cambia en la medida que existen cambios sociales fuertes, que va adaptando al hombre a un tipo de sociedad cada vez más compleja, y que a su vez, va sufriendo un proceso de progresión, habiendo pasado de unos comienzos rudimentarios a una moral de derechos humanos, abierta a nuevos cambios y a un progreso mayor.

Capítulo V
Sociedad, cultura y moral

Sociedad. Cultura: Instituciones. Ideas: creencias y valores. Cultura material. Moral

Hemos visto como la moral es un hecho histórico que poco a poco nace a través de la humanización del hombre desde que éste empieza a desarrollar sus formas sociales, y que se desarrolla y progresa a través de la historia, y como veremos esto sucede a la par de como se van desarrollando las diferentes sociedades y culturas. Seguidamente, para poder profundizar más en el hecho de la moral, vamos a analizar los conceptos de sociedad y cultura, y ver como se presentan entrelazados, tanto uno como otro, con la moral propia de cada sociedad y tipo de cultura.

SOCIEDAD

Si existe una explicación del tardío nacimiento de una ciencia de la sociedad, puede buscarse en la omnipresencia de su objeto, que incluye incluso su propia descripción y análisis. La sociología trata del hombre en vista del hecho molesto de la sociedad. El hombre, todo hombre, encuentra este hecho, sí, es este hecho, que, aunque puede imaginarse con independencia de individuos determinados, sería una ficción absurda sin individuos determinados. En el campo donde se entrecruzan el hombre y el hecho de la sociedad es donde hemos de buscar los elementos de la ciencia que tiene por objeto al hombre en sociedad.

En el punto de intersección del individuo y la sociedad se halla el *homo sociologicus*, el hombre como portador de papeles socialmente predeterminados. El individuo es sus papeles sociales, pero, por su parte, estos papeles *son* el hecho molesto de la sociedad[21].

---

21 DANRENDORF, R. (1975): *Homo sociologicus*. Akal. Madrid pp. 23-25

El núcleo primario del sociólogo para poder llegar a explicarse la sociedad es la *interacción social*. Interacción que podemos suponer como mínimo entre dos personas. Cada una de ellas se forma de la otra sus primeras impresiones, una primera *gestalt* de como ve a la otra persona. Esta percepción estructurada en cada persona, no resulta de una mera acumulación de observaciones o impresiones recogidas al azar, sino que es más bien el producto de una estructuración en el sentido más estricto. Esta estructura del conocimiento del otro, se prolonga en una estructura de la acción con él (es decir, mi forma de tratarlo es consecuencia de mi forma de verlo) y asimismo mi forma de verlo y tratarlo se orientan hacia la búsqueda de una mejor forma. Dado el profundo conocimiento que llega a poseer una persona de la otra, su percepción misma se ha afirmado al tiempo que han desarrollado expectativas recíprocas. Estas expectativas mutuas abarcan el que cada uno sepa lo que puede esperar del otro y lo que le debe dar.

Todo ello está en un proceso dinámico, cambiante. La interacción está viva y va surgiendo de las distintas situaciones que se viven y a la vez va proporcionando nuevos retoques de la *gestalt* del otro, cuyo retoques crean unas nuevas expectativas recíprocas[22].

BERGER y LUCKMAN hablando de este problema relacional nos ponen un ejemplo muy ilustrativo. Dos personas de mundos socioculturales distintos (entendemos personas, individuos que ya tienen formados sus yo, lo que sólo puede ocurrir en un proceso social) se encuentran y comienza una interacción. En una mutua observación y descubrimiento recíproco irán reconociendo pautas de conducta, existirá una readaptación y empezarán, debido a su interacción, a desempeñar roles uno para con el otro.

La vida que lleven juntos se define ahora por una esfera de rutinas establecidas, cada vez más amplia. Muchas acciones se hacen posibles a un nivel bajo de atención. Cada acción que realiza uno de ellos ya no constituye una fuente de asombro y peligro en potencia para el otro. Entra en acción la trivialidad de la vida cotidiana. Esto significa que los dos individuos están construyendo un trasfondo en el sentido ya mencionado, que les servirá para estabilizar sus acciones separadas y su interacción. La construcción de este trasfondo de rutina, posibilita a su

---

22 ROCHER, G. (1977): *Introducción a la sociología formal*. 4ª edición Herder. Barcelona, pp. 14-20

vez la división del trabajo entre ambos, abriendo una vía a las innovaciones, que exigen un nivel de atención más elevado. La división del trabajo y las innovaciones llevarán a nuevas situaciones, ampliando más el trasfondo común a ambos individuos[23].

Profundizando más, JEAN PIAGET expresa esta idea de influencia recíproca del modo siguiente: «*La relación entre el sujeto y el objeto material, modifica al sujeto y al objeto a la vez, por asimilación de este último al primero y por acomodación del primero al segundo... Pero, si la interacción entre el sujeto y el objeto modifica así a ambos, resulta a fortiori evidente que cada interacción entre sujetos individuales modificará a uno con respecto al otro. Cada relación social constituye pues una totalidad en sí misma, que produce caracteres nuevos y transforma al individuo en su estructura mental. De la interacción entre dos individuos a la totalidad constituida por el conjunto global de las relaciones entre los individuos de una misma sociedad, se da pues una continuidad, y, en definitiva, la totalidad así concebida se revela consistente no en una suma de individuos, sino en un sistema de interacciones que modifican a estos últimos en su misma estructura*»[24].

De lo dicho anteriormente, y del texto de PIAGET, se desprende que, al nivel microsociológico más elemental, la acción social se nos aparece primero bajo el aspecto de una influencia recíproca entre dos personas, bajo el aspecto de la interacción. Esta interacción no obedece al azar, sino que se estructura y se organiza en lo que PIAGET llama un «*Sistema de interacciones*».

A los ojos del sociólogo, lo que llamamos la *Sociedad* no es, de acuerdo con PIAGET, «*una suma de individuos*» vinculados entre sí por no importa qué contrato o alianza, sino la multiplicidad de las interacciones de sujetos humanos que compone la trama fundamental y elemental de la sociedad, confiriéndole a la vez existencia y vida.

La mayoría de los trabajos concretos relativos a la sociedad o a la vida psíquica, posteriores a MARX y desde FREUD hasta PIAGET, poseen una inspiración estructuralista genética, es decir, han partido de las hipótesis que acabamos de mencionar, a saber: en primer lugar, que toda vida psíquica está estrechamente ligada a la praxis; en segundo lugar, que

---

[23] BERGER , P. y LUCKMAN, Th. (1977): *La construcción social de la realidad*. Amorrortu. Buenos Aires p. 68

[24] PIAGET, J. (1965): *Etudes sociologiques*. Librairie Droz. Ginebra pp. 30-31

ella se presenta, tanto en el plano individual como en el plano colectivo, en la forma de realidades dinámicas orientadas hacia un equilibrio coherente entre el sujeto y el medio circundante, es decir, en forma de procesos de estructuración; y por último, que la vida psíquica (dentro de estos procesos globales) y el pensamiento (dentro de la vida psíquica) también constituyen, a su vez, totalidades relativas, procesos de estructuración dirigidos hacia estados de equilibrio significativos y coherentes. Esta elaboración de las visiones del mundo constituye un proceso lento y complejo, que muy a menudo se escalona en varias generaciones y que supone la praxis conjunta de un considerable número de individuos que constituyen un grupo social[25].

En esta línea afirma LERENA: «*Lo que valoramos como más humano, las tendencias de las que más nos enorgullecemos, lo que consideramos como más nuestro, ha sido adquirido, puesto en nosotros por la sociedad, y más concretamente por la multiplicidad de grupos que la integran*»[26].

Ha llegado el momento de intentar dar una definición de la sociedad encontrándonos con la dificultad de que las modernas sociedades industriales son extraordinariamente complejas. Estudiar la sociedad y así definirla, sin posterior especificación, sería imposible. Es necesario tener en cuenta unidades analíticas más pequeñas, y por tanto, accesibles. Una visión somera de cualquier sociedad moderna nos revela que se halla compuesta de muchas otras comunidades y que incluso dentro de cada una de estas existen otros grupos más pequeños que poseen una estructura interna propia[27].

La complejidad de la misma sociedad es la causa de que ninguna definición satisfaga a todos porque al insistir en unos aspectos olvida otros que también son importantes. La mayoría de definiciones se han centrado alrededor de los dos núcleos más importantes de la sociedad, el aspecto de «*grupos de interacción*» y el aspecto de «*trama de instituciones*».

---

25 PIAGET y otros (1972): *Epistemología de las ciencias humanas*. Prometeo. Buenos Aires pp. 70-71

26 LERENA, C. (1976): *Escuela, ideología y clases sociales en España*. Ariel. Barcelona p. 56

27 KRECH-CRUTCHFIELD (1965): *Psicología social*. Biblioteca Nueva. Madrid p. 321

A nuestro juicio una definición aceptable es la que nos da KRECH-CRUTCHFIELD. Nos dice: «*La característica central de una sociedad es la que consiste en una colectividad organizada de personas que actúan recíprocamente, cuyas actividades se centran alrededor de una serie de objetivos comunes y que tienden a compartir creencias, actitudes y conductas colectivas*»[28]. Esta definición parece recoger por una parte el aspecto institucional de la sociedad al hablar de una «*colectividad organizada*», se supone que esta organización será más explícita en la medida que la sociedad sea más avanzada. Por otra parte, al señalarnos que «*actúan recíprocamente, objetivos comunes y compartir creencias*» parece que recoge el aspecto de interacción social.

Otra definición, quizás más atractiva por su simplicidad, es la que nos da LINTON: «*Una sociedad no es más que un grupo de gentes que ha vivido y trabajado juntos durante el tiempo suficiente para organizarse (aspecto institucional) y considerarse (aspecto de interacción grupal) como una unidad social, con limites bien definidos*»[29].

CULTURA

Para poder comprender qué es la cultura y cómo funciona el mecanismo de la cultura de un pueblo y de cómo se constituye una sociedad, me fue muy útil ver la película «*La leyenda de la ciudad sin nombre*». En breve síntesis, su argumento es el siguiente: Un grupo, totalmente heterogéneo de personas provenientes de diferentes puntos geográficos, concurre en un lejano valle perdido entre las montañas, con el único objetivo de encontrar oro. La mayoría son personas adultas, hombres y mujeres procedentes de sitios y costumbres muy diversas. En su conjunto forman una masa de personas, no un grupo, con un deseo común, encontrar oro, pero nada más en común, sino rivalidades, desconfianzas, recelos y miedos. Empiezan a trabajar, a necesitarse, a enfrentarse, a tener problemas y necesitar encontrar soluciones, es decir, comienza la convivencia.

Poco a poco, van aprendiendo a respetarse, a poner en común una visión propia de la realidad que les rodea de buscadores de oro, en un

---

[28] Ibid. p. 322

[29] LINTON, R. (1963): *Estudio del hombre*. FCE. Buenos Aires p. 102

sitio lejano y desconocido, desde culturas dispares y en un medio natural adverso y difícil de controlar. Paulatinamente, van descubriendo lo que es bueno para el grupo y obligan a respetarlo e imponen unas leyes con unas, sanciones para defenderlo. También descubren lo que daría al grupo, lo que no le deja crecer y fortalecerse, y entonces también ponen unas leyes para prohibirlo con sus correspondientes sanciones. Es decir, poco a poco, van pasando de una masa de personas a formar un grupo con sus objetivos comunes, con un modo de pensar, sentir y solucionar problemas parecido, todo ello fruto de la convivencia en colaboración.

Estaba naciendo una nueva organización social y una nueva cultura en este grupo. Las culturas primitivas nacieron muy lentamente desde los primeros hombres y muy poco a poco se fueron desarrollando, creciendo y transmitiendo. Aquí se ha encontrado un grupo de personas que ya venían de distintas culturas, que ya tenían su cultura propia, pero que para poder funcionar como un nuevo grupo, tuvieron la necesidad de volver a empezar, no desde cero como el hombre primitivo, pero si a través de los mismos mecanismos que todo grupo sigue en su desarrollo social y cultural humano.

A partir de la experiencia de esta película podemos comprender cómo el hombre a través de la experiencia de miles de años ha ido confeccionando sus estructuras sociales, su modo organizado de convivir y sus culturas.

El concepto de sociedad como hemos visto, abarca dos aspectos importantes, la organización institucional que ordena la convivencia y la interacción grupal, aspectos con estilo propio en cada sociedad y fruto del tipo de convivencia tenido durante años.

El concepto de cultura abarca *«la totalidad de lo que aprenden los individuos en tanto miembros de una sociedad. Es una forma de vida, un modo de pensar, de actuar y de sentir»*[30].

Dicho en otras palabras, podríamos decir que la sociedad es el taller humano, es el marco donde se realiza la práctica en convivencia. La cultura nace de esta práctica en interacción. Es la que la estructura, la perpetua, le da sentido y unas finalidades, y por último, la controla para que no se desvíe de lo que es correcto según esta misma cultura.

---

30 CHINOY, E. (1966): *La sociedad*. FCE. Mexico p. 36

RALPH LINTON afirma que «*el descubrimiento de la cultura, donde está y su significado, es uno de los avances científicos más importantes de la época moderna*»[31].

Debido a que nuestra cultura es en gran medida parte de nosotros mismos, la damos por supuesta, creyendo con frecuencia que es una característica natural, inevitable e inherente a toda la humanidad.

Los antropólogos afirman, que cuando se pregunta a un grupo humano por qué obran de tal modo, su respuesta suele ser con frecuencia «*porque así es la naturaleza humana*» como única explicación. Sobre esta respuesta nos comenta ELY CHINOY: «*Esta explicación, que al explicar aparentemente todo no explica nada, es ella una manifestación del etnocentrismo de cualquier grupo natural*»[32].

Al estar centrados en lo étnico propio, lo llevamos tan asumido, que nuestras costumbres, nuestro modo de pensar, sentir y hacer, lo confundimos con lo natural para el hombre, de tal modo que los hombres que no obran así, decimos que su conducta es incorrecta y a veces hasta antinatural. Históricamente este hecho ha cobrado suma gravedad, al interferir en las relaciones entre países del primer mundo, colonizadores y los del tercer mundo, colonizados. Encima de explotarlos, les hemos querido culturizar desde lo nuestro, tachando sus culturas de bárbaras o retrasadas cuando sólo eran diferentes y en algunos aspectos más avanzadas que las nuestras.

Todo lo que abarca el concepto de cultura se puede agrupar en tres categorías:

1. Instituciones. Aquellas reglas y normas que rigen la conducta.
2. Las ideas, creencias y valores.
3. Productos materiales o artefactos producidos y usados por los hombre.

Las instituciones tienen como función, según BERGER y LUCKMANN, acumular sentido y ponerlo a disposición del individuo, tanto para sus acciones en situaciones particulares como para toda su conducta de vida[33].

---

31 LINTON, R. (1965): *Cultura y personalidad* FCE Mexico p. 130

32 CHINOY, E. (1966): *La sociedad FCE*. Mexico p. 37

33 BERGER L y LUCKMAN Th (1997): *Modernidad, pluralismo y crisis de sentido*. Paidos. Barcelona p. 40

Se han dado muchas definiciones de institución pero la que nos ha parecido más clarificadora es la de WILLIAM GRAHAM SUMNER: «*Una institución implica un concepto (idea, noción, doctrina, interés) y una estructura*»[34]. La estructura es una armazón o aparato, o quizá solamente un número determinado de funcionarios destinados a colaborar de una forma predeterminada y de acuerdo con una cierta coyuntura. La estructura implica el concepto y proporciona los instrumentos para llevarlo al mundo de los hechos y de la acción, de modo que pueda servir a los intereses de los hombres dentro de la sociedad

Los hombres vivimos, experimentamos y convivimos en sociedad. Desde esta convivencia, de vez en cuando, se descubre el sentido más profundo de algo y lo queremos comunicar, ofrecer a los demás. Ha nacido el concepto, el germen institucional. Luego buscamos el cómo esta idea se puede llevar a cabo, cómo puede bajar a la realidad, hacerse factible, experimentamos la necesidad de la estructura, la escalera a través de la cual toda institución baja la idea a la realidad.

La madre TERESA DE CALCUTA, tuvo una vivencia profunda: «*Dios quiere que ayudemos a los más necesitados*». La hizo vibrar profundamente y pensó que lo mismo podría hacer vibrar a otras mujeres. Buscó unas compañeras y redactaron unas normas de vida, es decir, crearon la estructura que fuese capaz de hacer realidad la idea de ayudar a los más pobres. Estaba creada la institución que por cierto fue capaz de interesar a muchas mujeres.

Con el paso del tiempo las instituciones se gastan y a menudo dejan de tener sentido y entonces debieran desaparecer para dejar paso a otras. Existen momentos de cambios sociales que producen profundas crisis institucionales pero a menudo las estructuras se resisten a caer. Ha muerto el sentido de la institución, pero su estructura que está llena de intereses creados se resiste a desaparecer. Son estructuras vacías de contenido, muertas pero que aguantan por intereses personales y son los principales escollos con que se encuentra una sociedad para poder cambiar y adaptarse a los nuevos tiempos y necesidades. Recordemos lo que pasó en España en al época de la transición, como las antiguas estructuras franquistas se cerraban al cambio porque suponía su desaparición.

---

34 WILLIAM GRAHAM SUMNER (1986): *Folkwags*. Ginn. Boston pp. 53-54

Otro aspecto de la dinámica institucional es la *reificación*. Las instituciones, sobre todo las que son depósito de sentido futuro, de por vida, quieren alcanzar estabilidad a toda costa, quieren aumentar su peso específico y para ello se sirven de muchos trucos. Por ejemplo, en las instituciones religiosas es corriente que aparezca una promesa divina que garantice la estabilidad de la institución hasta el fin de los tiempos o la salvación a los que mueran dentro de ella. Vienen a cobrar como un poder mágico que atase a Dios y comunicase una seguridad más allá de la historia. Sin embargo no existe ninguna institución que no haya nacido en la historia y que deje de ser en alguno de sus aspectos histórica, por lo tanto limitada, cambiable y pasajera, por muchas reificaciones que reciba. Para aquellas personas que se acostumbraron a convivir con unas instituciones, el que caigan les parece el caos, pero siempre ha sido así. La vida se renueva, la sociedad cambia y son necesarias nuevas instituciones que recojan las nuevas sensibilidades y creen depósitos de sentido capaces de animar e ilusionar a nuevas generaciones.

Las normas sociales a las que se refiere el término *institución,* tal como ella es definida aquí, han sido divididas a su vez en *folkways* (usos populares) y *mores* (costumbres). Un uso popular es sólo una práctica convencional, aceptada como apropiada pero no como obligatoria. La persona que no sigue la norma puede ser considerada como excéntrica o como una persona anticonvencionalista. Como podría ser no querer llevar nunca corbata o querer llevar siempre un calcetín de cada color.

Las costumbres *(mores)* son aquellas normas o instituciones que están fuertemente sancionadas desde el punto de vista moral. Su observancia es exigida de varias maneras, y el no respetarlas acarrea desaprobación moral y con frecuencia una sanción punitiva. Los ejemplos son claros: no matarás, no robarás, amarás a tu padre y a tu madre. Las costumbres son consideradas como esenciales para el bienestar del grupo y de aquí su mayor exigencia, debido a que se cree que son muy importantes para mantener la cohesión del grupo social concreto.

Las Ideas: Creencias y Valores

El otro elemento de la cultura, *las ideas,* abarca un variado y complejo conjunto de fenómenos sociales. Incluye las creencias que los hombres tienen sobre ellos mismos y sobre el mundo social, biológico y físico en el que viven, y también las creencias sobre sus relaciones con sus semejantes, con la sociedad y con la naturaleza, y con ellas otras entidades y fuerzas que suelen descubrir, aceptar y conjurar. Ello abarca la totalidad del vasto conjunto de conocimientos y creencias por el cual los hombres explican sus observaciones y experiencias (folklore, leyendas, proverbios, teología, ciencia, filosofía, saberes prácticos), y el cual toman en cuenta al escoger sus actos alternativos.

Además de las creencias, los hombres también aprenden y comparten los valores de acuerdo con los cuales viven, los patrones e ideales con los cuales definen sus fines, seleccionan sus actos y se juzgan a ellos mismos y a los otros: éxito, racionalidad, valor, lealtad, eficacia. Estos valores no son reglas específicas para la acción, sino preceptos generales a los cuales rinden los hombres obediencia y sobre los cuales están dispuestos a tener fuertes sentimientos. Representan dichos valores las actitudes comunes de aprobación y desaprobación, los juicios sobre lo bueno y lo malo, lo deseable y lo indeseable o la apreciación de determinadas personas, cosas, situaciones y acontecimientos.

La Cultura Material

El tercer elemento fundamental de la cultura es quizá el más fácil de definir. Consiste en aquellas cosas materiales que los hombres crean y utilizan, y que van desde los primitivos instrumentos del hombre prehistórico hasta la maquinaria más avanzada del hombre moderno. Se incluye aquí, tanto el hacha de piedra como la computadora electrónica, la canoa de remos de los polinesios y el yate de lujo, la tienda de los indios y los rascacielos de la ciudad moderna.

Identificar estos objetos materiales como elementos de la cultura, sin hacer referencia a sus concomitancias inmateriales puede resultar fácilmente engañoso. Por esto, para poder describir completamente los objetos culturales es necesario, conocer sus usos, las actitudes hacia ellos y los valores que se les asigna, así como el conjunto de conocimientos y habilidades que implican.

MORAL

Habiendo hablado de la sociedad y la cultura, ahora nos podemos preguntar ¿donde está el sitio de la moral en este entrelazado de sociedad y cultura? Recordemos que la moral nació como consecuencia de que el hombre primitivo aprendiese a vivir en grupo o pequeña sociedad. Entonces su trabajo cobró necesariamente un sentido colectivo, y el fortalecimiento de la colectividad se convierte en una necesidad vital que garantiza su subsistencia. Surgen así una serie de normas, mandatos o prescripciones no escritas, de aquellos actos o cualidades de los miembros del grupo que benefician a la comunidad. Así surge la moral, con el fin de asegurar la concordancia de la conducta de cada uno con los intereses colectivos. En una sociedad más avanzada esta moral también incluirá, además de la faceta comunitaria, la individual-personal que jamás podrá ir en contra de la social.

Estas prescripciones propias de la moral van naciendo desde un tipo de sociedad con unas características concretas, a través de la convivencia interactiva, formando parte de la cultura naciente en su apartado de ideas y creencias que luego pueden ser institucionalizadas.

A medida que cambie la sociedad irá cambiando la moral que a su vez se integrará en la cultura del grupo social concreto de que se trate. El tipo y nivel de sociedad hace posible un tipo y nivel de moral, y aunque la moral es posterior al desarrollo y necesidades sociales, no por ello es una mera consecuencia o «*posibilitación*», sino que la moral una vez posibilitada, es la encargada de encauzar, dirigir y controlar dicha sociedad.

Al existir, como hemos podido comprobar, un progreso moral, este encauzamiento, dirección y control por parte de la moral, cada vez es hecho teniendo en cuenta los nuevos descubrimientos científicos del hombre y desde un mayor grado de conciencia y sensibilidad ante los problemas, de tal manera que se puede afirmar que la moral es cada vez menos etnocéntrica y más universal.

Así, podemos concluir que la moral es fruto del desarrollo e interacción social, dependiendo del tipo de sociedad que la hace posible, y forma parte de la cultura de dicho grupo en la categoría de ideas y creencias, pudiendo ser estas a su vez institucionalizadas.

Capítulo VI
Ideología y mentalidad

Condicionamientos para un cambio hacia una nueva actitud ética. Mentalidad. Ideología. Diferencias entre ideología y mentalidad.

Conocer la mentalidad, cómo se constituye y funciona, y sus diferencias con la ideología, nos ha parecido interesante tratarlo, cuando estamos reflexionando sobre la posibilidad de que cambien las actitudes sociales para hacer posible una nueva actitud ética, en un tipo de sociedad que como veremos domina el pluralismo ideológico o el politeísmo axiológico con su vacío moral que conlleva.

Pensamos que no todas las personas tienen una ideología clara pero sí una mentalidad propia, aunque no sean muy conscientes de ello. Ante esta afirmación, nos puede surgir una pregunta ¿es que ideología y mentalidad no son sinónimos o hay unas pequeñas diferencias entre ellas o realmente existe una diferencia substancial entre ambos conceptos? Sin querer adelantar acontecimientos, veremos que son dos conceptos diferentes sin que por ello dejen de tener muchos aspectos comunes.

El concepto de mentalidad viene del adjetivo mental que se refiere al espíritu y que viene del latín *mens*; pero el epíteto latino *mentalis*, ignorado por el latín clásico, pertenece al vocabulario de la escolástica medieval y los cinco siglos que separan la aparición de mental (mediados del s. XIV) de la mentalidad (mediados del s. XIX) indican que el sustantivo responde a otras necesidades, tiene que ver con otra coyuntura distinta de la del adjetivo.

El francés no deriva naturalmente *mentalité* de mental. Lo toma del inglés que desde el siglo XVII había sacado *mentality* de mental. La mentalidad es hija de la filosofía inglesa del siglo XVII. Designa *la coloración colectiva del psiquismo, la forma particular de pensar y sentir de un pueblo, de cierto grupo de personas, etc*. Pero el término sigue confinado en inglés al lenguaje técnico de la filosofía, mientras que en francés no tarda en pasar al uso corriente. La noción que desembocará en el concepto y en la palabra mentalidad tiene todo el aire de aparecer en el siglo XVIII en el dominio científico y más concretamente en el campo de una concepción nueva de la historia. Cuando la palabra aparece, según el diccionario ROBERT, en 1842, tiene el sentido, próximo de mentality, de «*cualidad de lo que es mental*». Pero LITTRE, en 1877, lo ilustra con una frase tomada de la filosofía positivista de H. STUPUY en que la palabra tiene ya el sentido ampliado, pero aún «*sabio*» de «*forma de espíritu*», ya que se trata del «*cambio de mentalidad inaugurado por los enciclopedistas*». Luego, hacia 1900, PROUST subraya la novedad de un término que conviene a su investigación psicológica, la palabra toma su sentido corriente. Es el sucedáneo popular de la *Weltanschaunng* alemana, la visión del mundo, de cada cual, un universo mental estereotipado y caótico a un mismo tiempo.

Es sobre todo una visión pervertida del mundo, el abandono por la pendiente de los malos instintos psíquicos. El lenguaje lo subraya con el acompañamiento de un epíteto francamente peyorativo, o bien en un empleo absoluto: ¡qué mentalidad! El inglés, por su parte, ha conservado esta tendencia de la palabra en el adjetivo: mental (sobreentendiéndose deficiente) toma el sentido de atrasado o chiflado.

Esta coloración del lenguaje usual se ha alimentado de dos corrientes científicas.

Una es la etnológica. Mentalidad designa a fines del siglo XIX y a principios del XX el psiquismo de los primitivos que aparece al observador como un fenómeno colectivo y propio de individuos cuya vida psíquica está hecha de reflejos, de automatismos, se reduce a un mental colectivo que excluye prácticamente la personalidad. En esta línea, LUCIEN LEVY BRUHL publica en 1922 *La Mentalité primitiva.*

La otra es la psicología del niño. Aquí también, si dejamos de considerar al niño como simple pequeño adulto, es para hacer de él un menor mentalmente. Siendo así que los diccionarios técnicos franceses de filosofía, psicología, psicoanálisis ignoran la palabra mentalidad, el vocabulario más reciente de *Psychopédagogie et psychiatrie de l'enfant* (1970) define una mentalidad infantil. HENRY WALLON desde 1928, en la *Revue philosophique* había establecido el lazo consagrando un artículo a «*La Mentalité primitiva et celle de l'enfant*», aproximación vivamente condenada, como se sabe, por CLAUDE LEVI-STRAUSS en sus páginas célebres de *Structures élémentaires de la parenté.*

Por otro lado, el trabajo llevado a cabo por PHILIPPE BESNARD sobre la frecuencia del término «*mentalidad*» en los índices de las bibliografías de psicología hizo ver que, raro en los *Psychological Abstracts* entre 1927 y 1943, el vocablo parece haber caído en desuso posteriormente.

Sin embargo la historia de las ciencias abunda en ejemplos de transferencias de nociones y conceptos. Tal palabra, tal concepto aparecido en un campo en que se deshace muy pronto, transplantado en un dominio próximo crece y prolifera.

¿Por qué la mentalidad no había de encontrar en historia el éxito que se le había negado en psicología? y la psicología que, por el lado de la lingüística y del estructuralismo, vio lanzar la fortuna de la Gestalt, ¿no descubrirá tardíamente el buen uso que de mentalidad puede hacer? Está claro, en todo caso, que en el campo científico es la «*historia de las mentalidades*» la que ha salvado la palabra y es su uso en francés el que ha reintroducido la palabra en inglés y la ha transmitido al alemán, al español y al italiano *(mentality, mentalitat, mentalidad, mentalitá)*. Aquí la eclosión de la nueva escuela histórica francesa ha asegurado el éxito de la palabra, de la expresión y del género. Los tres teóricos de la historia de las mentalidades son LUCIEN FEBVRE, 1938; GEORGES DUBY, 1961; y ROBERT MANDROU, 1968[35].

Siguiendo a THEODOR GEIGER podemos afirmar que es necesario distinguir entre ideología y mentalidad. La diferencia es sutil pero notable. Para GEIGER las ideologías son sistemas de pensamiento elaboradas y organizadas más o menos intelectualmente, a menudo por escrito, por los intelectuales, los pseudointelectuales, o con su ayuda. Las mentalidades son formas de pensamiento y sentimiento, más emocionales que racionales, que proporcionan formas no codificadas de reacción ante distintas situaciones. La mentalidad es una actitud intelectual, la ideología es un contenido intelectual. La mentalidad es predisposición psíquica, la ideología es reflexión, autointerpretación; la mentalidad es previa, la ideología es posterior; la mentalidad carece de forma, es fluctuante, sin embargo, la ideología está sólidamente formada[36].

---

35 LE GOFF, J. (1980): *Las mentalidades. Una historia antigua*. Barcelona pp. 81-98

36 GEIGER, TH. (1932): *Die Soziale Schichtung des Deutschen Volkes*. Stuttgart, pp. 77-79.

LINZ al hablar de la diferencia entre ideología y mentalidad siguiendo a GEIGER afirma: «*Diferente forma, coherencia, articulación, extensión, nivel de claridad, elaboración intelectual y normativa en estas variadas dimensiones las ideologías difieren de las mentalidades*»[37]. En este sentido, VOVELLE nos afirma que entre un concepto elaborado, largamente madurado, aunque es evidente que está lejos de haberse dicho la última palabra, el de ideología, y una noción como la mentalidad, reflejo conceptualizado de una práctica o de un descubrimiento progresivo, aunque reciente, pero innegablemente impreciso todavía, cargado de sucesivas acepciones, puede comprenderse que sea difícil el reajuste: provienen de dos herencias diferentes, también de dos modos de pensar, uno más sistemático, el otro voluntariamente empírico, con todos los riesgos que esto implica[38]. Las mentalidades son complejos de opiniones y, representaciones colectivas menos deliberadas y reflexivas que las ideologías. La mentalidad es una constelación de actitudes. En general, la mentalidad proviene del rol ocupacional, de la comunidad de morada y de la subcultura. En este sentido se habla de la mentalidad del campesino, del tendero, del financiero y del taxista. WILLARD refiriéndose a sus trabajos sobre la Francia del siglo XIX y en concreto al establecimiento de una tipología de militantes obreros, subraya que diversas categorías socioprofesionales tienen diversas maneras de enfocar sus relaciones con los patronos, con el Estado, diversas aperturas de esperanzas sobre el porvenir, etc. maneras que dependen de las distintas mentalidades subyacentes[39].

Por otro lado, que la ideología y la mentalidad, son sin embargo, fenómenos compatibles, es algo que no se puede negar y que se pone de relieve en situaciones de crisis. Los campesinos, cuando entran o forman un movimiento político, aportan al mismo una mentalidad rural típica.

Mientras que la ideología es deseada y explícita, además de ser un programa de acción social, la mentalidad está incorporada al temperamento y al carácter de las personas. La coexistencia de varias mentali-

---

37 LINZ, J. (1978): *Una interpretación de los regímenes autoritarios*. Rev. de Sociología Papers, nº 8, p.

38 VOVELLE, M. (1985): *Ideologías y mentalidades*. Ariel, Barcelona, p. 3

39 TUÑÓN DE LARA, M. (1973): *Metodología de la historia social de España*. Siglo XXI. Madrid.

dades es consecuencia del alto grado de división del trabajo, y de las diversas formas de vida[40].

Haciendo un balance de lo afirmado podemos concluir que:

1. Existe una diferencia real entre ideología y mentalidad aunque sean compatibles, existiendo correlaciones intimas entre ciertos tipos de mentalidades y ciertos tipos de ideologías.

2. Las mentalidades son complejos de opiniones y representaciones colectivas menos deliberadas y reflexivas. Provienen sobre todo, no de una decisión personal, sino del rol ocupacional, de la comunidad de morada y de la subcultura, es decir, más que abrazarlas nosotros, hemos sido abrazados por ellas, que nos han marcado de una manera inconsciente. Por último la mentalidad es algo íntimo y personal que está incorporado al temperamento y carácter de las personas.

3. Las ideologías son también complejos de opiniones y representaciones colectivas más deliberadas y reflexivas que han sido elaboradas largamente. Las ideologías son explícitas y conscientes, y se abrazan con una decisión personal, posibilitada por un distanciamiento racional de la realidad, que a veces nos aparta de la morada, subcultura y mundo del rol ocupacional.

Siguiendo otros estudios, Jean Bruhat, historiador del movimiento obrero, se preguntaba también por el problema de la conciencia de clase, de sus grados de madurez, etc. Sin duda se trata de un problema de mentalidad social, de la imagen que el trabajador o el obrero se hace de su propia clase, de su inserción en el conjunto social, de su comportamiento, de su porvenir.

El profesor Duby estima que la palabra mentalidad es insuficiente y que habría que encontrar otra expresión que podría ser «*las actitudes mentales*». Siguiendo a Labrousse, Duby recuerda que las ideologías y estas representaciones mentales (mentalidades) tienen su existencia propia y no se modifican en exacto sincronismo con la evolución de las estructuras económicas y sociales. Sin embargo, la historia de las mentalidades y de las ideologías no es posible sin un conocimiento muy seguro y profundo de las estructuras de base, económicas, políticas y sociales.

---

40 Giner, S. (1974): *Sociología*. Península, Barcelona, p. 195

ROBERT MANDROU deslinda el concepto de ideología del de mentalidad y lo asemeja a la noción de «*visión del mundo*» de LUCIEN GOLDMAN pero en sentido menos restrictivo[41].

Continuando nuestro análisis en la línea de la mentalidad, BOUTHOUL nos la define como: «*Un conjunto de ideas y de disposiciones intelectuales integradas en el mismo individuo, unidas entre ellas por relaciones lógicas y relaciones de creencias*»[42].

Casi en la misma línea FOULQUIE afirma: «*La mentalidad es un estado de espíritu. Complejo de opiniones o prejuicios que informan y ordenan el pensamiento de un individuo o grupo*»[43].

En estas definiciones faltaría recalcar el origen social de la mentalidad. Es decir, si yo tengo estas actitudes y opiniones sobre algo es fruto de una interiorización llevada a cabo en una interacción social desde una cultura concreta. Aspecto recalcado en la concepción de mentalidad como reflejo que nos da RAMÍREZ cuando nos dice: «*La ideología ha ido cumpliendo su función de legitimar y de legitimarse en un contexto social en el que deja secuela. A nuestro entender, la consecuencia de este proceso es lo que constituye la mentalidad. La mentalidad será, entonces, el conjunto de actitudes, reacciones, formas de pensar y entender la realidad, consecuencia de un largo proceso de socialización en los distintos momentos de la ideología. Esta sería el argumento legitimador, aquella la influencia de la película, lo que queda. Lo que ha ido conformando nuestra forma de ser, nuestra concepción de las cosas... Acaso el resultado, hecho sentimiento y talante, de haber pasado la ideología por el tupido cedazo del diario acontecer. Lo que va quedando como residuo, directo o indirecto, que a lo largo de los años se consolida y, a la vez, se diluye en actitudes que llegan a parecer naturales, pero que no lo son. Justamente porque son la consecuencia, el reflejo de lo que diariamente se aprende en la sociedad en que nos desenvolvemos. Por eso, porque es lo que va que dando, la mentalidad siempre va detrás de la ideología. Y siempre cambia más lentamente de lo que ésta puede hacerlo*[44]. *CÁMARA insiste en esta misma línea*[45].

---

41 TUÑÓN DE LARA, M.: Opus cit. p. 134

42 BOUTHOUL, G. (1971): *Las mentalidades*. Oikostan. Barcelona, p. 31

43 FOULQUIE, P. (1967): *Diccionario del lenguaje filosófico*. Labor. Barcelona

44 RAMÍREZ, M. (1978): *España 1939-1975*. Régimen político e ideología. Andosana, Madrid, pp. 110-111

45 CÁMARA, G. (1984): *Nacional Catolicismo y Escuela*. Hesperia, Jaén, p. 27

Si como Descartes decimos «*pienso, luego existo*», cabe añadir desde el ángulo de la psicología social: yo pienso, pero con una mentalidad determinada y en relación con ella. Yo no puedo imaginarme sin mi mentalidad. Es una parte integrante de mí mismo, y no puedo concebir mi yo sin ella[46].

Bouthoul en su análisis de las mentalidades enumera y desarrolla varias características que sintetizándolas podrían ser las siguientes:

1. La mentalidad es común a los miembros de una misma cultura.
2. La mentalidad es el lazo más resistente que une al individuo con el grupo.
3. Suele ser muy estable. Es el elemento más resistente de nuestro yo.
4. Nuestra mentalidad es una *condensación interiorizada* de la *vida social*. Nuestra mentalidad se interpone entre el universo y nosotros mismos como un prisma. Es, para usar la expresión kantiana, la forma a priori de nuestro conocimiento. Entre la realidad numeral y la subjetividad individual, solo un supuesto permanente presenta cierto grado de fijeza, porque es el *resultado de la experiencia* de todos: nuestra mentalidad, a través de la cual pasan todas nuestras percepciones a la entrada y todas nuestras elaboraciones a la salida de nuestro yo.
5. Existe una estrecha relación entre nuestra mentalidad y nuestro organismo físico. Los actos que nuestra mentalidad reprueba provocan inhibiciones orgánicas[47].

Hasta aquí las características enumeradas por Bouthoul, sin embargo, podemos añadir que cada sociedad presenta sus conductas específicas: estas son sus modos de ser, sus maneras de pensar y sus formas propias de proceder. Pero los rasgos más característicos de la conducta de todo grupo humano son *correlativos a su mentalidad*, porque se trata de acciones conscientes y no maquinales. Si entre diversas acciones análogas elegimos preferentemente una, es porque la juzgamos mejor o más aprovechable, nuestra selección obedece a creencias morales o valores materiales que pueden variar de un grupo a otro grupo[48].

---

46 Bouthoul, G.: Opus cit. p. 29
47 Bouthoul, G.: Opus cit. p. 31-33
48 Bouthoul, G.: Opus cit. p. 15

Como afirma TUÑÓN el problema para nosotros es el de plantearse si es ya posible la fijación de unos objetivos mínimos de investigación histórica de mentalidades, cuáles pueden ser las fuentes de la misma y con qué metodología será preciso tratarlas.

Se trata de insertar en la explicación total histórica la de las sensibilidades al nivel de los grupos que constituyen una sociedad; las reacciones fundamentales de solidaridad, de hostilidad, de miedo, de cólera, de confianza, de seguridad o inseguridad, etc. Por así decirlo, la escala de valores de una sociedad —de sus grupos sociales mejor dicho— es lo que se trata de conocer. Qué son la justicia, la solidaridad, la caridad, la humanidad, etc., para esos hombres. Cuáles son las estimaciones sobre la familia, la autoridad parental, la función de la mujer, etc. ¿Qué duda cabe que el famoso honor externo, el tridentino, forma parte de la mentalidad española durante siglos? ¿Qué son *La Casa de Bernarda Alba* o *Tigre Juan* sino expresión de estas mentalidades y de las reacciones, todavía minoritarias, que se alzan frente a ellas? ¿Qué se entiende por prestigio, qué grado ocupan las riquezas en una escala de valores, cuál el saber, cuál la valentía, etc.?[49]

ERNEST LABROUSSE no ha dejado de insistir durante los últimos quince o veinte años en la necesidad de un estudio concreto de la mentalidad colectiva, que no puede ser otra cosa que un estudio de mentalidad social, de juicios de valor, de sentimientos, de actitudes. Para él, el problema de la lentitud de la Historia se debe, en gran parte, a la resistencia ejercida por la mentalidad instalada. Esta mentalidad —dice LABROUSSE— bloquea o suspende las tomas de conciencia[50].

Según sea la complejidad de las sociedades, la mentalidad será más o menos homogénea, ya que las sociedades complejas están formadas por numerosos subgrupos, y cada uno de ellos presenta divergencias y especializaciones, siendo cada vez más permeables a las innovaciones.

Sin embargo, aun en las sociedades complejas, siempre existe cierto número de creencias, muy generalizadas por no decir unánimes, en la manera de ser y en los conceptos fundamentales, que constituyen un residuo estable una vez se han eliminado todas las particularidades de los subgrupos. *Solamente cuando este sentido común se modifica, se*

---

49 TUÑON DE LARA, M.: Opus cit. p. 136
50 TUÑÓN DE LARA, M.: Opus cit. p. 133

puede hablar de un verdadero cambio de mentalidades[51]. En este sentido afirma Duby: «*La psychologie sociale se prolonge naturellment par une histoire des mentalités qui n'est autre, en effet, que l'observation, mais á plus longue distance et sur d'autres rythmes, des situations, des relations entre les personnes et les groupes et des modifications qu'elles engendrent*»[52].

Las diferentes mentalidades y las culturas que les corresponden se nos presentan como si fuesen períodos geológicos de la historia, cuyos límites y transiciones son, por lo general, difíciles de precisar. El paso de una a otra, crea amplios márgenes de oscuridad. Ello no obstante, son discernibles en sus grandes rasgos.

Una de las mayores preocupaciones de la sociología ha sido la clasificación de las sociedades. Presenta innumerables dificultades debidas al hecho de que, cuando se habla de sociedad, los ángulos de mira cambian incesantemente según sea considerado el estado político, el económico, la obediencia religiosa y todas las demás formas de solidaridad que constituyen los vínculos sociales.

Por último nos resta analizar la coexistencia y supervivencia de las mentalidades a nivel individual. Nuestro yo íntimo es raramente homogéneo, en un mismo hombre vemos coexistir casi siempre huellas de mentalidades pasadas que reaparecen según el momento. Con frecuencia la personalidad está, por decirlo así, compuesta de varias divisiones, y *más en épocas de transición*. En cada una de ellas prevalece una mentalidad distinta. Un mismo hombre pensará de distinta manera según sea la índole del problema al que se enfrenta: religioso, político, científico o profesional[53].

En resumen, en las sociedades, sobre todo si son extensas y complejas, coexisten a menudo en sus ciudadanos supervivencias de varias mentalidades. Encontramos una verdadera estratificación psicológica según los medios y las clases. Estos estratos emergen momentáneamente según las circunstancias. Principalmente los acontecimientos negativos como el descenso del nivel de vida, el aumento de la inseguridad, las restricciones en las comunicaciones y en la cultura, resucitan las mentalidades ya desaparecidas. Esto, entre otras cosas, explica por qué

---

51 Bouthoul, G.: Opus cit. pp. 61-62
52 Duby, G. (1961): L'Histoire des mentalites. Gallimard, Paris, pp. 937-966
53 Bouthoul, G.: Opus cit. p. 64

cambia la mentalidad social ante la crisis de un país pasándose de mentalidades revolucionarias o por lo menos progresistas a mentalidades conservadoras y hasta a veces reaccionarias que ya se creían superadas pero que ante la inseguridad y/o el descenso del nivel de vida vuelven a rebrotar con nueva fuerza, respondiendo a mecanismos de nuestro inconsciente —miedo a la libertad, ansias de seguridad, regreso a la casa del padre— cuyos mecanismos con frecuencia son manipulados conscientemente por fuerzas reaccionarias del poder, necesitándose largos años de marcha democrática para adormecerlo y conseguir que no estén a flor de piel.

Finalmente para concluir este estudio sobre ideología y mentalidad ofrecemos un gráfico donde plasmamos a modo de resumen las principales diferencias entre ideología y mentalidad.

DIFERENCIAS ENTRE IDEOLOGÍA Y MENTALIDAD

	IDEOLOGÍA		MENTALIDAD
1.	Sistemas de pensamiento elaborados y organizados	1.	Formas de pensamiento y sentimiento más emocionales que racionales
2.	Contenido intelectual	2.	Actitud intelectual
3.	Reflexión, autointerpretación	3.	Predisposición psíquica
4.	Posterior a la realidad	4.	Previa a la realidad
5.	Está sólidamente formada	5.	Carece de forma, fluctuante
6.	Concepto de la Sociología de la cultura	6.	Concepto del estudio del carácter social
7.	Fuerte elemento utópico	7.	Próximas al presente o al pasado
8.	Nacida de un distanciamiento racional de la realidad	8.	Nacida de un contacto con una realidad concreta
9.	Abrazada conscientemente	9.	Atrapados inconscientemente por ella

Capítulo VII

Mentalidad y pluralismo moral

Mentalidad tradicional monista. Empirismo. Conservadurismo. Pensamiento Mítico. Relaciones de lo sagrado y lo profano. Pensamiento mágico. Mentalidad de la sociedad tecnológica. Mentalidad de la sociedad tecnológica avanzada. Diferencias entre los tres tipos de mentalidad.

En el capítulo anterior, hemos tratado de la mentalidad y sus diferencias con la ideología porque, como afirmábamos, al estar en un tipo de sociedad que a pesar de ser llamada de pensamiento único, sabemos que crea mucho descontento social y que en muchos aspectos está en crisis y debe ser renovada, pero para ello hace falta querer cambiar, estar dispuesto, y no se puede estar, si no se cambia de actitudes y mentalidad.

Para ser promotores de un cambio social, en una época de crisis y de vacío de valores, hace falta mucha ilusión, esperanza y un profundo cambio de mentalidad. No seguir la marcha integradora de los más, sino escoger el camino contracorriente de los menos.

Para poder aspirar a esta labor de cambio desde el mundo ético en que se mueven estas líneas, también nos podrá ayudar a entender y a posibilitar el cambio, conocer las características de los tres grandes tipos de mentalidad, que aún coexisten en nuestra sociedad: mentalidad tradicional, tecnológica y postindustrial.

Mentalidad tradicional monista

La expresión «*Sociedad Tradicional*» se ha hecho usual a la hora de referirse a los sistemas sociales que responden a los criterios de las culturas superiores. Estas representan una determinada etapa en la evolución histórica de la evolución humana. Se distinguen de formas sociales primitivas por:

1) La existencia de un poder central (organización estatal del dominio, frente a la organización por parentesco).

2) La división de la sociedad en clases socioeconómicas.

3) El hecho de que está en vigor algún tipo de cosmovisión que cumple la función de una legitimación eficaz del dominio[54].

La mentalidad de la sociedad tradicional posee una serie de connotaciones que la caracterizan. A continuación vamos a citar y describir las que nos parecen más significativas.

Empirismo

En las sociedades más arcaicas, los hombres poseen un conocimiento profundo de la naturaleza, de las propiedades de sus plantas, de los movimientos de los astros, de las costumbres de los animales, etc. Pero tales conocimientos son esencialmente empíricos. Les falta el marco y el fundamento teórico que constituye la ciencia moderna. Forman un conjunto de informaciones heteróclitas, parciales e yuxtapuestas que, aún cuando sean verdaderas y por consiguiente útiles y prácticas, no constituyen por esto una ciencia.

Levy-Strauss recurre para explicarla, a una clarificadora comparación, entre el chapucero y el ingeniero[55]. El chapucero posee unos conocimientos empíricos, prácticos y eficaces: unos trucos. Se las arregla con medios rudimentarios. Puede efectuar un buen número de trabajos sin contar para ello con un bagaje teórico complicado. El ingeniero, posee sin embargo, conocimientos teóricos y experimentales más avanzados que le permiten concebir y dirigir vastos trabajos que están más allá de la experiencia cotidiana.

Conservadurismo

En esta perspectiva se comprende que el cambio y la innovación no sean bien acogidos y hasta parezcan peligrosos. ¿Acaso no es más seguro seguir confiando en los conocimientos útiles, probados por el

---

[54] Habermas, J. (1974): *Ciencia y técnica como ideología*. Tecnos. Madrid p. 72

[55] Levi Strauss, C. (1975): *El pensamiento salvaje*. FCE. México pp. 26-33

tiempo, que aceptar unas ideas nuevas, sobre todo cuando éstas son extrañas al proceso intelectual habitual? El conservadurismo característico de la mentalidad tradicional es, pues, básicamente una protección contra todo lo que amenaza la tradición como base del orden intelectual y de la adaptación felizmente conseguida al orden natural.

Pensamiento mítico

En la sociedad tradicional, la mitología hace a un tiempo, las veces de ciencia natural, de historia y de ciencia social. Narra más que explica, por qué las cosas son como son. Relata su origen y desarrollo. Menciona a sus autores lejanos. De este modo, la mitología contribuye a fundar la tradición en un orden humano y suprahumano a la vez, en el que se configuran lo sagrado, lo cotidiano y lo útil.

Relaciones de lo sagrado y lo profano

En la mentalidad tradicional existe una fusión entre lo sagrado y lo profano. MIRCEA ELIADE[56], ha explicado abundantemente cómo en la mentalidad tradicional, los objetos y los acontecimientos remiten a otra cosa, a un orden invisible que existe y discurre paralelamente al orden visible y que en el fondo lo completa y le confiere su verdadero significado. Los acontecimientos y las cosas no se explican pues solamente en sí mismas sino que su verdad necesita ser revelada por su referencia al universo sagrado.

Pensamiento mágico

La magia consiste esencialmente en la manipulación por el hombre, de fuerzas o energías invisibles, depositadas desde el principio en las cosas o que simplemente, forman parte de la naturaleza de éstas. La magia, a diferencia de la religión, es necesariamente eficaz, a condición de conocer y practicar con exactitud los ritos.

---

56 MIRCEA ELIADE (1967): *Lo sagrado y lo profano*. Guadarrama. Madrid p. 31

Mentalidad de la sociedad tecnológica

La mentalidad tecnológica se caracteriza por estar profundamente desmitificada, aún cuando no sea difícil detectar en ella numerosos vestigios del pensamiento mágico y mítico. La desmitificación se observa en el ámbito de los conocimientos, de las actitudes mentales y en el orden moral.

Hace cien años, alrededor de la palabra y del discurso, en el contexto social, reinaban referentes sólidos. Ligados entre ellos, sin por ello formar un sistema único y formulado como tal, poseían una cohesión ya no una coherencia lógica. La unidad de los referentes se manifestaba entonces en el buen sentido o sentido común, en la concepción de la naturaleza, en la memoria histórica, en la ciudad y el contorno urbano, en la estética y la ética generalmente admitidas.

Ahora bien, he aquí que en los alrededores de los 1905-1910, bajo diversas presiones (ciencias, técnicas, transformaciones sociales), los referentes saltan, uno tras otro. La unidad del «*sentido común*» y de la «*razón*» vacila y se hunde[57].

Profundizando en esta línea nos dice DANIEL BELL: «*Afirmo que la fuente más importante del cambio estructural de la sociedad la constituye el cambio en el carácter del conocimiento: el crecimiento exponencial y la especialización de la ciencia, el surgimiento de una nueva tecnología intelectual, la creación de una investigación sistemática a través de inversiones para la investigación y el desarrollo, y, como meollo de todo lo anterior, la codificación del conocimiento teórico*»[58]. La actitud hacia el conocimiento científico define el sistema de valores de una sociedad. La concepción medieval de la ciencia natural fue la de un «*conocimiento prohibido*». Los sacerdotes, temían que el conocimiento hiciese al hombre engreído y que recibiese algo de la serpiente. Durante los siglos cristianos, la naturaleza —en un sentido especial, claro está— había sido atribuido al orden satánico. La leyenda de Fausto, utilizada por MARLOWE, da testimonio del terror fascinante por la ciencia natural en la Edad Media. Hacia el siglo XVII, la creencia en el poder expansivo del hombre ha comenzado a sustituir a la concepción anterior basada en el

---

[57] LEFEBRE, H. (1972): *La vida cotidiana en el modo moderno*. Alianza. Madrid pp. 140-141

[58] BELL, D. (1976): *El advenimiento de la sociedad postindustrial*. Alianza, Madrid pp. 65

temor. En la Nueva Atlántida de Francis Bacon con la que éste pretendió sustituir a la Atlántida mítica del Timeo de Platón, el rey no es ya el filósofo, sino el investigador científico. Y en la isla perecedera de Bensalen, la construcción más importante, la Casa de Salomón, no es una Iglesia sino un centro de investigación, la construcción más noble que nunca existió sobre la tierra y el faro de este reino.

El umbral de la modernidad vendrá entonces caracterizado por ese proceso de racionalización que se pone en marcha con la pérdida de la «*inatacabilidad*» del marco institucional por los subsistemas de acción racional con respecto a los fines. Las legitimaciones tradicionales se hacen criticables al ser cotejadas con criterios de la racionalidad propia de las relaciones fin medio; las informaciones provenientes del ámbito del saber técnicamente utilizable penetran en las tradiciones y compiten con ellas, y de esta forma obligan a una reconstrucción de las interpretaciones tradicionales del mundo[59].

Desmitificación de los conocimientos: la racionalidad

Se dice que la ciencia ha desmitificado el mundo, es decir, ha sustituido muchas explicaciones de carácter mítico por explicaciones racionales o científicas. A esto le llamó Weber racionalidad. Se basa en la convicción de que las cosas tienen su explicación en sí mismas, y no fuera de ellas, ni en el mito ni en la tradición. Esta actitud mental y práctica de racionalidad está, evidentemente, en el origen de la revolución industrial y del progreso científico y técnico.

Con el concepto de «*racionalización*» Max Weber intenta aprehender las repercusiones que el progreso científico técnico tiene sobre el marco institucional de las sociedades que se encuentran en un proceso de «*modernización*». Weber comparte este interés con toda la vieja sociología: todas las clasificaciones bipolares desarrolladas en esta disciplina giran en torno al mismo problema: el problema de reconstruir conceptualmente el cambio institucional que viene inducido por la ampliación de los subsistemas de acción racional con respecto a fines. Status y contrato, comunidad y sociedad, solidaridad mecánica y solidaridad orgánica, grupos informales y grupos formales, relaciones primarias y relaciones secundarias, cultura y civilización, asociaciones

---

59 Habermas, J.: Op. cit. p. 101

sacras y asociaciones seculares, etc. Todos estos pares de conceptos representan otras tantas tentativas de aprehender el cambio de estructura del marco institucional de una sociedad tradicional en su tránsito a una sociedad moderna. Incluso el catálogo de PARSONS de posibles alternativas de orientaciones de la acción ha de ser incluido entre estas tentativas[60].

Fe en la ciencia y en el Progreso

La racionalidad se reduce, en definitiva, a la fe en la ciencia que es sin duda el fundamento principal **y** el rasgo más característico de la mentalidad tecnológica. La fe en la ciencia desemboca necesariamente en la fe en el progreso, y en el progreso indefinido. En contraste con la mentalidad tradicional, valora el cambio porque valora el progreso. Posee la convicción de que siempre es posible mejorar las cosas. De aquí que no sólo se acepte el cambio, sino que incluso es deseado y buscado.

Valoración de la instrucción

Es normal que exista esta valoración, puesta la racionalidad y la fe en la ciencia, no es más que una consecuencia lógica. Se estima que la instrucción es un derecho de la persona y hasta se considera un deber de la persona. El derecho del niño a la instrucción tiene prioridad sobre el derecho de la familia sobre su hijo.

Pluralismo ideológico

La racionalidad, para desplegarse cabalmente, exige un amplio margen de libertad de pensamiento. En un país totalitario, de quienes más se desconfía es de los universitarios, profesores y estudiantes porque el gusto de la libertad tiene más posibilidades de germinar en ellos. El clima de libertad y de discusión supone una mentalidad que acepte el cambio y la innovación, y sea capaz de tolerar los conflictos de valores que no pueden por menos de sobrevenir de una manera casi constante. Cuanto más la sociedad tecnológica desarrolla y generaliza la instrucción, tanto más crea nuevas fuentes de espíritu critico, de

---

60 HABERMAS, J.: Ibid. p. 66

aspiraciones a la libertad de pensamiento y de expresión, y, por vía de consecuencia, de conflictos de valores. Este tipo de sociedad exige de sus miembros una considerable adaptabilidad (no intransigencia) ante la novedad y la capacidad de defenderse contra la inseguridad psíquica resultante de la misma.

Desmitificación moral: la secularización

La desmitificación del mundo por la racionalidad y por la ciencia ha entrañado una radical transformación de los fundamentos de la vida moral, transformación a la que se ha creído poder dar el nombre de secularización.

Distinción entre lo sagrado y lo profano

No significa esto necesariamente que la religión esté en trance de desaparecer de la Sociedad Tecnológica. En ciertos casos hasta se advierte un resurgimiento de la vida religiosa en algunas sociedades tecnológicas. La secularización se caracteriza por una distinción clara y radical, en los espíritus y en las instituciones, entre lo sagrado y lo profano.

Pluralismo religioso y moral

No se observa en la sociedad tecnológica la unanimidad religiosa y moral que suele caracterizar a las sociedades tradicionales. Tanto en el terreno religioso como en el moral, el espíritu crítico y la libertad de pensamiento entrañan una gran diversidad de opciones personales.

La secularización y el «*desencantamiento*» de las cosmovisiones, con la pérdida que ello implica de su capacidad de orientar la acción, y de la tradición cultural en su conjunto, son la otra cara de la creciente «*Irracionalidad*» de la acción social. Las imágenes del mundo y las objetivaciones tradicionales, pierden su poder y su vigencia como mito, como religión pública, como rito tradicional, como metafísica legitimante, como tradición incuestionada[61].

---

61 HABERMAS, J.: Ibid. p. 54

Economicismo

Las sociedades industriales son sociedades regidas por la economía, es decir, se organizan en torno a un principio de eficiencia funcional cuyo desiderátum es obtener «*más por menos*» y elegir la forma de acción más racional. La ideología a este nivel, se convierte en irrelevante y es sustituida por los criterios económicos en forma de funciones de producción. A este nivel, disminuye la distinción entre la economía burguesa y la economía socialista; y si se presta atención a la optimización y a la maximilización, no existe ya ninguna diferencia[62].

Sentimiento de superioridad

Con respecto de la sociedad tradicional. Si en la sociedad tradicional se asimila la humanidad a la tribu, en la sociedad tecnológica se tiene la convicción de monopolizar la luz, la ciencia y la verdad. En este sentido debemos recordar el concepto de «*mito de la conciencia objetiva*» denunciado por ROSZAK[63]. Si se mitifica la ciencia, esta se hace como dios, dejando de valorar otro tipo de conocimientos que también merecen respeto.

Mentalidad de la sociedad postindustrial o tecnológica avanzada o de pensamiento único

Al ir cayendo la Sociedad Industrial se pregunta BELL ¿pero cuál es la civilización que socavó lentamente los cimientos del capitalismo? MARX había creído que era el socialismo. Pero el gran antagonista de MARX, MAX WEBER, tenía una visión muy diferente de las cosas. Para WEBER, la pieza clave de la sociedad occidental era la racionalización, la expansión a través de la Ley, de la economía, la contabilidad, la tecnología, y la dirección completa de la vida, de un espíritu de eficiencia funcional y medida, de una actitud economicista (maximalización, optimación, menor costo) no sólo hacia los recursos materiales, sino hacia todos los aspectos de la vida. Con el carácter

---

62 BELL, D.: Op. cit. p. 97

63 ROSZAK, Th. (1970): *El nacimiento de una contracultura*. Kairos. Barcelona pp. 221-253

inevitable de la racionalización, la administración se apodera de las cosas y resulta ineludible la completa burocratización de todas las instituciones sociales[64]:

Al pedírsele a BELL una explicación del por qué denomina sociedad postindustrial a la sociedad tecnológica avanzada contesta: «*Se me ha preguntado por qué he denominado a ese concepto especulativo sociedad postindustrial, en vez de sociedad de información o sociedad profesional, términos todos ellos que describen bastante bien alguno de los aspectos sobresalientes de la sociedad que está emergiendo*». Por entonces estaba influido indudablemente por RALF DAHRENDORF, quien en su obra «*Clase y concepto de clase en la sociedad industrial*» (1959) había hablado de una sociedad postcapitalista y por W. W. ROSTOW que hablaba de una economía de postmadurez. El término significaba entonces que la sociedad occidental se halla a mitad de camino de un amplio cambio histórico en el que las viejas relaciones sociales (que se asentaban sobre la propiedad), las estructuras de poder existentes (centradas en élites reducidas) y la cultura burguesa (basada en las nociones de represión) se estaban desgastando rápidamente. Las fuentes del cataclismo son científicas **y** tecnológicas. Pero son también culturales, puesto que la cultura, en mi opinión, ha obtenido autonomía en la sociedad occidental. «*El prefijo post indicaba, así, que estábamos viviendo en una época intersticial*»[65].

El tema de la sociedad postindustrial ha surgido también posteriormente en los escritos de unos cuantos teóricos europeos neomarxistas como RADOVAN RICHTA, SERGE MALLET, ANDRE GORZ, ALAIN TOURAINE y ROGER GARAUDY, que han subrayado el papel de la ciencia y la tecnología en la transformación de la sociedad industrial y puesto entre paréntesis el papel estatuido de la clase obrera como agente histórico del cambio de la sociedad.

La significación de la sociedad postindustrial consiste en:

1. La consolidación de la ciencia y los valores cognoscitivos como necesidad institucional básica de la sociedad.
2. La toma de decisiones cada vez más técnicas involucro a los científicos o economistas más directamente en los procesos políticos.

---

64 BELL, D.: Op. cit. p. 87
65 BELL, D.: Op. cit. p. 57

3. La intensidad de las tendencias existentes hacia la burocratización del trabajo intelectual crea una serie de limitaciones a las definiciones tradicionales de los valores y empeños intelectuales.
4. La creación y la extensión de una «*Intelligenzia*» técnica plantea problemas cruciales sobre la relación entre el técnico y el intelectual[66].

Desde otro ángulo, Touraine al analizar el significado de la sociedad industrial avanzada, es mucho más crítico al enumerar sus características.

En primer lugar —dice— dicha sociedad adopta la forma de la integración social, pues el aparato de producción impone unos comportamientos que estén de acuerdo con su sistema de poder. Los actores sociales se ven inducidos a participar, no solamente en el trabajo propiamente dicho, sino también en el consumo y en la formación, en los sistemas de organización y de influencia que los movilizan. En este sentido nos parece clarificador el análisis de Lukacs al decirnos: «*No es en modo alguno casual que las dos grandes obras maduras de Marx dedicadas a exponer la totalidad de la sociedad capitalista y su carácter básico, empiecen con el análisis de la mercancía. Pues no hay ningún problema de ese estadio evolutivo de la humanidad que no remita en última instancia a dicha cuestión, y cuya solución no haya de buscarse en la del enigma de la* estructura *de la mercancía. Es cierto que esa generalidad del problema no puede alcanzarse mas que si el planteamiento logra la amplitud y la profundidad que posee en los análisis del propio Marx, mas que si el problema de la mercancía aparece no como problema aislado, ni siquiera como problema Central de la economía entendida como ciencia especial, sino como problema* estructural central *de la sociedad capitalista en todas sus manifestaciones vitales. Pues sólo en este caso puede descubrirse en la estructura de la relación mercantil el prototipo de todas las formas de subjetividad que se dan en la sociedad burguesa.*

La esencia de la estructura de la mercancía se basa en que una relación entre personas cobra el carácter de coseidad *y, de este modo, una «objetividad fantasmal» que con sus leyes propias rígidas, aparentemente conclusas del todo y racionales, esconde toda huella de su naturaleza esencial, el ser una relación entre hombres*»[67].

---

66 Bell, D.: Op. cit. p. 64

67 Lukacs, G. (1975): *Historia y conciencia de clases*. Grijalbo. Barcelona, p. 123

En segundo lugar, la dominación social adopta la forma de la manipulación cultural, pues, como se ha señalado, las condiciones del crecimiento no se sitúan solamente en el interior del terreno de la producción propiamente dicho. Es preciso actuar tanto sobre las necesidades y las aptitudes, como sobre el trabajo. La educación escapa de las manos de la familia e incluso de la escuela, considerada como un ambiente autónomo. Pasa cada vez más por lo que G. FRIEDMANN ha llamado la escuela paralela, sobre la cual se ejerce más directamente la acción de emisores centrales.

Por último, esta sociedad de aparatos, dominada por grandes organizaciones que son a la vez políticas y económicas, se orienta más que nunca hacia el poder, hacia el control propiamente político de su funcionamiento interno y de su entorno. A ello se debe que sea tan aguda la consciencia que tiene el imperialismo de estos aparatos.

Esto no se puede atribuir sólo a una nueva etapa del poder capitalista porque también se advierte en formas muy particulares pero muy agudas, en las llamadas sociedades socialistas. De aquí que hoy resulte mucho más útil hablar de alienación que de explotación, pues el primer término define una relación social, mientras que el segundo define una relación económica.

El hombre alienado es el que carece de otra relación con las orientaciones sociales y culturales de su sociedad que la que le reconoce la clase dirigente como compatible con el mantenimiento de su dominación[68].

El mismo TOURAINE profundizando más en el concepto de sociedad alienada afirma que nuestra sociedad es una sociedad de alienación; no porque reduzca a la gente a la miseria o imponga coerciones policíacas, sino porque *seduce, manipula e integra*.

Los conflictos sociales que se forman en esta sociedad no son de la misma naturaleza que los de la sociedad anterior. La oposición se da menos entre el capital y el trabajo que entre los aparatos de decisión económica y política y quienes están sometidos a una participación dependiente.

El conflicto nace cuando esta alienación es combatida; cuando los elementos marginales dejan de considerarse como tales, toman consciencia de su dependencia y emprenden una acción centrada sobre sí

---

68 TOURAINE, A. (1973): La sociedad postindustrial. 5ª Edi. Ariel. Barcelona pp. 9-10

mismos, sobre su autodeterminación, acción que puede llegar hasta reducir el nivel de la participación en bienes materiales para romper la dependencia. El conflicto sólo cobra toda su fuerza cuando la voluntad de ruptura se asocia a un intento de desarrollo independiente y recurre, por tanto, contra las fuerzas dominantes[69].

Continuando en la misma línea de TOURAINE, ADORNO afirma que no criticamos la cultura de masas porque de demasiado al hombre o porque le haga la vida demasiado segura, sino porque hace que los hombres reciban demasiado poco y demasiado malo, que capas sociales enteras —de dentro y de fuera— permanezcan en espantosa miseria, que los hombres se adapten a la injusticia y que el mundo se fije como cristalizado en una situación en la cual hay que temerse, por una parte gigantescas catástrofes y, por otra, la conjuración de astutas élites para mantener una paz dudosa[70].

Por último para acabar con la descripción de este nivel de mentalidad, finalizaremos con un texto de MARCUSE donde se sintetiza parte de lo hasta aquí comentado. MARCUSE hablando de las características de la sociedad tecnológica avanzada dice: «*Pues la cultura democrática predominante, detiene el desarrollo de las necesidades con el disfraz de promoverlas y detiene el pensamiento y la experiencia bajo la apariencia de extenderlas en todas partes y para todos. La gente goza de un considerable ámbito de libertad al comprar y vender, al buscar trabajo y escogerlos, al expresar su opinión y al ir de un sitio a otro, pero sus libertades no trascienden ni con mucho el sistema social establecido que determina sus necesidades, su elección y sus opiniones. La libertad misma actúa como vehículo de adaptación y limitación*».

Podemos advertir, en primer lugar, una creciente pasividad del pueblo respecto del omnipresente aparato político y económico, una sumisión a su enorme productividad y a su utilización «*desde arriba*», una separación de los individuos de las fuentes del poder y de información, que convierte a los receptores de ésta en objetos de la administración. Las necesidades de la sociedad establecida son interiorizadas y se convierten en necesidades individuales; el comportamiento exigido y las aspiraciones deseables se convierten en algo espontáneo. Nos inte-

---

69 TOURAINE, A.: Ibid. p. 71

70 ADORNO, Th. (1962): *Prismas: Crítica de la cultura y de la sociedad*. Ariel. Barcelona. 114

gra y le hace falta para hacernos consumidores pero a la vez tiene problemas nuevos y de gran magnitud y necesita personas creativas que no se pueden improvisar[71].

Intentando enumerar y a la vez simplificar los rasgos que caracterizan a dicha sociedad tecnológica avanzada y a su mentalidad podríamos nombrar los siguientes:

- Consolidación de la Ciencia y Técnica como necesidad institucional básica.
- Toma de decisiones cada vez más técnicas involucrando científicos y economistas más que a políticos.
- Fuerte proceso de burocratización y a la vez rechazo del mismo.
- Formación de una «*intelligenzia*» técnica que controla y dirige.
- Cosificación de las relaciones humanas.
- La educación escapa del control de la familia e incluso de la escuela.
- Dominación de unos fuertes aparatos de poder controlados por organizaciones políticas y económicas.
- Potente fuerza de seducción, manipulación e integración (alienación) de los ciudadanos por parte de las fuerzas del poder.
- Fuerte sentimiento de anomia.
- Aparición de amplios grupos de contestación al sistema pero a la vez sentimiento de impotencia ante él.
- Antibelicismo y antiarmamentismo.
- Difusión de un fuerte sentimiento de pacifismo contrario a los intereses de muchos grupos de poder.
- Preocupación por el ecologismo.
- Abierta al progreso pero cada vez más critica ante su integración.
- Preocupación por el paro laboral.
- Sensibilidad ante los problemas del Tercer Mundo.

---

71 MARCUSE, H. (1972): *Ensayos sobre política y cultura*. 3ª Edi. Ariel. Barcelona. pp. 107-108 (1965).

- Sentimiento de una necesidad de mayor solidaridad a nivel intranacional e internacional.
- Deseos de autogestión y participación.
- Máxima comunicación e información más allá de las antiguas fronteras.
- Sentido del ocio.
- Búsqueda de alternativas ante graves problemas: necesidad de creatividad.
- Deseo de humanización del trabajo.

DIFERENCIAS ENTRE MENTALIDAD TRADICIONAL, TECNOLÓGICA Y NEOLIBERAL

	MENTALIDAD TRADICIONAL	MENTALIDAD TECNOLÓGICA	MENTALIDAD NEOLIBERAL
1.	Empirismo	Conocimiento científico	Consolidación de la Ciencia y Técnica como necesidad institucional básica
2.	Conservadurismo: apego a la tradición	Apertura al cambio y fe en el progreso	Abierta al progreso pero cada vez más crítica ante su integración
3.	Pensamiento mítico	Desmitificación: racionalidad	Formación de una «intelligenzia» técnica que controla y dirige.
4.	Fusión entre lo sagrado y lo profano	Distinción entre lo sagrado y lo profano: secularización	Laicización y agnosticismo *versus* fundamentalismos y movimientos espiritualistas
5.	Uniformidad ideológica	Pluralismo ideológico	Politeísmo Axiológico
6.	Fuerte cohesión social	Débil cohesión social	Fuerte sentimiento de Anomia
7.	Sacralización de la realidad	Desacralización de la realidad: racionalización del mundo	Racionalización, globalización, Productivismo *versus* autorrestricción inteligente.
8.	Uniformidad religiosa y moral	Pluralismo religioso y moral	Vacío ético-moral
9.		Economicismo	Seducción, manipulación e integración *versus* contestación a la contra: ecologismo, pacifismo, humanismo
10.		Sentimiento de superioridad: Mito de la conciencia objetiva	

Capítulo VIII

Algunas reflexiones sobre la sociedad y el hombre con motivo de los análisis de las diferentes mentalidades

Hombre etnocéntrico. Historicidad del hombre. Hacia una nueva identidad. Pluralismo Moral: De la moral única al pluralismo moral en la España actual

Para reflexionar sobre la sociedad tecnológica y su mentalidad tanto en su primera fase como en su subtipo avanzado vamos a emplear una selección de textos que a nuestro parecer se nos presentan como más relevantes, sobre todo por sus aplicaciones en relación con el futuro del hombre como ser social, que debidamente coordinados nos permitirán recorrer los principales problemas de dicho tipo de sociedad y mentalidad.

Nos dice Remo Cantoni en su critica del hombre etnocéntrico: «*La superación de los dogmas etnocéntricos es tal vez el problema más urgente de nuestro tiempo. La persistencia de estos dogmas agudiza los ya graves contrastes sociales, inflama los prejuicios raciales, predispone en actitud de tensión y de odio una nación contra otra, una clase contra otra, un grupo social contra otro, hace imposible la convivencia pacífica y la colaboración de los pueblos y de las culturas. Mientras nos obstinemos en identificar el valor de la civilización con el sistema cultural en el cual hemos nacido y crecido, con las instituciones que nuestros perezosos hábitos mentales no tienen el valor de criticar, con nuestros comportamientos tradicionales que interpretamos como manifestaciones inmutables de la eterna naturaleza del hombre, los aspectos amenazadores e inminentes del racismo, del imperialismo, de la sociedad ideológicamente hermética y del grupo sectario y violento no desaparecerán nunca.*

Una trágica paradoja de nuestra época es la de la copresencia de dos tendencias históricas igualmente fuertes, que se hallan entre sí en irreductible oposición: la tendencia o vocación ecuménica del racionalismo científico, técnico e industrial que propone para todos los grupos humanos no solamente las adquisiciones y los bienes de la civilización moderna, sino también y sobre todo el "ETOS" de una sociedad abierta y comunicante, y la tendencia —quizás mejor tentativa— etnocéntrica, dirigida a cerrar a los individuos y a las colectividades en mundos parciales, arbitrariamente idealizados, como centros absolutos de la historia o elevados al rango de lugares carismáticos donde la historia se cumple alcanzando su límite de perfección»[72].

A la imagen monótona y obsesionante de una naturaleza humana inmutable, de una condición del hombre que repite, en un espacio de eterno retorno o de cíclica reiteración, su invariable estructura, sustituye hoy la visión dinámica de un hombre que inagotablemente se crea y se recrea así mismo, inventando, con una libertad que se mueve entre obstáculos y determinismos constantes, los modos y las actitudes de su estilo de vida.

«*A nivel de grupo se puede repetir con* SARTRE *que la existencia precede a la esencia, que no existe una prefiguración que establezca "ab aeterno" el estatuto ontológico del hombre, como no existen sistemas normativos y axiológicos absolutos que regulen el comportamiento*»[73].

«*El verdadero privilegio del hombre libre es el de saberse falible e imperfecto, eternamente en camino, disponible para el porvenir porque siempre está dispuesto a criticarse a sí mismo. El hombre etnocéntrico, por el contrario, desprecia este privilegio y lo considera un peso insoportable. Sobre todo en la esfera moral y religiosa, en el ámbito de las valoraciones sociales y políticas, la preocupación dominante del viejo hombre etnocéntrico, no parece ser la de exponerse de modo consciente y libre a la confrontación con los demás, sino más bien la dogmática de poner al resguardo de toda critica y de toda censura sus propias convicciones ideológicas, su propio estilo de vida*»[74].

Profundizando en estas coordenadas nos dice ENRIQUE UREÑA en su libro sobre HABERMAS: «*La moral tradicional y particularista va dando*

---

72 CANTONI, R. (1972): *El hombre etnocéntrico*. Guadarrama. Madrid p. 98
73 CANTONI, R.: ibid. p. 103
74 CANTONI, R.: Ibid. p 126

paso a una moral universal, que desenmascara todo tipo de legitimación ideológica y exige una discusión racional de toda relación fáctica de poder. Las interpretaciones totales del mundo y de la historia (íntimamente ligadas al ámbito religioso) van desapareciendo de las tradiciones culturales, produciendo así un vacío que resulta en una crisis de identidad a escala universal»[75].

El mismo UREÑA citando a LUHMANN dice: Luhmann piensa que este tipo de integración fue suficiente en tiempos pasados, cuando la unidad social significativa era la tribu, la ciudad o incluso la nación, pero que se ha hecho ya obsoleto para la naciente sociedad mundial. Esta última se ha ido construyendo sobre una red de relaciones tecnicistas: relaciones en los campos de la economía, de la ciencia, de la técnica, de la estrategia militar, etc. La integración de esta sociedad universal sólo puede, por tanto, realizarse como *integración sistemática*, lo cual significa: la economía, la ciencia, la cultura, la moralidad, la familia, etc., aparecen como sistemas parciales de igual rango, que han de desarrollarse de tal forma que representen mundos circundantes adecuados unos a otros.

La tarea de la integración social o de la configuración de una identidad colectiva en una nueva sociedad mundial, ha de ser llevada adelante por una «*moral universal*» basada en las normas fundamentales incrustadas en la misma estructura del lenguaje humano.

Esa nueva identidad, en la que se alían la máxima individualidad con la máxima universalidad, se distingue esencialmente de las formas anteriores de identidad ligadas en última instancia a las cosmovisiones religiosas, por la carencia de contenidos inmutables, o dicho de otra manera, por la absoluta criticabilidad y revisibilidad de los contenidos admitidos en un momento dado.

Esto, solamente seria posible, desde una situación comunicativo ideal, excluyendo toda mutilación sistemática de la comunicación. HABERMAS llega a la conclusión de que esto sólo se da, cuando se dé un reparto simétrico, respecto a todos los posibles participantes en el discurso, de las posibilidades de tematizar y criticar toda opinión y cuando los participantes no engañan a los demás ni se en ganan a sí mismos sobre sus propias intenciones y cuando está excluido todo privilegio entre los participantes que cree obligaciones unilaterales[76].

---

75 UREÑA, E.: *Teoría crítica de la Sociedad de Habermas*. Tecnos. Madrid p. 26

76 UREÑA, E.: Ibid. pp. 121-123

«*Esa autorreflexión crítica ha de despertar una nueva conciencia encaminada a la transformación de una sociedad supertecnificada e irracional en una sociedad humana y racional, en la que los hombres sean capaces de determinar libremente cuál es el sentido de su vida, como quieren vivir. La Ilustración, impulsada por el desarrollo fabuloso y espectacular de las ciencias de la naturaleza, emprendió el programa crítico y liberador de la desmitologización del mundo. Pero después de haber liberado al hombre de la creencia en una naturaleza externa, seca y cosifica el espíritu humano y le hace esclavo de la maquinaria engendrada por el desarrollo científico*»[77].

RACIONERO en su libro «*Del paro al ocio*» nos dice: «*La sociedad postindustrial, este nuevo estadio en la evolución de la economía, y, con ella, de la sociedad industrial avanzada, se caracteriza por tres componentes fundamentales: económico, la economía produce más servicios que artículos; profesional, el empleo se hace más numeroso en los empleos de corbata y menos en los de mono; tecnológico, la informática rebasa la mecánica como fuente de poder tanto económico como político.*

Se habla incluso de un naciente sector cuaternario que separaría del terciario las actividades más sofisticadas de investigación, informática y planteamiento de futuro.

El conocimiento teórico, la información, manejada en el sector terciario y más bien, en el cuaternario, se convierte cada vez más en el recurso estratégico: principio axial de la sociedad y lo que confiere poder.

Estos cambios provocarán crisis insolubles o se canalizarán hacia situaciones de bienestar inusitado. Todo depende de un cambio de valores. Si es cierto que entramos en la sociedad postindustrial, parece irracional mantener en ella los valores de la sociedad industrial»[78].

En este mismo sentido nos recuerda ROGER GARAUDY: «*La ciencia y la técnica productivas pueden suministrar medios extremadamente poderosos, pero no finalidad ni sentido a nuestra vida e historia. Esta finalidad y sentido de la vida y de la historia solamente la encontraremos desde una sabiduría más amplia que nos permita replantear, unidos a los hombres de los demás continentes, el conjunto de nuestras relaciones con la*

---

77 UREÑA, E.: Ibid. pp. 54

78 RACIONERO, L. (1983): *Del paro al ocio*. Anagrama. Barcelona pp. 122

naturaleza, con los demás hombres, con la totalidad siempre abierta de los posibles de nuestro futuro»[79].

Queremos acabar este apartado con un texto de dinámica educativa de MARGARET MEAD: «*Pero en Manus, como en Norteamérica, no se considera la vida como un arte que debe ser aprendido, sino como un motivo para adquirir cosas. Quienes hayan logrado obtenerlas, podrán mandar a los no poseedores y tanto en Manus como en Norteamérica los jóvenes no respetan a los viejos. No les reconocen mayor sabiduría ni mayor capacidad. Sólo los consideran como dueños de la riqueza y, por consiguiente, del poder.*

Podremos ser un poco más severos, obligar a nuestros niños a saludar y a ser corteses, pero no tendremos verdadera disciplina, es decir, verdadera dignidad, hasta tanto no traslademos valoraciones del tener al Ser»[80].

En resumen, para cerrar el capítulo podemos subrayar que en la actualidad, es de vital importancia superar los restos de la mentalidad etnocéntrica que todavía existen en nuestra sociedad como un lastre que pone en peligro otras dimensiones que se nos abren y son totalmente necesarias para enmarcar nuevas posibilidades del hombre.

La existencia precede a la esencia como dijo SARTRE y por ello en la medida que creemos un nuevo contexto social, posibilitamos otra esencia para el hombre *in fieri*, cuyas posibilidades son ilimitadas por su estructura inacabada y abierta al mundo. Todo ello lo podemos conseguir como nos recuerda LUHMANN a través de una *integración sistemática*, basada en una moral universal, incrustada en la misma estructura del lenguaje y caracterizada por la absoluta criticabilidad y revisibilidad de los contenidos admitidos.

Solamente desde una *situación comunicativo* ideal —sin privilegios de ningún grupo— y creando obligaciones bilaterales como nos recuerda HABERMAS, todo ello será posible.

Esta autorreflexión crítica despertará una conciencia encaminada a posibilitar a los hombres a que libremente determinen cuál es el sentido de su vida y como quieren vivirla.

---

79 GARAUDY, R. (1977): *Una nueva civilización*. Cuadernos. Madrid p. 141

80 MEAD, M. (1962): *Educación y Cultura*. Paidos. Buenos Aires p. 132

Pluralismo moral: De la moral única al pluralismo moral en la España actual

En España, aunque más tarde que en otros países europeos, también llegó la modernidad, pero a nivel de democracia, ideas y costumbres, fue frenada por el régimen político dominante junto con la ayuda de la Iglesia, hasta que en 1978 fue aprobada la Constitución Española. Como afirma ÁLVAREZ BOLADO: «*El nacional-catolicismo, arraigado en nuestro suelo durante décadas, es la respuesta de una sociedad política, que intenta resolver los problemas de disgregación comportados por la modernidad, escogiendo la tradición católica como ingrediente de su proyecto nacional, para utilizar el catolicismo como elemento de cohesión y de reducción de la conflictividad ideológica y social. Las restantes concepciones morales y religiosas, es decir, las restantes cosmovisiones quedan excluidas por antipatriotas*»[81].

Aprobada la Constitución que garantizaba la libertad ideológica, religiosa y de culto, moría el código de moral única, es decir, la hegemonía absoluta de una determinada moral católica y a la vez nacía un pluralismo ideológico y moral. Desde este momento, se pudieron empezar a defender diferentes posturas ante el aborto, divorcio, relaciones sexuales, homosexualidad, eutanasia, etc. desde una tolerancia que en un principio sólo era de soportarse, pero que poco a poco, ha ido creciendo y ha hecho posible ya no sólo el soportarse sino el verdadero respeto mutuo.

Sin embargo, no debemos confundir pluralismo y politeísmo axiológico como le llama MAX WEBER. En un pluralismo social existen diferentes cosmovisiones y posturas desde un fondo común de colaboración, desde donde sigue manteniéndose una cohesión social. El pluralismo consiste en compartir unos mínimos morales desde los que es posible construir juntos una sociedad más justa, y en respetar, precisamente, desde estos mínimos compartidos, que cada cual defienda y persiga sus ideales de felicidad. Ideales que configuran ya unos máximos éticos en los que no tienen por qué estar de acuerdo todos los ciudadanos para convivir desde un mutuo respeto y aprecio. En el politeísmo axiológico o moral no existe nada en común y cada uno sigue

---

[81] ÁLVAREZ BOLADO, A. (1981): «¿Tentación nacional católica en la iglesia de hoy?» *Iglesia Viva* nº 94, p. 322-323

sus ideas-intereses totalmente despreocupado de los demás, perdiéndose la plataforma común y la cohesión social que ella aportaba. La expresión *politeísmo axiológico* fue ideada por WEBER para describir uno de los resultados sociales a los que condujo el proceso de modernización, experimentado por los países occidentales desde los comienzos de la modernidad. Este proceso, según WEBER, tiene una doble vertiente. Por una parte, es un proceso de racionalización de las estructuras sociales y formas de pensar, y por otra parte, como consecuencia de este proceso, representa un retroceso de aquellas formas de pensamiento religiosas y morales, que mantenían cohesionadas las sociedades. A esta segunda parte del proceso, se le ha llamado *desencantamiento,* porque las imágenes míticas del mundo se han ido diluyendo. Consecuencia de ello, ha sido el advenimiento del politeísmo axiológico, que consiste en creer que las cuestiones de valores y por supuesto las de valores morales, son muy subjetivas. Que en el ámbito de valores, cada persona elige su jerarquía de valores subjetivamente. Por esta razón, se produce en el terreno de los valores un politeísmo, porque cada uno *adora a su dios,* acepta su jerarquía de valores. De ahí que cada cual opine como quiera y resulte imposible llegar racionalmente a un acuerdo intersubjetivo.

Parece que en la España actual, se está dando más un politeísmo axiológico que un respetuoso y sano pluralismo, afirma CORTINA[82]. En otras palabras, nos encontramos ante un vacío moral, donde cada uno se agarra a sus intereses y hace lo que le conviene. Esto no es un pluralismo, porque no nace de una postura ética, sino de una actitud de comodidad práctica. Aunque extremando las cosas, se podría teorizar sobre esta actitud práctica, y decir, que en el fondo nace de una postura práctica ante la realidad que podría equivaler a un cierto utilitarismo moral. Sin embargo, el gran peligro nace de que la moral siempre ha tenido una honda función social integradora y ahora que necesitamos más que nunca elementos integradores sociales, este sólo cierto utilitarismo social no proporciona ningún grado de integración y por lo tanto debería ir acompañado, como afirma CORTINA[83], de una ética de mínimos, que permita una plataforma común y la mínima integración necesaria para que pueda subsistir la sociedad y con ella una moral cívica.

---

82 CORTINA, A. (1997): *La ética de la sociedad civil.* Anaya. Madrid p. 47

83 CORTINA, A.: Opus cit. p. 49

Muchas personas ante esta situación, están invocando como solución, la búsqueda de una moral civil que sea capaz de aunarnos. Por moral civil, entendemos como afirma LAÍN ENTRALGO: «*Aquella moral que cualesquiera que sean nuestras creencias últimas (teísmo, agnosticismo o ateísmo) debe obligarnos a colaborar lealmente en la perfección de los grupos sociales a los que tejas abajo pertenecemos*». La moral civil, presupone, pues, unos ciertos ideales compartidos entre los miembros de una sociedad como la nuestra. Las virtudes que encierra dicha moral cívica son:

a. Tolerancia, disponibilidad para el diálogo y para aceptar lo consensuado a través de él, y

b. rechazo de toda pretensión de poseer el monopolio de la verdad

El sentido de la moral civil democrática, tal como decimos entenderla en las democracias de occidente, descansa sobre el derecho del hombre a ejercer su capacidad autolegisladora y el valor de las leyes universalmente acordadas.

Por lo tanto, el sentido profundo de la moral civil descansa, en unos valores compartidos, que por verdaderos hemos aceptado explícitamente un buen número de sociedades, sin dejar ningún resquicio de duda sobre ellos. Valores como convicción de que es verdad que los hombres somos seres autolegisladores, que es verdad que por ello tenemos dignidad y no precio, que es verdad que la fuente de las normas morales sólo puede ser un consenso en el que los hombres reconozcan recíprocamente sus derechos. Esto supone confiar en que el consenso es el único procedimiento legítimo para acceder a las normas universales.

Frente al absolutismo o código único de las etapas anteriores y actualmente frente al politeísmo axiológico que destruye la moral, el consenso supone un término medio. Ni normas indiscutibles, ni disolución de la moral en un puro relativismo. Es posible hablar de normas que deben cumplirse, que han sido legitimadas por un consenso, pero no de una vez para siempre, puesto que la conciencia del hombre avanza y cada día descubre nuevas aplicaciones, como también avanza la ciencia proponiéndonos nuevos retos, por esto, el hombre a lo largo de la historia tendrá que hacer nuevas tomas de conciencia, y desde ellas, consensuar nuevas normas que sin destruir las anteriores, pues las integran, se abran a horizontes más amplios.

Estos nuevos horizontes nos exigen que re-examinemos hoy día el sentido de la guerra, el problema del hambre, la eutanasia, el reparto del trabajo, el aborto, la destrucción de la ecosfera, la manipulación genética, la moral científica, la objeción de conciencia y la desobediencia civil que exigen de la ética o ciencia de la moral que, desde su presunta racionalidad, contribuya a esclarecer la deliberación ante estos problemas y cual debe ser la acción correcta. Se trata de aclarar desde qué actitud podemos hacer frente a estas cuestiones, si es que deseamos comportarnos como hombres, como personas humanas que no queremos renunciar a lo que nos es más propio, justificar nuestras acciones, hacerlas justamente.

Sólo, cuando el hombre se comprende a sí mismo —a su propia humanidad— como lo absolutamente valioso, como lo que tiene dignidad y no precio, es para él su propia humanidad un fundamento para la acción, el motor del quehacer ético.

Capítulo IX
Posibilidad de superar el relativismo ético

Criterio de justificación social. Criterio de justificación práctica. Criterio de justificación lógica. Criterio de justificación científica. Criterio de justificación dialéctica

Hoy día, por los medios de comunicación y sobre todo por los medios de información prensa, radio y televisión, conocemos al momento lo que ocurre y lo que se hace en cualquier país del mundo, y con ello nos damos cuenta que muchas cosas son buenas en un país y malas en otro. Por otra parte, en la sociedad española cada día nos es más patente, que existen normas de conducta totalmente diferentes, no existiendo una uniformidad moral sino un pluralismo ético o en el peor de los casos un politeísmo axiológico en el enfoque de muchas cuestiones, a veces importantes, para la vida ciudadana. Ello nos puede inclinar a pensar que la moralidad de hecho, es solamente algo relativo, según la perspectiva de cómo se mira.

Si la poligamia es algo moralmente inaceptable en muchos países, sin embargo en otros, es algo bueno y deseable, y lo único que se exige, es que el hombre que tiene varias mujeres pueda mantenerlas económicamente. De la misma manera, nos podríamos ir preguntando acerca de otros hechos morales y como consecuencia de todo ello nos podría surgir una gran pregunta final ¿si la moral es relativa, es posible superar el relativismo moral dado que la moralidad de nuestras acciones solamente dependería de los aspectos contemplados? Si no es posible superar este perspectivismo moral, entonces no existen unas morales superiores a otras, no se puede hablar de un progreso moral y la moral es algo puramente relativo a la perspectiva de como se mire, sin poder hablar de una moral universal que pueda comprometer a todo ser humano.

Vamos a ver que existen unos criterios, comentando a SÁNCHEZ VÁZQUEZ[84], que nos permiten superar el relativismo moral y devolver a la moral su obligatoriedad universal.

Estos criterios exigen que no consideremos la norma moral como algo absoluto, suprahumano e intemporal, sino como un producto humano que solamente existe, vale y se justifica como nudo de relaciones. La consideración de la norma en estas diversas relaciones dará lugar a los siguientes criterios de justificación y de validez de la moral, criterios que, a su vez, se hallan también en mutua relación.

1. *El criterio de la justificación social*: En cuanto que la moral cumple la función social de asegurar que el comportamiento de los individuos de una comunidad vayan en cierta dirección, porque toda norma responde a intereses y necesidades sociales. Sólo la norma que exige la conducta adecuada es válida en la comunidad correspondiente. La validez de una norma es, pues, inseparable de cierta necesidad social.

   Por lo tanto, toda norma para justificarse socialmente, tiene que ser puesta en un contexto humano concreto, es decir, en el marco de una comunidad histórico-social determinada.

2. *El criterio de la justificación práctica*: Toda norma implica una exigencia de realización. Pero toda norma moral, en cuanto tiende a desembocar en actos concretos, requiere ciertas condiciones reales para su cumplimiento. Si una norma exige determinada acción cuando no se dan las condiciones necesarias para su realización, dicha norma será irrealizable y, por tanto, no podrá justificarse desde el criterio práctico. Una norma moral sólo podrá justificarse *prácticamente*, es decir, cumplirá el criterio práctico, si se dan las condiciones reales para que su aplicación no se oponga a las necesidades sociales actuales de la comunidad.

3. *El criterio de la justificación lógica*: Las normas no se dan aisladas, sino que forman parte de un conjunto articulado o sistema de ellas, que constituyen lo que se llama el *código moral* de la comunidad. Este código ha de caracterizarse por la no contrariedad de las normas y por su coherencia interna. La justificación lógica de las normas satisface, en definitiva, la función social de

---

84 SÁNCHEZ VÁZQUEZ, A.: Opus cit. pp. 201-206

toda moral, ya que impide que en una comunidad dada surjan normas arbitrarias o caprichosas que, justamente por no integrarse en el sistema normativo correspondiente, entrarían en contradicción con los intereses y necesidades de la comunidad.

4. *El criterio de la justificación científica*: Una norma se justifica científicamente cuando no sólo se ajusta a la lógica, sino también a los conocimientos científicos ya establecidos o es compatible con las leyes científicas conocidas en aquel momento (BUNGE)[85].

Las normas morales que tienden a regular las relaciones entre los hombres han de contar con los conocimientos que acerca de ellos proporcionan diferentes ciencias como la fisiología, psicología, biología, economía, política, sociología, antropología, etc. o al menos, no han de entrar en contradicción con los conocimientos científicos ya comprobados. Por ejemplo, no se pueden admitir hoy día, normas morales que supongan una superioridad del hombre sobre la mujer, de una raza sobre otra o que afirmen que la homosexualidad es una perversión sexual, cuando la ciencia actual ha demostrado que no es verdad. Por lo tanto, no se pueden justificar los juicios morales que tienen por base unos supuestos que la ciencia actual rechaza o que son incompatibles con las leyes científicas ya descubiertas.

Cuando existen normas morales que se mantienen porque justifican intereses sociales de grupos de poder, pero que están en contra de los conocimientos científicos del momento, dichas normas no tienen ningún peso moral, sino únicamente ideológico y son alienantes.

5. *Criterio de la justificación dialéctica*: Un código moral es un producto humano y como tal, forma parte del proceso histórico de la humanidad. Puesto que la historia de la moral tiene un sentido ascensional, como ya hemos visto en el progreso de la moral, una norma o código moral se justifican por el lugar que ocupan dentro de este movimiento progresivo. Hablamos de progreso en relación al cambio y sucesión de formaciones económico sociales, considerando la historia en su conjunto.

¿En qué sentido afirmamos que hay progreso o que la historia humana discurre según una línea ascensional? Se progresa en las actividades humanas fundamentales, y en las formas de relación y

---

85 BUNGE, M. (1972): *La investigación científica*. Ariel. Barcelona

organización que el hombre contrae en sus actividades prácticas y espirituales.

El hombre es, ante todo, un ser práctico, productor y transformador de la naturaleza. A diferencia del animal, conoce y conquista su propia naturaleza, la mantiene y la enriquece, transformando con su trabajo lo que le ha sido dado naturalmente.

El desarrollo de los instrumentos de producción, expresa en cada sociedad el grado de dominio del hombre sobre la naturaleza o también su grado de libertad respecto de la necesidad natural. De este modo, el grado de desarrollo de los instrumentos de producción puede considerarse como criterio del progreso humano. Dicho grado de desarrollo, puede llamarse en otras palabras, nivel tecnológico.

Pero el hombre sólo produce socialmente, es decir, contrayendo determinadas relaciones sociales, por lo tanto, no sólo es un productor, sino también es un ser social. Así pues, el tipo de organización social y el grado correspondiente de participación de los hombres en su praxis social, pueden considerarse como otro criterio de progreso humano.

Por último, podemos afirmar que el hombre no sólo produce materialmente, sino también espiritualmente. Ciencia, arte, derecho, educación, etc. son también creaciones del hombre. El hombre tanto en la cultura material como en la espiritual, se afirma como ser productor, creador e innovador. Por lo tanto, la producción de los bienes culturales también es criterio de progreso humano.

De todo lo cual se deduce que, podemos medir el nivel de progreso alcanzado por el hombre en un momento histórico por tres criterios: Por el grado de desarrollo de los instrumentos de producción, por el tipo de organización social y por el nivel de sus productos culturales.

Todo ese progreso humano reflejado en su moral se manifiesta por una elevación del dominio de los hombres sobre sí mismos; por sus relaciones cada vez más conscientes, libres, responsables y respetuosas con los demás; por la regulación de sus actos, de tal manera que los intereses propios se fundan cada vez más con los de la comunidad, y por una afirmación cada vez más plena de su convicción íntima, frente a la aceptación puramente formal o externa, de las reglas de convivencia. El progreso moral es, por ello, proceso de acercamiento a una moral cada vez más universalmente humana, a medida que se van dando las condiciones reales para ello.

Dentro de este proceso ascensional, una norma o un código moral tienen un carácter relativo y transitorio. Algunas normas desaparecen, pero otras subsisten corregidas o enriquecidas y ya en un contenido más rico pasan a formar parte de una moral superior y más universal.

En este sentido, en cuanto que una norma o código se presenta como un peldaño o fase de este proceso de universalización de la moral y no como algo estático, inmutable e independiente, cabe hablar de una justificación dialéctica de la moral.

Recordando nuestro análisis podemos finalizar concluyendo que de los criterios expuestos para justificar la validez de la moral, los criterios uno, dos y tres, nos recuerdan la relatividad e historicidad de la moral. Por otra parte, los criterios cuatro y cinco, nos salvan de caer en un relativismo moral. Lo que no se descarta, sino que se afirma, es que debe existir una relativización de la moral de cada momento histórico, que no es más que afirmar su historicidad y por histórica cambiable y mejorable, nunca definitiva ni absoluta, y que cada etapa histórica de la moral es como un escalón más de la evolución e integración de las normas morales cada vez en un contexto más personal y universal.

Por último, pasando ya a lo práctico, y volviendo a la pregunta que hemos hecho al principio del capítulo ¿depende solamente la moralidad de un acto de los aspectos que se contemplan y de su perspectiva? o lo mismo ¿es tan buena la norma con que se trata la mujer en una cultura árabe, como en una cultura occidental? Después de lo que hemos explicado, la respuesta es no. Se deberían aplicar los criterios de justificación científica y dialéctica a las dos normas y aquella que se adaptara mejor al criterio científico, es decir, estar más de acuerdo con los criterios científicos del momento y al criterio dialéctico, es decir, estar más de acuerdo con el nivel de conciencia y sensibilidad que se ha alcanzado en el momento actual, la norma que mejor cumpla estas condiciones será la más evolucionada y la que más obliga de cara a una ética cada vez más universal.

En este caso, está claro que será aquella que considere la mujer en igualdad de derechos que el hombre, siendo patente que el sexo no da ninguna prioridad en el modo de ser persona social. Por lo tanto, el compromiso matrimonial se debe dar entre dos personas en igualdad de derechos y obligaciones, artículos 1,2 y 6.2 de los Derechos de la Mujer.

Por lo tanto, podemos afirmar que en la cultura árabe, el tratamiento cultural legal de las relaciones entre el hombre y la mujer está desfasado, por lo menos en este punto que analizamos, dándose una cultura machista que privilegia el sexo masculino sobre el femenino, adjudicándole al primero unos privilegios que de ninguna manera pueden quedar justificados, ni desde los conocimientos científicos actuales y menos desde la conciencia y sensibilidad ética que hoy se tiene en estas cuestiones.

Capítulo X
Necesidad de una deontología profesional para la policía

Profesión. Código deontológico profesional. Profesión y vocación. Deontología policial

En nuestra sociedad el predominio del método científico ha producido un fuerte desarrollo tecnológico, que a pesar de ser la causa de la desaparición de algunas profesiones, por haberse hecho obsoletas, a la vez ha sido la razón del nacimiento de muchas más y de que otras se tuvieran que reestructurar para ponerse al día. La policía, tanto por la dificultad de la profesión por la peligrosidad, como por el nivel de sofisticación de sus instrumentos de trabajo, se ha visto obligada a ponerse al día y abrazar un código deontológico.

Profesión

Si analizamos lo que dicen distintos diccionarios, como resumen, podemos afirmar que la profesión viene de *profesar* que significa «*confesar delante de*». El profesional confiesa delante del cliente, conocer mejor que él, la naturaleza de ciertas materias y el modo de tratarlas, por lo cual presume que merece cierta confianza ante dichos clientes.

La profesión es una actividad permanente que sirve de medio de vida y que determina el ingreso en un cuerpo profesional determinado. (Larousse). El que ejerce una profesión es un profesional, que se distingue de un aficionado por dominar, en general, mucho mejor la técnica pertinente y vivir de ello.

Max Weber, describe la profesión como «*la existencia de una serie de conocimientos firmemente prescritos que casi siempre requieren una intensa actividad durante largo tiempo, así como pruebas especiales indispensables para la ocupación del cargo»*[86]. Como vemos, nos subraya que hay en toda profesión unos conocimientos técnicos prescritos, una larga preparación y una pruebas de admisión. El mismo WEBER al definirnos lo que es una profesión dice: «*Por profesión se entiende la particular especificación, especialización y coordinación que muestran los servicios prestados por una persona, fundamento para la misma, de una probabilidad duradera de subsistencia o de ganancia*». No subraya suficientemente algo fundamental para una profesión, que es el servicio a la comunidad, aunque se puede sobreentender al decir «servicios prestados».

Todoli, catedrático de ética y sociología, define profesión como: «*Una actividad humana habitualmente dirigida a un quehacer concreto, útil y exigido, por lo que el individuo, debidamente preparado, colabora al bien común de la sociedad en que vive, al propio tiempo que encuentra en ella los medios de subsistencia adecuados, siempre bajo el control de la ley y/o los controles propios de su trabajo específico*»[87]. Esta definición es muy completa y pensamos que están contemplados todos los puntos claves que distinguen una profesión, es decir, ser una actividad útil, que exige preparación técnica, que colabora al bien común, que ofrece un sustento al que la ejerce y que está controlada por la misma sociedad.

Las profesiones han ido naciendo históricamente en la medida que el hombre se ha ido especializando, al ir conociendo y mejorando nuevas técnicas de control y dominio de la naturaleza. Al principio, todos los miembros de un grupo humano que formaban una unidad comunal, sabían hacer todo lo necesario para sobrevivir, no había ni especialistas, ni oficios. A medida que fueron avanzando las distintas técnicas, fue cada vez más difícil dominarlas todas y empezaron a nacer las especializaciones y los oficios y con ello una diversificación de los trabajos.

Durante muchos años estas diferentes especialidades o profesiones se fueron manteniendo, mejorando muy poco a poco su técnica, llamándose artesanos y agrupándose en gremios para defender sus intereses y transmitir sus habilidades. Sin embargo, con la generalización del método científico en la época de la industrialización, comenzó a existir

---

[86] Weber, M. (1964): *Economía y Sociedad*. FCE. México

[87] Todoli, J. (1975): *Nivel ético del profesional español*. Confed. Cajas de Ahorros. Madrid p. 18

una explosión tecnológica que modificó profundamente la jerarquización de las profesiones existentes hasta entonces, desapareciendo muchas pero naciendo muchísimas más a partir de las nuevas técnicas. Podemos afirmar que existe o llegará a existir una profesión por cada concreción técnica sobre cada realidad distinta. Sin embargo, a pesar de toda la revolución técnica, esta misma técnica no ha sido capaz de destruir los esquemas dicotómicos e injustos de dividir las profesiones en manuales o ocupacionales que suponen una técnica práctica y en profesiones liberales que suponen una preparación fundamentalmente técnico-intelectual. Como podemos intuir, son todavía influencias de la cultura antigua que despreciaba el trabajo manual, propio de los esclavos y supervaloraba el intelectual propio de los hombres libres, de aquí, profesiones liberales. Lo más lamentable es que este esquema sigue justificando unos mayores sueldos en unas profesiones que en otras. Es verdad, que en un trabajo se deben tener en cuenta los años de preparación, pero no únicamente eso, sino también el riesgo, la dureza y también una mayor valoración de lo técnico-práctico.

Muchas veces, con motivo de la profesión se han contrapuesto dos términos antitéticos «*comercialismo*» y «*profesionalismo*». Comercialismo equivaldría a ganancia pecuniaria y profesionalismo a servicio a la comunidad. Pensamos que en una profesión no se puede prescindir de ninguno de los dos, aunque sean difíciles de conjugar y que los colegios profesionales deben controlar. Como también se debe vigilar la competencia ilegítima, como es cobrar menos de lo estipulado por el colegio. Se tienen más clientes pero se degrada el trabajo profesional.

Esta explosión de profesiones ha conllevado conflictos, abusos y la necesidad sobre todo en las profesiones liberales que se tuviera que recurrir a un código deontológico para defenderse de los incompetentes de dentro y de los ataques de la sociedad. No sólo las profesiones liberales, sino también, aquellas que suponen una complejidad y/o un riesgo en su ejercicio, como la policía, han tenido la necesidad de acogerse a un código deontológico.

Código deontológico profesional

En la actualidad, la deontología es la ciencia o estudio de los deberes profesionales. Esta expresión es intercambiable con ética profesional. De Santes antes ha definido la deontología como «*la ciencia constituida por todas las normas objetivas de una colectividad de profesionales*».

Con el apelativo de profesional, la deontología ha venido a significar aquella parte de la ética que se ocupa de la aplicación de unas normas y principios universales a las diferentes actividades profesionales.

El concepto de deontología profesional, en sentido limitado, significa aquellos principios éticos asumidos explícitamente por una profesión determinada —tradicionalmente de orden laboral y rango universitario—. Dichos principios, formulados a modo de normas o leyes interprofesionales y agrupados en códigos deontológicos, constituyen los deberes que ha de observar cada profesional en el ejercicio de su profesión; una Junta, Consejo o Jurado Profesional, compuesto por miembros de la profesión, suele encargarse de velar por el cumplimiento de estas normas.

En el sentido menos estricto, y en cuanto disciplina universitaria que debe enseñarse desde la universidad, deontología profesional significa el análisis y fundamentación racional de esos principios o máximos de acción, que, codificados o no, deben guiar el ejercicio de una determinada profesión.

En el primer sentido, la deontología tiende hacia el derecho positivo, en el segundo sentido, la deontología profesional se engancha profundamente con la ética, de la que ha de tomar su necesidad renovadora si no quiere convertirse en un formulario estéril de normas repetitivas y sin ninguna posibilidad de actualización.

Los códigos de ética profesional o deontológicos ocupan un lugar intermedio entre la norma ética, que solamente obliga en conciencia, y la disposición legal positiva, que obliga a todos y es sancionable.

Las normas deontológico-profesionales, han de ser aceptadas, al menos implícitamente, por los miembros del colectivo que regulan, ya que son un medio para procurar y asegurar el perfeccionamiento profesional y moral de los profesionales en orden al mejor desempeño de su función social, mediante la disciplina interna y el autocontrol.

El concepto de deontología profesional admite, por lo tanto, dos niveles: Un nivel amplio que comprende todo tipo de normas profesionales, incluso las que tienen un cierto grado de positividad legal, y por otro lado, un nivel estricto que comprende las normas carentes de positividad legal, es decir, no respaldadas por ningún poder externo al colectivo profesional.

Desde otro contexto, también se puede hablar del nivel teológico de la deontología. Cuando la deontología consiste, esencialmente, en una parte de la teología moral aplicada a los diversos deberes profesionales. Este enfoque suele pecar de abstractismo y utopismo por estar elaborado lejos de la actividad profesional y bajo una óptica confesional chocante en un mundo tan laicizado como el actual.

La necesidad, pues, de los códigos de ética es evidente. «*Los códigos de ética tienen un papel preeminente que jugar en cualquier intento de autocontrol. Aunque históricamente un código de ética ha sido un convenio entre iguales, los códigos actuales son más exigentes; los códigos de hoy tienen que estar apoyados sobre la íntegra consideración del servicio a los intereses públicos*» (EW. KINTNER)[88].

LUKA BRAJNOVIC, ha señalado los diez principios deontológicos comunes a toda profesión:

1. Lealtad a la profesión elegida. Contribución a la buena fama y pervivencia de la profesión.
2. Preparación adecuada para el desempeño del oficio. Capacitación de la persona. Estudio.
3. Ejercicio competente y honesto de la profesión. Hace referencia a la dimensión profesional. No usar mal el poder que se tiene.
4. Entrega a la tarea profesional, vocación.
5. Realización de las tareas profesionales en favor del «*bien común*». La profesión debe entenderse como un servicio a la sociedad. Cualquier profesión regulada tiene una dimensión de servicio social.
6. Perfeccionamiento constante del deber profesional. Formación permanente, reciclaje.
7. Exigencia de obtención de medios materiales y económicos adecuados a cambio del trabajo realizado. Se refiere a un salario digno.
8. La lealtad al dictamen de la propia conciencia. Se refiere que todo profesional debe obedecer a sus principios morales que le muestra su conciencia.
9. Derecho moral a permanecer en la propia profesión. Estabilidad profesional y en el trabajo.

---

[88] KINTNER, EW. (1977): *The ethical basis of economic freedom*. USA

10. Esfuerzo constante por servir a los demás y conservar la libertad personal.

Profesión y vocación

La actividad profesional es aquella actividad principal, regular y retributiva de la que una persona obtiene los recursos necesarios para su subsistencia.

Según el Diccionario de Oxford, profesión es «*la ocupación seguida de vocación, que supone un conocimiento de una rama del saber usado en beneficio de otros*». Un no profesional no puede juzgar el valor de su servicio, sino que sólo los profesionales pueden decir cuando un colega comete un error. Razón que busca favorecer el autocontrol. La profesión supone, una organización autodefensiva —colegios profesionales— y un mínimo de cualificación para su ejercicio.

La vocación tanto si nos fijamos en su etimología —vocatus—, como en su acepción vulgar, por vocación entendemos una llamada o voz interior.

PIÉRON nos da una definición bastante compleja de vocación diciendo «*que correspondería a la actividad profesional adecuada, conforme a la orientación de las tendencias personales profundas; resulta de un conjunto de motivaciones —instintivas, afectivas y utilitarias— que incitan a elegir un oficio y no otro según la atracción o repulsión experimentada*»[89]. PIÉRON abandona lo de la voz externa que nos llama y elige una definición empírica experimental, el sentir o experimentar unas motivaciones que nos impulsan a elegir y la atracción o repulsión que sentimos con lo elegido.

Esta visión está de acuerdo con CERDÁ que afirma «*la fuerza de la vocación no proviene, tanto del seguimiento ciego a una llamada clara y distinta, ajena a nosotros, que nos arrastra casi a pesar nuestro, como de un esfuerzo de autodecisión constante*»[90]. El hecho de que haya tan pocas vocaciones totalmente claras, el hecho de que al adolescente le cueste

---

89 PIÉRON, E. (1954): *L'utilisation des aptitudes*. PUF. Paris, p. 427

90 CERDÁ, E. (1965): «La orientación profesional y los intereses ocupacionales». *Educadores*. vol. VIII p. 280

decidirse, escoger, renunciar a todos los proyectos posibles, nos reafirma en este sentido.

La experiencia y la práctica prueban que, en muchas ocasiones, la afición por una profesión determinada viene después de probarla. Quizás influye en ello, el hecho de que existan muchas profesiones y se desconozca lo que pueden ofrecer. La imposibilidad de sentirse llamado por algo que se desconoce, por muchas aptitudes que se tengan, es más que evidente. Estudios experimentales han demostrado que dentro de una profesión se sienten satisfechos, es decir, como llamados a ella, aquellos que han alcanzado un buen grado de competencia y se sienten verdaderos profesionales.

Hoy día, se ha dejado el concepto pasivo de vocación y se analiza bajo el punto de vista de aptitudes e intereses ocupacionales.

Haría falta descubrir cuales son las auténticas motivaciones, porque no todos los intereses, aficiones e inclinaciones son reales, nos recuerda MARIANO YELA[91].

SUPER afirma que si bien los intereses determinan la dirección del esfuerzo, son las aptitudes las que, según él, fijan el nivel de éxito[92]. Si por otra parte, como hemos visto, el nivel de éxito es lo que te hace sentirte centrado en tal tipo de vocación, la elección buena dependerá en gran parte de que yo sirva para ello, tenga aptitud para tal cosa.

ARANGUREN sostiene que al hombre no se le revela una vez por todas su destino, sino que ha de ir descubriéndolo en la praxis. Esto nos sugiere aquella frase del poeta «*caminante no hay camino, el camino se hace al andar*» MACHADO.

Para JULIÁN MARÍAS la vocación profesional es «*un esquema socialmente dado que el individuo tiene que llenar con sustancia propia, personal y singular. Si se logra desempeñar la esquemática y genérica profesión de forma personal y singular es seguro que dicho profesional tiene vocación para este cometido*»[93].

---

91 YELA, M. (1970): «Motivaciones del universitario al elegir la carrera.» *Cuadernos para el diálogo* nº 5 p. 48

92 SUPER, D. (1972): «Los intereses y el desarrollo profesional.» *Rev. Psicología General y Aplicada* nº 56, vol. VIII p. 967

93 MARIAS, J. (1981): *Breve tratado sobre la ilusión*. Alianza. Madrid

La mejor piedra de toque para dilucidar si uno ha elegido su profesión vocacionalmente, es decir, de acuerdo con las raíces más auténticas de su misma identidad, es la ilusión. ¿Qué empresa o quehacer llena nuestra vida y nos hace sentir que por un momento somos nosotros mismos? Tener ilusión por alguien o por algo, es sinónimo de sentir felicidad con su compañía, con su posesión, con el esfuerzo para alcanzarlo, y esto es tener vocación.

La policía en concreto

Toda actuación profesional debe basar sus actuaciones y conductas en una serie de reglas éticas y principios morales básicos. Cada profesión tendrá su deontología. Por lo tanto, la deontología policial será «*el conjunto de deberes de los policías y sus normas morales o el conjunto de reglas éticas que regulen el comportamiento profesional del policía*».

Los principios de justicia, libertad y seguridad, proclamados por la Constitución Española, tienen en las Fuerzas y Cuerpos de Seguridad del Estado uno de los pilares básicos, al encomendarse a éstas, en la primera norma legal, la protección del libre ejercicio de los derechos y libertades y la garantía de seguridad ciudadana.

A un profesional de la policía se le presenta el reto constante de tener que adecuar los medios a los fines, empleando en esta difícil tarea aquellos medios que una conciencia racionalmente equilibrada estime menos lesivos. En segundo lugar, debe saber que la finalidad de la profesión es la de estar al servicio del ciudadano, en convivencia plural, que reconoce el libre ejercicio de derechos y libertades como base de un sistema democrático.

En los últimos años la profesión policial está experimentando un profundo cambio en los Estados democráticos en cuanto a su imagen, pasando de estar al servicio de algún sector social privilegiado o del poder a estar al servicio de todos lo ciudadanos, es decir del pueblo.

Hoy día, es un hecho reconocido por la generalidad, el papel que en la calidad de vida tiene la policía. No se cuestiona su existencia sino que cuando se la critica, dichas críticas van encaminadas hacia los abusos, corrupciones, uso indebido de la fuerza, ataques contra la intimidad, etc. exigiéndose en estos casos responsabilidades y un cambio inmediato.

Solamente este servicio de velar por el orden democráticamente establecido y el respeto a los derechos y libertades fundamentales, no sirviendo a grupos privilegiados o de poder, sino a todos los ciudadanos, principalmente, a los más desfavorecidos, sin prepotencias y con el uso de fuerza indispensable, es lo que puede dar verdadera autoridad moral para que la policía sea respetada y querida por los ciudadanos.

Se dice que la policía de un país es el verdadero termómetro de la sensibilidad y respeto de una comunidad a los Derechos Humanos. La dimensión ética adquiere resonancia especial en la opinión pública respecto a la policía. Por otra parte, también cada día más, muchos policías cobran conciencia de la necesidad de actualizar su dimensión profesional, y que ésta exige la determinación concreta de las normas éticas correspondientes.

Hoy, se considera fundamental, la existencia de unos principios ético-democráticos que sirvan de guía en su actuación a los funcionarios encargados de la seguridad pública. Principios que deben ser conocidos y practicados por toda la policía de forma que se logre constituir un modo democrático y respetuoso de obrar. Con ello se irá consiguiendo un sano corporativismo y un mayor prestigio ante los ciudadanos.

La inquietud sentida por el establecimiento de estos principios, va más allá de nuestras fronteras, pues es tema que parece íntimamente relacionado con el de los Derechos Humanos, en ocasiones fácilmente vulnerables ante una actuación policial. Se trata de establecer un equilibrio adecuado entre los intereses de los ciudadanos, cuyo respeto depende muchas veces de las normas éticas a que debe atenerse siempre la actuación policial.

Todos sabemos que la policía tiene una misión muy difícil. Debe saber compaginar el equilibrio entre libertades fundamentales personales y bien común, entre no hacer uso de la fuerza y derecho de autodefensa o de poder llevar a cabo su tarea, y todo ello no desde una situación de normalidad sino muchas veces desde una máxima tensión. Los principios están claros, pero la realidad es muy compleja y con frecuencia peligrosa. Pero esto entra en el oficio, y el policía se debe mentalizar para poder actuar desde una actitud lo más ecuánime posible. Para ello, hace falta mucha fuerza mental, que se debe entrenar con ejercicios apropiados y sobre todo una constante y profunda formación del policía sobre Derechos Humanos, profesionalidad, respeto, procedencia de la verdadera autoridad moral, de tal manera que no sólo conozca dichas verdades sino que también vaya cobrando cada vez una mayor sensibilidad hacia ellas.

Para concluir, podemos afirmar que a nuestro juicio queda muy clara la necesidad de un código deontológico para la policía y más en la sociedad actual, que como hemos dicho, existe una sensibilidad especial para detectar los fallos por abuso o desproporción del uso de la fuerza. Solamente respetando cuidadosamente su código deontológico y teniendo unas órdenes muy precisas, la policía podrá obtener la autoridad moral para poder ser respetada y apoyada en sus actuaciones.

Capítulo XI
Historia de la ética policial: análisis de los documentos

Documentos internacionales: Asamblea Parlamentaria del Consejo de Europa; Resolución de la Asamblea General de las Naciones Unidas. Documentos Nacionales: Constitución Española de 1978; Orden del Ministerio del Interior 30 de septiembre de 1981; Instrucción sobre utilización de armas de fuego; Ley Orgánica 2/1986; Real Decreto 884/89; Decreto 18/1995 del Gobierno Valenciano

La ética o deontología policial no ha nacido por generación espontánea, sino que ha sido consecuencia de una serie de circunstancias y sobre todo de necesidades, y además su desarrollo se ha producido de un modo progresivo. Nosotros, siguiendo un orden cronológico, vamos a explicar cada uno de los documentos que han hecho posible el código deontológico actual de nuestra policía, recalcando la influencia que ha tenido cada uno de ellos sobre los posteriores y explicando a la vez las circunstancias que hicieron posible y necesario que se escribiesen y aprobasen dichos documentos.

En la descripción y explicación de dichos documentos vamos a empezar primeramente, por los documentos internacionales que además se da la circunstancia que cronológicamente son los primeros. Seguidamente analizaremos, en el contexto español, los documentos nacionales.

DOCUMENTOS INTERNACIONALES

Asamblea Parlamentaria del Consejo de Europa. Declaración sobre la Policía de 8 de Mayo de 1979

Razón de ser de la Declaración

La policía desempeña un papel único en nuestras sociedades. La criminalidad, cada vez más fuerte, y otros factores tales como la extensión de los actos de terrorismo y la complejidad creciente de las relaciones sociales explican que la tarea de un policía sea ciertamente más difícil hoy de lo que fue en otros tiempos.

Conviene subrayar que los derechos humanos y las libertades fundamentales no pueden ejercerse plenamente si no es en una sociedad pacífica donde reinen el orden y la seguridad pública. La policía, a este respecto, desempeña un papel especial. Es indiscutible que es más difícil para la policía cumplir su misión convenientemente si las reglas de conducta de los funcionarios de policía no están claramente definidas. El sistema europeo de protección de los derechos humanos será reforzado desde el momento en que se establezcan reglas de deontología para la policía.

Cuando se examinan las obligaciones que incumben a la policía en lo que concierne a la salvaguardia de derechos humanos, se tiende a considerar la cuestión bajo un sólo ángulo: cómo limitar los poderes de la policía a fin de proteger al ciudadano y de salvaguardar sus derechos. Ahora bien, las fuerzas de la policía existen para garantizar, en el interés de la población, la aplicación de reglas y medidas de seguridad que aseguren la estabilidad de la sociedad y el disfrute pacífico de los derechos de cada cual. Sobre el plan práctico, este principio presupone que la policía ejecute sus tareas de manera a efectuar un justo equilibrio entre la protección de la sociedad y la protección del ciudadano.

Manifiestamente no es fácil instaurar un equilibrio satisfactorio entre los deberes y los poderes del Estado en este campo y los derechos fundamentales del hombre. Es por ello que la colaboración en el marco del Consejo de Europa de una Declaración sobre la Policía fue considerada como una tarea importante de la Comisión de cuestiones jurídicas.

Por qué el Consejo de Europa no usó un proyecto de código ya existente

La Comisión de cuestiones jurídicas había estudiado atentamente los diferentes textos que le habían sido presentados. Ella pudo elegir entre dos soluciones: adoptar uno o varios de ellos, en su forma actual o modificada, o elaborar su propio texto. La Comisión optó por la segunda solución por las razones siguientes:

Era deseable presentar un texto que tratara de forma coherente tres cuestiones diferentes, a saber:

1. La deontología de la policía.
2. El estatuto de la policía y los derechos de los sindicatos.
3. La guerra, la ocupación y las otras situaciones de excepción.

Era deseable presentar un texto claro y conciso, adaptado a la situación europea. Era evidente que ninguno de los textos presentados satisfacía enteramente todas estas exigencias. Se presentó una nueva declaración, a fin de sintetizar a la vez el espíritu y la letra de los diferentes textos propuestos.

Se esperó que la publicación de la Declaración favoreciese la elaboración de un convenio internacional y sirviese de modelo y ejemplo a otras naciones en cuanto a la manera en que la policía debería actuar y ser tratada en tiempo de guerra.

¿A quién está destinada la Declaración?

La Declaración, bajo su forma actual, no se supuso que tuviese fuerza de ley inmediata. Debía servir de guía a los funcionarios de policía, a los gobiernos y al público. La Comisión de cuestiones jurídicas esperaba que una gran parte de la Declaración sería incorporada a la legislación en vigor y que los Estados miembros se inspiraran ampliamente en ella en la redacción de sus códigos para la policía. Así la Declaración tendría finalmente, en parte o en su totalidad, fuerza de ley, sino, en caso contrario, podría adquirir una autoridad moral.

¿Por qué una Declaración Europea en lugar de cooperar en el marco de las Naciones Unidas?

La preparación de un código internacional de deontología de la policía fue examinado en le marco de las Naciones Unidas desde comienzos de los años 60, pero sin ningún resultado tangible.

Era evidente que las diferencias culturales, políticas y jurídicas considerables entre las naciones y los pueblos del mundo hacían casi imposible la adopción de un código universal sobre un tema tan delicado como la deontología de la policía. Sin embargo, lejos de perturbar los trabajos que se proseguían en las Naciones Unidas, una declaración europea bien formulada podría estimularlos considerablemente. Esta declaración puede ponerse paralela con el Convenio Europeo de Derechos Humanos que, inspirándose él mismo en la Declaración Universal de Derechos Humanos, ha servido de ejemplo al Pacto Internacional sobre los Derechos Humanos.

Comentarios sobre los diferentes artículos de la Declaración

Los numerosos artículos de la Declaración son suficientemente claros, sin embargo, vamos a hacer unos breves comentarios sobre la mayoría. El procedimiento será, citar el artículo y a continuación haremos el pequeño comentario.

1. Deontología

A.1 Corresponde a todo funcionario de policía cumplir con los deberes que les confiere la ley protegiendo a sus conciudadanos y a la colectividad contra las violencias, los ataques a la propiedad y otros actos perjudiciales definidos por la ley.

Este artículo sitúa al funcionario de policía en el marco de la ley. La primacía del derecho está en el corazón de nuestras sociedades democráticas. Incumbe al funcionario de policía velar por el respeto y la aplicación de la ley.

A.2 Todo funcionario de policía ha de actuar con integridad, imparcialidad y dignidad. En particular, ha de abstenerse de todo acto de corrupción y oponerse a él decididamente.

No se da definición de corrupción, pero de forma general el funcionario de policía sabrá él mismo dónde comienza ésta. Es esencial impedir la corrupción; si las fuerzas de policía están corrompidas, este mal no tardará en extenderse al resto de la sociedad.

A.3 Las ejecuciones sumarias, la tortura y otras penas o tratamientos inhumanos y degradantes quedan prohibidos en cualquier circunstancia. Todo funcionario tiene el deber de no ejecutar o de ignorar toda orden o instrucción que implique estos hechos.

Pertenece normalmente a los Tribunales el castigar, la policía no debe buscar usurpar esta función; en particular, la policía no debe participar en las ejecuciones sumarias ni en otros tratamientos inhumanos o no habituales. Esta prohibición reviste una importancia tal que, aunque formando parte de un Cuerpo disciplinado, un funcionario de policía tiene el deber de no ejecutar cualquier orden que implique estos actos.

A.4 Un funcionario de policía ha de ejecutar las órdenes legales reglamentariamente dictadas por su superior jerárquico; de todas formas se abstendrá de ejecutar cualquier orden que sepa, o deba saber, que es ilegal

Este artículo explica la categoría de órdenes que un funcionario de policía debe abstenerse de ejecutar. Tal como está redactado, este artículo subraya que un funcionario de policía primeramente es parte de un Cuerpo jerárquico y disciplinado, y que por este hecho en la mayoría de los casos tiene que ejecutar automáticamente las órdenes de un superior. Ahora bien, en muchos casos la ejecución inmediata de órdenes recibidas es primordial para hacer observar la ley. De todos modos, si un funcionario de policía sabe que una orden es ilegal, él debe abstenerse de ejecutarla.

A. 5 Es deber de todo funcionario de policía oponerse a todas las violaciones de la ley. Si estas violaciones son de tal naturaleza que supongan un perjuicio grave o inmediato o irreparable ha de actuar sin retardo para impedirlas de la mejor manera posible.

A. 6 Si no ha de tener ningún perjuicio grave e inmediato o irreparable, ha de esforzarse para evitar las consecuencias de estas violaciones o su repetición, avisando a sus superiores. Si esta medida no da resultado, ha de poder informar de este a una autoridad superior.

Estos artículos tratan de violaciones graves de la ley. La Declaración distingue dos tipos de violaciones. Hay primeramente violaciones de una naturaleza que llevan a un perjuicio inmediato o irreparable. El funcionario de policía debe, pues, senalar el delito y la justicia seguirá su curso.

A. 7 Ninguna medida legal o disciplinaria será adoptada contra un funcionario de policía que se haya negado a ejecutar una orden ilegal

El artículo séptimo emana del artículo cuarto. Si se afirma en la Declaración que un funcionario de policía debe abstenerse de ejecutar una orden ilegal, se sigue que él no debe ser objeto de ninguna sanción por este motivo. Se omite subrayar una vez más en el artículo que normalmente todas las órdenes deben ser ejecutadas; incumbe al funcionario de policía que no ha ejecutado una orden demostrar que él tenía motivos graves para actuar de tal suerte.

A. 8 Es deber de todo funcionario de policía negarse a participar en la búsqueda, arresto, custodia o transporte de personas buscadas, detenidas o perseguidas, sin que sean sospechosas de haber cometido un acto ilegal, por razón de su raza o de sus convicciones religiosas o políticas.

Se ha hecho un esfuerzo para conciliar dos escuelas de pensamiento. Por una parte, no se puede admitir que algunas gentes sean perseguidas en razón de su raza, de su religión o de sus convicciones políticas. Pero hay que decir también que cantidad de delitos son hoy cometidos por razones pretendidamente políticas. La redacción del artículo noveno de la Declaración debe, por consiguiente, permitir acusar por delitos de derecho común a los miembros de una organización política, por ejemplo, si son sospechosos de un crimen como la colocación de una bomba. Puede ser bueno subrayar que cuando los terroristas son buscados, es esencialmente porque han cometido delitos condenables según la ley.

Este artículo intenta subrayar que un funcionario de policía no debe detener a un individuo simplemente porque es judío o porque es miembro de una organización política; pero, al mismo tiempo, tiene cuidado de precisar que si la policía tiene razones de sospechar que un individuo ha cometido un acto ilegal, las consideraciones de raza, de convicciones políticas o de religión no deben impedirle investigar activamente a este individuo. La represión de la criminalidad y del terrorismo no debería efectuarse en detrimento de las libertades fundamentales por las cuales Europa ha luchado tanto. En efecto, los terroristas buscan frecuentemente desquiciar la sociedad a fin de obligarla a recurrir a métodos terroristas para combatir el terrorismo, provocando así el derrumbamiento de la sociedad civilizada. Tendremos que mantener la libertad política y religiosa, así como la tolerancia racial; al mismo tiempo, tendremos que poner todos los medios para detener las actividades de los terroristas.

A. 9 Todo funcionario de policía es personalmente responsable de sus actos y de los actos u omisiones que haya ordenado y que sean ilegales.

Esta frase es simple, pero rica en sentido. Refleja la doctrina jurídica y destruye las teorías según las cuales un policía puede parapetarse detrás de superiores desconocidos o ser protegido por reglamentos oscuros. Ella hace llevar claramente a cada funcionario de policía la responsabilidad de sus actos. Es una carga pesada, ciertamente, pero que lo valoriza en su calidad de ser humano.

Conviene tal vez añadir que el artículo décimo subraya la responsabilidad del funcionario de policía sin excluir, sin embargo, la de sus superiores. Un funcionario de policía puede, pues, ser objeto de sanciones procedentes del derecho penal. Sin embargo, por regla general, no debe ser tenido como responsable ante el derecho civil por actos perjudiciales tales como los accidentes de circulación que él ha causado durante el ejercicio de sus funciones. El Estado es, naturalmente, responsable en todos los casos de abuso o de exceso de poder de la policía.

A. 10 La vía jerárquica ha de estar claramente establecida. Ha de ser siempre posible dirigirse al superior responsable de los actos u omisiones de un funcionario de la policía.

Una vía jerárquica claramente establecida corresponde al interés de la policía. Este artículo está destinado a inspirar a los legisladores y a los gobiernos a no dirigirse personalmente a los funcionarios de policía. Se ha hecho, observar en el seno de la Comisión de cuestiones jurídicas, que en los Países Bajos, las órdenes recibidas por la policía emanaban de dos fuentes, el Ministerio de Justicia y el Ministerio del Interior. El peligro de este sistema es que la policía no tienda, si ella recibe órdenes contradictorias, a actuar por su propia iniciativa y a constituir una fuerza autónoma.

A.11 La legislación ha de prever un sistema de garantía y de recursos legales contra los perjuicios que puedan resultar de las actividades de la policía.

A. 12 En el ejercicio de sus funciones, el funcionario de policía ha de actuar con la decisión necesaria sin recurrir a la fuerza más allá de 1 razonable, para llevar a cabo un cometido exigido o autorizado por la ley.

En el ejercicio de sus funciones, la policía es a veces obligada a recurrir a la fuerza. Es importante subrayar que la policía no está autorizada a recurrir a cualquier medio de coacción. Si es impensable precisar los medios a los cuales puede ser necesario recurrir, es importante, sin embargo, subrayar que la policía no puede usar medios de coacción sino en una medida compatible con las circunstancias. En razón del poder considerable que detenta la policía, es importante subrayar que el prestigio de que disfruta la policía en la sociedad está en función de la manera en que hace uso de este poder.

A. 13 Es necesario dar a los funcionarios de policía instrucciones claras y precisas sobre la manera y las circunstancias en las que han de hacer uso de las sus armas.

La Comisión de cuestiones jurídicas no ignora que los policías ordinarios de Irlanda y del Reino Unido no están armados. Este artículo no les es aplicable. De todos modos como hay también policías armados en estos dos países y como, de forma general, los de los otros Estados Miembros lo están, el artículo es muy útil.

> *A. 14 Un funcionario de policía que esté custodiando a una persona que necesita atención médica ha de avisar al personal facultado y, llegado el caso, tomar las medidas para proteger la vida y la salud de la persona Ha de ajustarse a las instrucciones de los médicos y de otros miembros cualificados del personal sanitario si éstos estiman que un detenido ha de ser sometido a vigilancia médica.*

> *A. 15 Un funcionario de policía ha de guardar secreto de todas las cuestiones de carácter confidencial de las que tenga conocimiento, excepto que el ejercicio de sus funciones o de la ley le ordenen actuar de otra manera.*

Este artículo puede explicarse por un incidente ocurrido en los Países Bajos hace algunos años. Un diputado fue detenido por conducir en estado de embriaguez. Al registrar su coche, la policía descubrió una cartera conteniendo el texto de un discurso antialcohólico. Esta lo comunicó a la prensa y, al así hacerlo, infligió un grave golpe a la credibilidad del diputado y a su carrera política.

Se hizo observar en el seno de la Comisión de cuestiones jurídicas que algunos oficiales de policía eran pagados para transmitir rápidamente las informaciones a los medios de comunicación. Tales prácticas son manifiestamente condenables, puesto que ellas conducen a la corrupción (ver art. 2) y crean un clima de irritación y de sospecha en la misma policía,

> *A. 16 Todo funcionario de policía que se ajuste a las disposiciones de esta declaración tiene derecho al apoyo activo, tanto moral como material, de la colectividad en la que ejerce sus funciones.*

Las buenas relaciones entre la policía y el público son indispensables. Ninguna fuerza de mantenimiento del orden puede satisfacer correctamente su tarea, en el interés de todos, si no se beneficia del apoyo activo, tanto moral como material, de la comunidad en la cual ejerce sus funciones. Desgraciadamente, las relaciones entre la policía y el público se han degradado en el curso de los últimos decenios en la mayoría de nuestros Estados Miembros.

2. Estatuto

A.1 Las fuerzas de policía son un servicio público creado por la ley y encargado del mantenimiento del orden y de la aplicación de la ley.

Este artículo subraya que las fuerzas de la policía están instauradas en calidad de tales por la ley. La policía tiene por tarea vigilar el mantenimiento del orden. Este artículo insiste sobre este punto en razón de la amenaza que hacen pesar sobre las fuerzas de policía constituidas conforme a la ley las agencias privadas, que proliferan en nuestra sociedad. Si un buen número de estas agencias desempeña una función útil, es importante subrayar que la sociedad no debería ponerse en manos de estas agencias para protegerse, sino en manos de las fuerzas de policía constituidas conforme a la ley.

A.2 Cualquier ciudadano puede ingresar en la policía si reúne las condiciones exigidas.

A.3 El funcionario de policía ha de recibir una información general y profesional profunda, antes y durante su servicio, así como una enseñanza apropiada en materia de problemas sociales, libertades públicas, derechos humanos, principalmente por lo que hace referencia al Convenio Europeo de Derechos Humanos.

No hay ninguna duda de que la inculcación del respeto a los derechos humanos constituye un elemento esencial. La responsabilidad individual de un funcionario de policía es a menudo más pesada que toda la responsabilidad delegada o asumida por cualquiera que ejerza una profesión comparable. Ella exige, para ser ejercida convenientemente y con discernimiento, un sentido moral más elevado y un juicio sin fallos. La formación del personal de policía desempeña a este respecto, un papel primordial.

A.4 Las condiciones profesionales, psicológicas y materiales en las que el funcionario de policía ejerce sus funciones han de preservar su integridad, imparcialidad y dignidad.

A.5 El funcionario de policía tiene derecho a una remuneración justa, teniendo en cuenta algunos factores particulares, tales como la importancia del riesgo y de las responsabilidades, así como la irregularidad de los horarios de trabajo.

A.6 Los funcionarios de policía han de poder constituir organizaciones profesionales, afiliarse y participar activamente. Pueden igualmente, llevar a cabo un papel activo en otras organizaciones.

A.7 Condición de ser representativa, una organización profesional de la policía ha de poder:

- *Participar en las negociaciones relativas al estatuto profesional de los funcionarios de policía.*
- *Ser consultada sobre la gestión de los Cuerpos de policía.*
- *Emprender cualquier acción judicial a favor de un funcionario o de un grupo de funcionarios de policía.*

La Declaración no evoca el derecho de huelga. Aunque algunos miembros de la Comisión se declararon muy favorables a la atribución de todos los derechos sindicales (incluso el derecho de huelga) a la policía, una gran mayoría se opuso a este punto de vista. A condición de que no se prolongue y que un efectivo reducido continúe en su puesto, una huelga de los miembros de la policía no entorpece necesariamente el buen funcionamiento del servicio.

El Convenio Europeo de Derechos Humanos y el Pacto Internacional relativo a los derechos civiles y políticos limitan considerablemente la libertad de reunión pacifica y de asociación en lo que concierne a la policía. El art. 11 del Convenio de Derechos Humanos está redactado como sigue:

> « *A fin de garantizar o de promover la libertad para los trabajadores y los empresarios de constituir organizaciones locales, nacionales o internacionales, para la protección de sus intereses económicos y sociales y de adherirse a estas organizaciones, las Partes Contratantes se comprometen a que la legislación nacional no atente, ni sea aplicada de manera que atente a esta libertad. La medida en la cual las garantías previstas en el presente artículo se aplicarán a la policía estará determinada por la legislación o la reglamentación nacional. El principio de aplicación de estas garantías a los miembros de las fuerzas armadas y la medida en que ellas se aplicarán a esta categoría de personas están igualmente determinados por la legislación o la reglamentación nacional.* »

Estas restricciones son manifiestamente un tema de irritación para los funcionarios de policía, que estiman que se les rehusa un derecho fundamental acordado prácticamente a todo ciudadano.

No parece necesario, en nuestras sociedades democráticas, restringir exageradamente la libertad de asociación de los funcionarios de policía. Numerosos Estados Miembros del Consejo de Europa no imponen restricciones a los funcionarios de policía en lo que concierne a la libertad de asociación. Habrá que esperar que otros Estados Miembros sigan su ejemplo y que la Declaración les incitará a hacerlo. Parece más realista adoptar esta actitud que tratar de modificar cada uno de los tres instrumentos internacionales mencionados anteriormente. Será posible así dar satisfacción a las organizaciones de la policía que, en nombre de sus miembros, se han declarado tan firmemente opuestas a las restricciones de sus derechos.

A.8 Para un funcionario de policía el hecho de estar afiliado a una organización profesional o de participar en sus actividades no ha de serle perjudicial

A. 9 En el curso de una acción disciplinaria o penal ejercida contra él, un funcionario de policía tiene el derecho de ser escuchado y defendido por un ahogado. La decisión ha de ser tomada en un término razonable. Igualmente ha de poder solicitar la asistencia de la organización profesional a la que pertenece.

A.10 Un funcionario de policía que es objeto de una medida disciplinaria o de una sanción penal tiene derecho a recurrir a una organización independiente e imparcial o a un Tribunal.

Estos artículos son, de hecho, corolarios de los artículos de la primera parte de la Declaración que protegen a los ciudadanos contra los abusos de poder de la policía. Un funcionario de policía debe igualmente beneficiarse de una protección jurídica adecuada cuando se toman contra él sanciones disciplinarias o penales. Estos son los derechos fundamentales que es apenas necesario subrayar. De todos modos, hay que reconocer que esta protección puede tener una importancia particular para un funcionario de la policía que, por ejemplo, haya rehusado obedecer órdenes que él considere ilegales.

En caso de acción disciplinaria, puede ser importante que el representante de un sindicato de policía se reúna con el consejo disciplinario, pero esto no es, de todos modos esencial. Lo que es esencial es la independencia, así como la conciencia elevada, en el nivel moral y jurídico, del consejo disciplinario y hasta de cualquier instancia de apelación.

El funcionario de policía que es objeto de una sanción penal o disciplinaria debe tener el derecho de hacer apelación. No hay lugar para expresar una preferencia por un tribunal o una instancia de apelación particular. Algunos países pueden tener lo uno y lo otro. Lo que importa es garantizar la independencia y la imparcialidad de un órgano de esta clase.

A.11 Ante los tribunales, un funcionario de policía disfruta de los mismos derechos que el resto de los ciudadanos.

3. Guerra y otras situaciones de excepción

Es esencial que las fuerzas de policía continúen ejerciendo sus funciones en caso de guerra, de situación de excepción y de ocupación por una potencia extranjera, porque es, sobre todo en estas circunstancias, que la criminalidad corre el riesgo de aumentar de forma alarmante y puede ser particularmente necesario proteger a la población. Aún en caso de ocupación enemiga, las fuerzas de policía deben, en toda la medida posible, continuar asegurando sus funciones normales. No es ciertamente una tarea fácil. Los funcionarios de policía han sufrido coacciones morales e intelectuales muy fuertes en los Estados Miembros del Consejo de Europa que han sido ocupados durante la segunda guerra mundial y muchos han pasado por duras pruebas y graves crisis de conciencia. Su situación ha sido a menudo agravada por el hecho de que ellos se sentían aislados de sus colegas, actuando en toda buena fe, así como el resto de la población.

La parte tercera de la Declaración da directrices a la policía, así como a todos aquellos a quienes concierne las situaciones descritas a continuación. Algunas de estas directrices están enunciadas en los instrumentos internacionales, tales como el Cuarto Convenio de Ginebra relativo a la protección de personas civiles en tiempo de guerra.

La policía militar no está afectada por este Convenio. Si un funcionario de policía militar cae en poder del enemigo, debe ser considerado como prisionero de guerra en el sentido del Tercer Convenio de Ginebra relativo al tratamiento de prisioneros de guerra.

ARTÍCULOS Y COMENTARIOS

A.1 En caso de guerra y ocupación extranjera, el funcionario de policía ha de continuar asumiendo su papel de protección de las personas y de los bienes en interés de la población civil No ha de tener, pues, el estatuto de combatiente y las disposiciones del Tercer Convenio de Ginebra de 12 de agosto de 1949, relativas al trato de prisiones *de guerra, no le son aplicables.*

A.2 Las disposiciones del Cuarto Convenio de Ginebra de 12 de agosto de 1949, relativas a la protección de las personas civiles en tiempo de guerra, son aplicables a la policía civil.

A.3 La potencia ocupante no ha de ordenar a los funcionarios de policía que lleven a término cometidos distintos a los reseñados en el artículo 1 del presente capítulo.

A.4 En caso de ocupación, el funcionario de policía no ha de:

- *Tomar parte en acciones contra miembros de los movimientos de resistencia.*
- *Dar ayuda a la aplicación de medidas que tengan por objetivo utilizar a la población con finalidades militares y en la cuestión de instalaciones militares.*

Este artículo se inspira en el artículo 51 del Cuarto Convenio de Ginebra. La segunda y tercera frase del segundo párrafo del artículo 51 estipulan:

> «*Las personas protegidas no pueden ser coaccionadas a ningún trabajo que las obligue a tomar parte en operaciones militares. La Potencia ocupante no podrá forzar a las personas protegidas a asegurar por la fuerza la seguridad de las instalaciones donde ellas ejecutan un trabajo impuesto.*»

A. 5 Si un funcionario de policía dimite durante la ocupación enemiga porque se le obliga a ejecutar órdenes ilegítimas de la potencia ocupante, tales como las que se acaban de citar, que sean contrarias a los intereses de la población civil y lo hace por no tener otra alternativa, ha de ser reintegrado a las fuerzas de la policía en el momento en que la ocupación acabe, sin perder ninguno de los derechos o ventajas de los que se debiera beneficiar en caso de haberse mantenido en la policía.

Aunque, por lo general, los funcionarios de policía no deben dimisionar durante la ocupación enemiga, puede haber casos en que dicha dimisión esté justificada y hasta indicada. A menudo se tratará, para el funcionario de policía, de una decisión extremadamente difícil de tomar. Esta decisión podría, sin embargo, ser facilitada por una disposición que previera que él será reintegrado en la policía en cuanto la situación lo permita.

A.6 Durante o al final de la ocupación, un funcionario de policía no puede, en ningún caso, ser objeto de sanción penal o disciplinaria por haber ejecutado de buena fe órdenes de una autoridad considerada como competente, siempre que la ejecución de la orden incumba normalmente a la policía.

Las tres reservas indicadas intentan no retirar íntegramente la responsabilidad del funcionario de policía que, contra su voluntad, ejecuta una orden cualquiera porque le ha sido dada:

1. El funcionario de policía debe haber ejecutado la orden de buena fe
2. La orden debe emanar de una autoridad considerada como competente
3. La ejecución de esta orden incumbe normalmente a la policía

A.7 La potencia ocupante no puede imponer sanciones disciplinarias o judiciales contra funcionarios de la policía por el hecho de haber ejecutado, con anterioridad a la ocupación, órdenes dadas por las autoridades competentes.

Este artículo emana, entre otros, de los artículos 65, 67, y 70 del Cuarto Convenio de Ginebra, redactado como sigue:

Artículo 65

«*Las disposiciones penales dictadas por la Potencia ocupante no entrarán en vigor sino después de haber sido publicadas y llevadas a conocimiento de la población, en la lengua de ésta. Ellas no pueden tener efecto retroactivo.*»

Artículo 67

«*Los tribunales no podrán aplicar sino las disposiciones legales anteriores a la infracción y conforme a los principios generales del derecho, especialmente en lo que concierne al principio de la proporcionalidad de penas. Ellos deberán tomar en consideración el hecho que el acusado no es súbdito de la Potencia ocupante.*»

Artículo 70, párrafo 1

«*Las personas protegidas no podrán ser detenidas, perseguidas o condenadas por la Potencia ocupante por actos cometidos o por opiniones expresadas antes de la ocupación o durante una interrupción temporal de ésta, bajo reserva de infracciones a las leyes y a las costumbres de la guerra.*»

RESOLUCIÓN DE LA ASAMBLEA GENERAL DE LAS NACIONES UNIDAS. 17 DE DICIEMBRE DE 1979

CÓDIGO DE CONDUCTA para los responsables de la aplicación de las leyes

Considerando la Asamblea General que entre los propósitos proclamados en la Carta de las Naciones Unidas figura la realización de la cooperación internacional en el desarrollo y estímulo del respeto a los derechos humanos y a las libertades fundamentales para todos, sin hacer distinción por motivos de raza, sexo, idioma o religión.

Recordando, en particular, la Declaración Universal de Derechos Humanos y los pactos internacionales de derechos humanos.

Recordando asimismo la «Declaración sobre la protección de todas las personas contra la tortura y otros tratos y penas crueles, inhumanas o degradantes», aprobada por la Asamblea General en su Resolución 3452 (XXX), de 9 de diciembre de 1975.

Consciente de que la naturaleza de las funciones de aplicación de la Ley en defensa del orden público y la forma en que dichas funciones se ejercen, tienen una repercusión directa en la calidad de vida de los individuos y de la sociedad en su conjunto y consciente de las importantes tareas que los funcionarios encargados de hacer cumplir la Ley llevan a cabo concienzuda y dignamente, de conformidad con los principios de los derechos humanos y de las posibilidades de abuso que entraña el ejercicio de esas tareas.

Reconociendo que el establecimiento de un código de conducta para funcionarios encargados de hacer cumplir la Ley, es solamente una de varias medidas importantes, para garantizar la protección de todos los derechos e intereses de los ciudadanos a quienes dichos funcionarios sirven y consciente de que existen otros importantes principios y requisitos previos para el desempeño humanitario de las funciones de aplicación de la Ley, a saber:

a) Que, al igual que todos los organismos del sistema penal, todo órgano de aplicación de la Ley debe ser representativo de la comunidad en su conjunto, obedecerla y responder ante ella.

b) Que el mantenimiento efectivo de normas éticas por los funcionarios encargados de hacer cumplir la Ley depende de la existencia de un sistema de leyes bien conocido, aceptado popularmente y humanitario.

c) Que todo funcionario encargado de hacer cumplir la Ley, forma parte del sistema de justicia penal, cuyo objetivo consiste en prevenir el delito y luchar contra la delincuencia, y que la conducta de cada funcionario del sistema repercute en el sistema en su totalidad.

d) Que todo organismo de ejecución de la Ley, en cumplimiento de la primera norma de toda profesión, tiene el deber de la autodisciplina en plena conformidad con los principios y normas aquí previstos, y que todos los actos de los funcionarios encargados de hacer cumplir la Ley deben estar sujetos al escrutinio público, ya sea ejercido por una junta examinadora, un ministerio, una fiscalía, el poder judicial, un «ombudsman», un comité de ciudadanos o cualquier combinación de éstos, o por cualquier otro órgano examinador.

e) Que las normas en sí carecen de valor práctico a menos que su contenido y significado, mediante la educación y la capacitación, y mediante vigilancia, pasen a ser parte del credo de todo funcionario encargado de hacer cumplir la Ley.

Teniendo en cuenta todo lo cual, se ***APRUEBA*** *el Código de conducta para funcionarios encargados de hacer cumplir la Ley que figura en el* ***ANEXO*** *a la presente resolución y decide transmitirlo a los Gobiernos con la recomendación de que consideren favorablemente la posibilidad de utilizarlo en el marco de la legislación o la práctica nacionales como conjunto de principios que han de observar los funcionarios encargados de hacer cumplir la Ley.*

ANEXO

Art. 1º Los funcionarios encargados de hacer cumplir la Ley cumplirán en todo momento los deberes que les impone la Ley, sirviendo a su comunidad y protegiendo a todas las personas contra actos ilegales, en consonancia con el alto grado de responsabilidad exigido por su profesión.

Art. 2º En el desempeño de sus tareas, los funcionarios encargados de hacer cumplir la Ley, respetarán y protegerán la dignidad humana y mantendrán y defenderán los derechos humanos de todas las personas.

Art. 3º Los funcionarios encargados de hacer cumplir la Ley podrán usar la fuerza cuando sea estrictamente necesario y en la medida que lo requiera el desempeño de sus tareas.

Los funcionarios que se encargan de hacer cumplir la Ley, deberán ellos antes cumplir todos los deberes que les impone la misma Ley, porque sino ¿con qué autoridad moral podrán cumplir su misión?

Se pone un especial acento, en que en el oficio de hacer respetar la Ley, debe siempre estar protegida la dignidad humana, derecho inalienable, y los derechos humanos de todas las personas sin hacer diferencias de ningún tipo.

Se permite el uso de las armas pero con muchas restricciones. Que sea estrictamente necesario y sólo en la medida que se requiera, es decir, en total proporcionalidad con las circunstancias. En ello se verá la profesionalidad del policía.

Art. 4º *Las cuestiones de carácter confidencial de que tengan conocimiento los funcionarios encargados de hacer cumplir la Ley se mantendrán en secreto, a menos que el cumplimiento del deber o las necesidades de la justicia exijan estrictamente lo contrario.*

En muchas profesiones existe el secreto profesional, pero más en algunas como los médicos, abogados o policías. Fácilmente se enteran de muchas cosas, sobre todo de aspectos privados de las personas, los cuales no pueden usar ni comunicar si no es en cumplimiento del deber o para atender a necesidades de la justicia. Todo otro tipo de uso, es totalmente impropio e ilegal.

Art. 5º *Ningún funcionario encargado de hacer cumplir la Ley podrá infligir, instigar o tolerar ningún acto de tortura u otros tratos o penas crueles, inhumanos o degradantes, ni invocar la orden de un superior o circunstancias especiales, como estado de guerra o amenaza de guerra, amenaza a la seguridad nacional, inestabilidad política interna o cualquier otra emergencia pública, como justificación de la tortura u otros tratos o penas crueles, inhumanos o degradantes.*

Todo acto de tortura constituye una ofensa a la dignidad humana porque degrada a la persona que la recibe y a la que la aplica, y será condenado como violación de los propósitos de la Carta de las Naciones Unidas y de los derechos humanos y libertades fundamentales proclamados en la Declaración Universal de Derechos Humanos y otros instrumentos internacionales de derechos humanos.

Art. 6º *Los funcionarios encargados de hacer cumplir la Ley, asegurarán la plena protección de la salud de las personas bajo su custodia y, en particular, tomarán medidas inmediatas para proporcionar atención médica cuando se precise.*

Se entiende que los funcionarios encargados de hacer cumplir la Ley proporcionarán también atención médica a las víctimas de una violación de la Ley o de un accidente ocurrido en el curso de una violación de la Ley.

Art. 7° *Los funcionarios encargados de hacer cumplir la Ley no cometerán ningún acto de corrupción. También se opondrán rigurosamente a todos los actos de esa índole y los combatirán.*

Cualquier acto de corrupción, lo mismo que cualquier otro abuso de autoridad, es incompatible con la profesión de funcionario encargado de hacer cumplir la Ley. Debe aplicarse la Ley con todo rigor a cualquier funcionario encargado de hacerla cumplir que cometa un acto de corrupción, ya que los gobiernos no pueden pretender hacer cumplir la Ley a sus ciudadanos si no quieren aplicarla contra sus propios agentes y en sus propios organismos.

En este asunto tan delicado como es la corrupción, se debería tener muy claro lo que es compañerismo, solidaridad, falso espíritu de cuerpo y/o encubrimiento. Se debe ir con mucho cuidado, pensando que no sólo podemos hacer mucho daño al compañero sino también al cuerpo, que por estas razones se degrada muy fácilmente, pagando justos por pecadores.

Art. 8° *Los funcionarios encargados de hacer cumplir la Ley, respetarán la Ley y el presente Código. También harán cuanto esté a su alcance por impedir toda violación de ellos y por oponerse rigurosamente a tal violación.*

Se invoca el cumplimiento de la ley por parte del funcionario, no ya sólo como un ciudadano más, sino por mucho mayor motivo al ser su oficio el de hacer cumplir la ley. No sólo la cumplirá de una manera ejemplar por su oficio, sino que también impedirá y se opondrá. Con los medios que haga falta, a toda violación de la misma ley.

DOCUMENTOS NACIONALES

Constitución Española de 1978

«Título IV. Del Gobierno y de la Administración

Artículo 104. 1. *Las Fuerzas y Cuerpos de seguridad, bajo la dependencia del Gobierno, tendrán como misión proteger el libre* *ejercicio de los derechos y libertades y garantizar la seguridad ciudadana.*

2. *Una ley orgánica determinará las funciones, principios básicos de actuación y estatutos de las Fuerzas y Cuerpos de seguridad.*»

Los Cuerpos y Fuerzas de la Seguridad del Estado, bajo la dependencia del Gobierno, tienen constitucionalmente atribuida la misión de proteger el libre ejercicio de los derechos y libertades de todos los españoles y, al propio tiempo, garantizar su seguridad.

De ahí la importancia que tiene el que la actuación individual o colectiva de los miembros de los Cuerpos y Fuerzas de la Seguridad esté presidida en todo momento por la voluntad inequívoca de servir a ese mandato constitucional desde presupuestos de responsabilidad y eficacia.

Para los profesionales que día a día se esfuerzan por llenar de contenido la acción policial destinada a proporcionar el mejor servicio a la sociedad, nada más útil y necesario que el recuerdo permanente de los principios, el espíritu y el articulado de la Constitución Española. Con este norte y guía, su trabajo constituirá una inestimable contribución al afianzamiento de las esencias democráticas, la convivencia de los ciudadanos en paz y orden y el ensanchamiento de los fecundos caminos de la libertad.

En el segundo apartado se recuerda que queda como cuestión pendiente una ley orgánica que determine con precisión la actuación de dichos Cuerpos y Fuerzas.

ORDEN del MINISTERIO de INTERIOR 30 de Septiembre de 1981 Sobre Principios Básicos de Actuación de los Miembros de las Fuerzas y Cuerpos de Seguridad del Estado

«Los principios de justicia, libertad y seguridad, proclamados por la Constitución Española, tienen en las Fuerzas y Cuerpos de la Seguridad del Estado uno de los pilares básicos, al encomendarse a éstos, en la primera norma legal, la protección del libre ejercicio de los derechos y libertades y la garantía de la seguridad ciudadana.

El Consejo de Europa, en su Resolución 690, relativa a la *Declaración sobre la policía*, ha fijado con carácter general estos principios, por lo que se hace necesario un acuerdo que, respetando los cometidos que por su naturaleza militar tiene la Guardia Civil y reconociendo el principio de reserva de Ley proclamado en la Constitución, cubra el vacío existente en nuestro ordenamiento jurídico —*con carácter provisional hasta que se dicte la norma legal de rango adecuado, que, una vez aprobada por el gobierno, será sometida al Congreso, según lo previsto en el artículo 88 de la Constitución*— y constituyan fuente de inspiración de la policía, de promoción legislativa y de desarrollo de las competencias que en materia de seguridad ciudadana han de corresponder a las Fuerzas y Cuerpos de Seguridad del Estado.»

En consecuencia se acuerda establecer como principios básicos de actuación de las Fuerzas y Cuerpos de Seguridad del Estado 28 artículos que indican el tipo de conducta que se espera de dichas Fuerzas y Cuerpos de Seguridad. Esta orden, provisionalmente, ya cumple el mandato constitucional, pudiéndose afirmar que, desde este momento, la policía ya disponía de un verdadero decálogo de ética policial basado en los siguientes puntos en que podemos agrupar los 28 artículos de que consta la orden:

1º. RESPETO A LA LEY. Art. 1, 7 y 28.

Constitución, leyes y reglamentos impidiéndose cualquier práctica abusiva, arbitraria o discriminatoria.

2º. DEFENSA DE LOS DERECHOS HUMANOS. Art. 2 y 4.

Defensa de la Dignidad Humana y Derechos Humanos, en contra de la tortura, malos tratos y penas crueles.

3º. EMPLEO RACIONAL DE LA FUERZA. Art. 10.

4º. SECRETO PROFESIONAL. Art. 15.

5º. FACILITAR ASISTENCIA MÉDICA A LOS DETENIDOS. Art. 9.

6º. INTEGRIDAD E IMPARCIALIDAD. Art. 5, 8 y 18.

En contra de la corrupción e imparcialidades. Hay que ser neutrales políticamente. No se debe discriminar por razón de raza, convicciones religiosas o políticas.

7º. JERARQUÍA Y SUBORDINACIÓN. Art. 6 y 12.

a) Con sujeción a los órganos judiciales, en su calidad de policía judicial.

b) Con sujeción a los superiores jerárquicos, ejecutando las órdenes legales reglamentarias formuladas.

8º. RESPONSABILIDAD PERSONAL Art. 3, 16 y 17.

a) Todo funcionario de policía es personalmente responsable de los actos u omisiones que haya ordenado y que sean ilegales.

b) No estarán obligados a cumplir órdenes, manifiestamente contrarias a las leyes o que constituyan delito.

c) Independientemente de la responsabilidad penal, pueden recaer sanciones administrativas.

9º. DEDICACIÓN PERMANENTE. Art. 13 y 14.

Intervenir siempre, en cualquier tiempo y lugar, se hallaren o no de servicio, en defensa de la Ley y el Orden.

10º. TRATO CORRECTO CON EL PÚBLICO. Art. 11

Los artículos 19 a 27 hablan del Estatuto y pueden verse en el Anexo.

DIRECCIÓN DE LA SEGURIDAD DEL ESTADO

INSTRUCCIÓN sobre la utilización de armas de fuego. Abril 1983

La utilización de armas de fuego reglamentarias por los miembros de las Fuerzas y Cuerpos de Seguridad del Estado viene suscitando diversas controversias, especialmente, cuando su uso causa la muerte o lesiones graves de personas. Por otra parte, el uso indebido de armas, cuando se produce un resultado lesivo para personas inocentes, genera apertura de procedimiento criminal en el que el miembro de las Fuerzas y Cuerpos de Seguridad del Estado puede ser condenado a penas graves, y, en este sentido, existe una sólida doctrina jurisprudencial, que fija la responsabilidad penal del que usa indebidamente armas de fuego.

Como antecedentes normativos inmediatos de esta materia figuran los Principios Básicos de Actuación de los miembros de las Fuerzas y Cuerpos de Seguridad del Estado, aprobados por acuerdo del Consejo de Ministros de 4 de septiembre de 1981, y publicados por Orden del Ministerio del Interior de 30 de septiembre del mismo año, y las instrucciones dictadas por el director de la Seguridad del Estado sobre controles policiales en carreteras y vías urbanas.

Parece, por ello, oportuno y necesario concretar los casos y las circunstancias en las que dichos miembros pueden y deben hacer uso de su arma reglamentaria, excepción hecha de los supuestos de legítima defensa propia o ajena, en los que legalmente no es dudosa su utilización.

Se trata, en consecuencia, prioritariamente, de llenar el vacío normativo existente en la materia, conseguir las mayores cotas de seguridad para la colectividad y garantías suficientes para los propios miembros de los Cuerpos y Fuerzas de Seguridad, al mismo tiempo que da cumplimiento a lo dispuesto en la Declaración sobre la Policía del Consejo de Europa, aprobada por la Asamblea Parlamentaria de 8 de mayo de 1979, en cuyo apartado A), número 13, se expresa: «Es necesario dar a los funcionarios de Policía instrucciones claras y precisas sobre la forma y circunstancias en las que deben hacer uso de sus armas.»

En su virtud, de acuerdo con lo dispuesto en mencionada Declaración sobre la Policía, teniendo en cuenta el derecho a la vida y a la integridad física que consagra la Constitución Española y con objeto de que la Policía haga compatible el ejercicio de su función de proteger los derechos y libertades, con la garantía de la seguridad ciudadana, los miembros de los Cuerpos y Fuerzas de Seguridad del Estado se atendrán en el uso de sus armas de fuego a:

REGLAS SOBRE EL USO DE ARMAS DE FUEGO

Los miembros de los Cuerpos y Fuerzas de Seguridad del Estado pueden utilizar sus armas de fuego ante una agresión ilegítima que se lleve a cabo contra el agente de la autoridad o terceras personas, siempre que concurran las siguientes circunstancias:

1. *Que la agresión sea de tal intensidad y violencia que ponga en peligro la vida o la integridad corporal de la persona o personas atacadas.*
2. *Que el agente de la autoridad considere necesario el uso de arma de fuego para impedir o repeler la agresión.*
3. *El uso del arma de fuego ha de ir precedido, si las circunstancias concurrentes lo permiten, de conminaciones dirigidas al agresor*

para que abandone su actitud y de advertencia de que se halla ante un agente de la autoridad, cuando este carácter fuere desconocido para el atacante.

4. *Si el agresor continúa o incrementa su actitud atacante, a pesar de las conminaciones, se debe efectuar, por este orden, disparos al aire o al suelo, par que deponga su actitud.*

5. *En última instancia, ante el fracaso de los medios anteriores, o bien cuando por la rapidez, violencia y riesgo que entrañe la agresión no haya sido posible su empleo, se debe disparar sobre partes no vitales del cuerpo del agresor, atendiendo siempre al principio de que el uso del arma cause la menor lesividad posible.*

6. *Sólo en supuestos de delito grave los miembros de los Cuerpos y Fuerzas de Seguridad del Estado, ante la fuga de un presunto delincuente que huye, deben utilizar su arma de fuego en la forma siguiente:*

   a) Disparando únicamente al aire, o al suelo, con objeto exclusivamente intimidatorio —previas las conminaciones y advertencias de que se entregue a la policía— para lograr la detención, teniendo, previamente, la certeza de que con tales disparos, por el lugar en que se realicen, no pueda lesionarse a otras personas y siempre que se entienda que la detención no puede lograrse de otro modo.

   b) Disparando, en última instancia, a partes no vitales del cuerpo del presunto delincuente, siempre que concurran todas y cada una de las circunstancias anteriores, cuando le conste al agente de la autoridad, además de aquellas, la extrema peligrosidad del que huye, por hallarse provisto de un arma de fuego, explosivos o arma blanca susceptible de causar daño grave, siempre teniendo en cuenta el tema de la menor lesividad posible y el de que es preferible no detener a un delincuente que lesionar a un inocente.

Si se duda de la gravedad del delito, o no es clara la identidad del delincuente, no se debe disparar.

LEY ORGÁNICA 2/1986, DE 13 DE MARZO, DE FUERZAS Y CUERPOS DE SEGURIDAD

PREÁMBULO

Como continuación a los Principios Básicos de Actuación de los miembros de las Fuerzas y Cuerpos de la Seguridad del Estado y respondiendo fundamentalmente al mandato del artículo 104 de la Constitución, la presente Ley tiene, efectivamente, en su mayor parte carácter de Ley Orgánica y pretende ser omnicomprensiva, acogiendo la problemática de las Fuerzas y Cuerpos de la Seguridad del Estado, de las Comunidades Autónomas y de las Corporaciones Locales.

El objetivo principal de la Ley se centra en le diseño de dos líneas que abarcan, por una parte, la eficacia operativa y, por otra, actitudes éticas.

Prestando nuestra atención e este último aspecto, la Ley establece unos Principios Básicos de Actuación y fija unos Criterios Estatutarios fundamentales, comunes a todos los Cuerpos de Seguridad, siguiendo las directrices marcadas por el Consejo de Europa, en su Declaración sobre la Policía y por la Asamblea General de las Naciones Unidas, en el Código de Conducta para funcionarios encargados de hacer cumplir la Ley.

Estas líneas maestras se resumen en el Título I, capítulos II y III, y pretenden ser un auténtico Código Deontológico de la Policía.

TÍTULO PRIMERO

Capítulo II. Principios Básicos de Actuación

Artículo 5º

Son principios básicos de actuación de los miembros de las Fuerzas y Cuerpos de Seguridad los siguientes:

1. ***Adecuación al ordenamiento jurídico:***

a) Ejercer su función con absoluto respeto a la Constitución y al resto del ordenamiento jurídico.

b) Actuar, en el cumplimiento de sus funciones, con absoluta neutralidad política e imparcialidad y, en consecuencia, sin discriminación alguna por razón de raza, religión u opinión.

c) Actuar con integridad y dignidad. En particular, deberán abstenerse de todo acto de corrupción y oponerse a él resueltamente.

d) Sujetarse en su actuación profesional a los principios de jerarquía y subordinación. En ningún caso, la obediencia debida podrá amparar órdenes que entrañen la ejecución de actos que manifiestamente constituyan delito o sean contrarios a la Constitución o a las Leyes.

e) Colaborar con la Administración de Justicia y auxiliarla en los términos establecidos por la Ley.

1. **Relaciones con la Comunidad.** *Singularmente:*

a) Impedir, en el ejercicio de su actuación profesional, cualquier práctica abusiva, arbitraria o discriminatoria que entrañe violencia física o moral.

b) Observar en todo momento un trato correcto y esmerado en sus relaciones con los ciudadanos, a quienes procurarán auxiliar y proteger, siempre que las circunstancias lo aconsejen o fueren requeridos para ello. En todas sus intervenciones, proporcionarán información cumplida, y tan amplia como les sea posible, sobre las causas y finalidad de las mismas.

c) En le ejercicio de sus funciones deberán actuar con la decisión necesaria, y sin demora cuando de ella dependa evitar un daño grave, inmediato e irreparable; rigiéndose al hacerlo por los principios de congruencia, oportunidad y proporcionalidad en la utilización de los medios a su alcance.

d) Solamente deberán utilizar las armas en las situaciones en que exista un riesgo racionalmente grave para su vida, su integridad física o las de terceras personas, o en aquellas circunstancias que puedan suponer un grave riesgo para la seguridad ciudadana y de conformidad con los principios a que se refiere el apartado anterior.

1. **Tratamiento de detenidos**, *especialmente:*

a) Los miembros de las Fuerzas y Cuerpos de Seguridad deberán identificarse debidamente como tales en el momento de efectuar una detención.

b) Velarán por la vida y la integridad física de las personas a quienes detuvieren o que se encuentren bajo su custodia y respetarán el honor y la dignidad de las personas.

c) Darán cumplimiento y observarán con la debida diligencia los trámites, plazos y requisitos exigidos por el ordenamiento jurídico, cuando se proceda a la detención de una persona.

1. ***Dedicación profesional***

Deberán llevar a cabo sus funciones con total dedicación, debiendo intervenir siempre, en cualquier tiempo y lugar, se hallaren o no de servicio, en defensa de la Ley y de la seguridad ciudadana.

2. ***Secreto profesional***

Deberán guardar riguroso secreto respecto a todas las informaciones que conozcan por razón o con ocasión del desempeño de sus funciones. No estarán obligados a revelar las fuentes de información salvo el ejercicio de sus funciones o las disposiciones de la Ley les impongan actuar de otra manera.

3. ***Responsabilidad***

Son responsables personal y directamente por los actos que en su actuación profesional llevaren a cabo, infringiendo o vulnerando las normas legales, así como las reglamentarias que rijan su profesión y los principios enunciados anteriormente, sin perjuicio de la responsabilidad patrimonial que pueda responder a las Administraciones Públicas por las mismas.

Capítulo III. Disposiciones estatutarias comunes

Artículo 6º

1. ***Promoción profesional.*** *Los Poderes Públicos promoverán las condiciones más favorables para una adecuada promoción profesional, social y humana de los miembros de las Fuerzas y Cuerpos de Seguridad, de acuerdo con los principios de objetividad, igualdad de oportunidades, mérito y capacidad.*

2. ***Formación y perfeccionamiento.*** *La formación y perfeccionamiento de los miembros de las Fuerzas y Cuerpos de Seguridad, se adecuarán a los principios señalados en el artículo 5º y se ajustarán a los siguientes criterios:*

a) Tendrán carácter permanente y profesional.

b) Los estudios que se cursen en los centros de enseñanza dependientes de las diferentes Administraciones Públicas podrán ser objeto de convalidación por el Ministerio de Educación y Ciencia, que a tal fin tendrá en cuenta las titulaciones exigidas para el acceso a cada uno de ellos y la naturaleza y duración de dichos estudios.

c) Para impartir las enseñanzas y cursos referidos se promoverá la colaboración institucional de la Universidad, el Poder Judicial, el Ministerio Fiscal, las Fuerzas Armadas y de otras instituciones, Centros o establecimientos que específicamente interesan a los referidos fines docentes.

*1. **Acatamiento a la Constitución.** Los miembros de las Fuerzas y Cuerpos de Seguridad deberán jurar o prometer acatamiento a la Constitución como norma fundamental del Estado.*

*2. **Remuneración justa.** Tendrán derecho a una remuneración justa, que contemple su nivel de formación, régimen de incompatibilidades, movilidad por razones de servicio, dedicación y el riesgo que comporta su misión, así como su especificidad de los horarios de trabajo y su peculiar estructura.*

*3. **Horario de servicio.** Reglamentariamente se determinará su régimen su régimen de horario de servicio, que se adaptará a las peculiares características de la función policial.*

*4. **Puestos de responsabilidad.** Los puestos de servicio en las respectivas categorías se proveerán conforme a los principios de mérito, capacidad y antigüedad, a tenor de lo dispuesto en la correspondiente reglamentación.*

*5. **Incompatibilidades.** La pertenencia a las Fuerzas y Cuerpos de Seguridad es causa de incompatibilidad para el desempeño de cualquier otra actividad pública o privada, salvo aquellas actividades exceptuadas de la legislación sobre incompatibilidades.*

*6. **Prohibición de Huelga.** Loa miembros de las Fuerzas y Cuerpos de Seguridad no podrán ejercer en ningún caso el derecho de huelga, ni acciones sustitutivas del mismo o concertadas con el fin de alterar el normal funcionamiento de los servicios.*

*7. **Régimen disciplinario.** Sin perjuicio de la observancia de las debidas garantías, estará inspirado en unos principios acordes con la misión fundamental que la Constitución les atribuye y con la* *estructura y organización jerarquizada y disciplinada propias de los mismos.*

Artículo 7º

Garantías legales:

*1. **Agente de la Autoridad:** En el ejercicio de sus funciones, los miembros de la Fuerzas y Cuerpos de Seguridad tendrán a todos los efectos legales el carácter de Agentes de la Autoridad.*

*2. **Autoridad.** Cuando se comete delito de atentado, empleando en su ejecución armas de fuego, explosivos u otros medios de agresión de análoga peligrosidad, que puedan poner en peligro grave la integridad física de los miembros de las Fuerzas y Cuerpos de Seguridad, tendrán al efecto de su protección penal la consideración de autoridad.*

*3. **Fuerza armada.** La Guardia Civil sólo tendrá consideración de fuerza armada en el cumplimiento de las misiones de carácter militar que se le encomienden, de acuerdo con el ordenamiento jurídico.*

Artículo 8º

*1. **Jurisdicción ordinaria** será competente para conocer de los delitos que se cometan contra los miembros de las Fuerzas y Cuerpos de Seguridad, así como de los cometidos por éstos en el ejercicio de sus funciones.*

Iniciadas unas actuaciones por los Jueces de Instrucción, cuando éstos entiendan que existen indicios racionales de criminalidad por la conducta de miembros de Fuerzas y Cuerpos de Seguridad, suspenderán sus actuaciones y remitirán a la Audiencia Provincial correspondiente, que será la competente para seguir la instrucción, ordenar, en su caso el procesamiento y dictar el fallo que corresponda.

Cuando el hecho fuere constitutivo de falta, los Jueces de Instrucción serán competentes para la instrucción y fallo, de conformidad con las normas de la Ley de Enjuiciamiento Criminal.

Se exceptúan de lo dispuesto en los párrafos anteriores los supuestos en que sea competente la jurisdicción militar.

*2. **Cumplimiento en prisiones con separación.** El cumplimiento de la prisión preventiva y de las penas privativas de libertad por los miembros de las Fuerzas y Cuerpos de Seguridad se realizará en establecimientos penitenciarios ordinarios, con separación del resto de los detenidos o presos.*

*3. **Expedientes disciplinarios.** La iniciación de procedimiento penal contra miembros de las Fuerzas y Cuerpos de Seguridad no impedirá la incoación y tramitación de expedientes gubernativos o disciplinarios por los mismos hechos. No obstante, la resolución definitiva del expediente sólo podrá producirse cuando la sentencia recaída en ámbito penal sea firme, y la declaración de hechos probados vinculará a la Administración. Las medidas cautelares que puedan adoptarse en estos supuestos podrán prolongarse hasta que recaiga resolución definitiva en el procedimiento judicial, salvo en cuanto a la suspensión del sueldo, en que se estará a lo dispuesto en la legislación general de funcionarios.*

REAL DECRETO 884/89, DE 14 JULIO, POR EL QUE SE APRUEBA EL REGLAMENTO DE RÉGIMEN DISCIPLINARIO DEL CUERPO NACIONAL DE POLICÍA

La Ley Orgánica 2/1986, de 13 de marzo, de Fuerzas y Cuerpos de Seguridad, estableció las bases y directrices de un nuevo régimen disciplinario para el Cuerpo Nacional de Policía, previendo asimismo que, transitoriamente, y en los aspectos no regulados en la misma, le sería de aplicación lo preceptuado en el Real Decreto 1346/1984, de 11 de julio.

El desarrollo del nuevo régimen disciplinario viene pues impuesto por la Ley Orgánica citada, y ha de ajustarse a los principios básicos de actuación y a los deberes y obligaciones que impone el servicio público de proteger el libre ejercicio de los derechos y libertades y garantizar la seguridad ciudadana.

Con este Reglamento se dota a dicho Cuerpo de un régimen disciplinario que respetando las garantías procedimentales exigidas por la Constitución, configura una reglamentación específica, rápida y eficaz, inspirada en principios acordes con la estructura y organización jerarquizada del Cuerpo, con el propósito de conseguir la ejemplaridad, a través de la inmediación de las sanciones.

Debe indicarse, finalmente, que se han adoptado los nuevos criterios que inspiran la legislación general de los funcionarios públicos y la jurisprudencia de los Tribunales, que garantizan los derechos de los funcionarios del Cuerpo Nacional de Policía.

En virtud de lo dispuesto en el artículo 97 de la Constitución, en los artículos 6º-9, 8º-3, 27, 28 y en la disposición adicional tercera, apartado primero de la citada Ley Orgánica, a propuesta del Ministro de Interior, previo informe del Consejo de Policía, con aprobación del Ministro para las Administraciones Públicas, de acuerdo con el Consejo de Estado y previa deliberación del Consejo de Ministros en su reunión del día 14 de julio de 1989, dispongo:

Artículo único. *Se aprueba el Reglamento de Régimen Disciplinario del Cuerpo Nacional de Policía, en desarrollo y ejecución de la Ley Orgánica 2/1986, de 13 de marzo, de Fuerzas y Cuerpos de Seguridad.*

Como se puede comprobar, cuando salió la Ley Orgánica 2/86, se promulgó como dijimos en su momento el Código Deontológico de la policía española y a la vez se habló de su estatuto y normas disciplinarias. Sin embargo, habiendo quedado aspectos sin tocar, se dispuso que transitoriamente, dichos aspectos se rigiesen por lo preceptuado en el Real Decreto 1346/ 1984, de 11 de julio.

Los criterios que han regido estas nuevas disposiciones han sido que fuera una regulación específica, rápida y eficaz, con el propósito de conseguir la ejemplaridad, a través de la inmediación de las sanciones.

DECRETO 18/1995, DE 24 DE ENERO, DEL GOBIERNO VALENCIANO, REGULADOR DE LOS CRITERIOS DE UTILIZACIÓN DEL EQUIPO DE AUTODEFENSA Y EL ARMAMENTO POR LAS POLICÍAS LOCALES

El Real Decreto 137/1993, de 29 de enero, aprueba el Reglamento de Armas, y en él se modifican aspectos sobre la fabricación, comercio, tenencia y uso de armas, con el fin de adaptar esta materia a las diversas normas que han ido apareciendo y a los modernos avances de la técnica.

La necesaria amplitud con que se tratan estos temas en el mencionado reglamento hace preciso que determinadas cuestiones, como la de los criterios que deban tener en cuenta los funcionarios de las policías locales en cuanto el uso de las armas y elementos de defensa, sean establecidas por las administraciones públicas competentes en cada caso.

Por otro lado, las armas a las que se refiere el presente decreto son las clasificadas como de primera categoría (armas de fuego cortas) con que se dota al personal de las policías locales o que puedan particularmente adquirir, con arreglo al Reglamento de Armas.

De la Ley Orgánica 2/1986, de 13 de marzo, de Fuerzas y Cuerpos de Seguridad, así como la Ley de la Generalitat Valenciana 2/1990, de 4 de abril, de Coordinación de Policías Locales de la Comunidad Valenciana, se deriva que corresponde ésta a la competencia para determinar las normas comunes de funcionamiento de las policías locales, aspecto en el cual está incluido, sin duda, el relativo al modo de usar las armas y equipo de defensa de que están dotados estos cuerpos.

Por ello, se considera fundamental establecer una regulación, clara y precisa, de la cuestión, dadas sus innegables repercusiones en la seguridad y tranquilidad ciudadanas y en el pacífico desenvolvimiento de los derechos.

A este respecto, y teniendo en cuenta los principios básicos contenidos en el artículo 5º de la Ley Orgánica de Fuerzas y Cuerpos de Seguridad, se ha partido de la base de procurar la menor perturbación de los derechos individuales, limitando al máximo el uso de armas y equipos de defensa.

Quedan excluidos del ámbito de aplicación de este reglamento, y se regirán por la normativa especial dictada al efecto, la adquisición, tenencia y uso de armas por las fuerzas armadas y las fuerzas y cuerpos de seguridad del Estado. Para el desarrollo de sus funciones también quedan excluidos los establecimientos e instalaciones de dichas fuerzas y cuerpos.

Por ello, previo informe de la Comisión de Coordinación de Policías Locales de la Comunidad Valenciana, a propuesta del conseller de Administración Pública y previa deliberación del Gobierno Valenciano, se aprueba dicha reglamentación.

Este Decreto se aprueba como hemos podido ver, con el fin de aunar las diferentes normas que habían ido apareciendo y recoger los modernos avances de la técnica

Con ello se quiere establecer una regulación clara y precisa, dadas sus innegables repercusiones en la seguridad y tranquilidad ciudadanas y en el pacífico desenvolvimiento de los derechos. Partiéndose de la base de procurar la menor perturbación de dichos derechos individuales.

Este sólo, para policías locales de la Comunidad y se ha hecho a partir de la Ley Orgánica 2/1986 y de la Ley de la Generalitat Valenciana 2/1990, de 4 de abril.

Capítulo XII

Líneas fundamentales de la deontología policial en la España actual: comentario

Código Deontológico de la Policía Española. Principios Básicos de Actuación según la Ley Orgánica 2/1986 de 13 de marzo

En el capítulo anterior, en el análisis de documentos, ya vimos de una manera general los artículos de este código deontológico. Ahora, trataremos de analizarlos, detenidamente, viendo lo que implican.

Explica la Ley Orgánica en su artículo 5º: que ***los principios de actuación de los miembros de las Fuerzas y Cuerpos de Seguridad son los siguientes***:

1. Adecuación al Ordenamiento Jurídico

a) Ejercer su función con absoluto respeto a la Constitución y al resto del Ordenamiento Jurídico

El art. 9-1 de la Constitución Española fija que los *ciudadanos y poderes públicos están sujetos a la Constitución y al resto del Ordenamiento Jurídico.*

El art. 103.1 de la CE establece:

> «*La administración pública sirve con objetividad los intereses generales y actúa de acuerdo con los principios de eficacia, jerarquía, descentralización, desconcentración y coordinación, con sometimiento pleno a la ley y al derecho.*»

El Ordenamiento Jurídico debe ser considerado como el conjunto de leyes del Estado, así como de los órganos del mismo, y cuyos valores superiores son *la libertad, la justicia, la igualdad y el pluralismo político* (art. 1 de la CE). La adecuación al ordenamiento jurídico, supone, por lo tanto, adaptarse a sus principios orientadores.

La Sentencia 101/83 del Tribunal Constitucional de 18 de noviembre, sienta que «*la sujeción a la Constitución es una consecuencia obligada de su carácter de forma suprema, que se traduce en un deber de distinto signo para los ciudadanos y los poderes públicos; mientras los primeros tienen un deber general negativo de abstenerse de cualquier actuación que vulnere la Constitución, sin perjuicio de los supuestos en que la misma establece deberes positivos* (art. 30 y 31 de la CE entre otros), *los titulares de los poderes públicos tienen, además, un deber general positivo de realizar sus funciones de acuerdo con la Constitución, es decir, que el acceso al cargo implica un deber positivo de acatamiento entendido como respeto a la misma.*»

b) Actuar, en el cumplimiento de sus funciones, con absoluta neutralidad política e imparcialidad y, en consecuencia, sin discriminación alguna por razón de raza, religión u opinión

Ya lo introduce el art. 14 de la CE al decir que «*los españoles son iguales ante la Ley, sin que pueda prevalecer discriminación alguna por razón de nacimiento, raza, sexo, religión, opinión o cualquier otra condición o circunstancia personal o social.*»

La Ley Orgánica 8/83 de 25 de junio, de reforma urgente y parcial del Código Penal, incluye en el art. 165 que penaliza los comportamientos discriminatorios por razones étnicas, de raza, religión y opinión política o sindical o por razón de origen, sexo y situación familiar.

Según el vigente Código Penal en su art. 510 castiga con la pena de prisión de uno a tres años y multa de seis a doce meses a: «*Los que provocaren a la discriminación, al odio o a la violencia contra grupos o asociaciones, por motivos racistas, antisemitas u otros referentes a la ideología, religión o creencias, situación familiar, la pertenencia de sus miembros a una etnia o raza, su origen nacional, su sexo, orientación sexual, enfermedad o minusvalía.* En el art. 511 referido a los funcionarios dice: *Incurrirá en la pena de prisión de seis meses a dos años y multa de doce a veinticuatro meses e inhabilitación especial para empleo o cargo público por tiempo de uno a tres años el particular encargado de un servicio público que deniegue a una persona una prestación a la que tenga derecho por razón de su ideología, religión o creencias, su pertenencia a una etnia o raza, su origen nacional, su sexo, orientación sexual, situación familiar, enfermedad o minusvalía.»*

La imparcialidad en la gestión funcionarial proporciona la seguridad del buen gobierno de las Instituciones Democráticas. Dentro de esta imparcialidad debe ponerse especial acento en la neutralidad política, que no quiere decir que uno renuncie a sus principios políticos. El funcionario de policía será respetuoso con la gestión política elegida democráticamente que en cada momento gobierne, que incluso puede ser contraria a su ideología. Dicho funcionario, tiene obligación moral y profesional de servir al proyecto político que en cada momento la sociedad haya votado. Este respeto supone la mayor garantía de estabilidad democrática y también lo que podríamos llamar la verdadera servidumbre y grandeza de la profesión, pudiendo ocurrir que el funcionario milite en alguna formación política de la oposición.

Es poco serio y no dignifica ni a la profesión ni a la persona el oportunismo y la falta de principios que supone subirse al carro del ganador para mejorar su estatus profesional.

Estamos en contra de aquellos que ejercen deslealmente sus funciones, dificultando la labor del gobierno y/o abandonándose a la crítica sistemática.

Resumiendo, afirmamos que la neutralidad política de la policía es una buena garantía de la estabilidad de una administración democrática.

c) Actuar con integridad y dignidad. En particular, deberán abstenerse de todo acto de corrupción y oponerse a él resueltamente

Una conducta íntegra y digna excluye, radicalmente, la corrupción en toda la extensión del término. No se puede ser íntegro y digno y a la vez ser corrupto.

Integro es lo que no le falta ninguna de sus partes. Un policía íntegro, será aquel que como policía lo tiene todo, que no ha claudicado en ningún aspecto. El término integridad es una acumulación de todas las virtudes profesionales que debe poseer un verdadero profesional. Integro es el que respeta todas las normas establecidas, no tanto la letra como el espíritu de dichas normas, que es leal, disciplinado, solidario, veraz, justo, etc. La integridad es difícil de conseguir y de mantener.

La persona digna es la que tiene un comportamiento serio y mesurado, supone gravedad y decoro. La persona digna se valora internamente y quiere que los demás le valoren y le respeten. La dignidad es un buen revulsivo para la corrupción. Corrupción y dignidad no pueden coexistir.

En la medida que un policía valora su oficio y su persona como algo digno de respeto no se dejará corromper fácilmente. No es verdad que todo se compra y todo se vende. Esto lo afirman los que suelen comprar y los que se venden.

No todos los políticos son iguales aunque abunden los abusos. Este tipo de generalizaciones fáciles, causan mucho daño, porque con facilidad desaniman a los que cumplen y justifican a los corruptos. En algunos casos es cierto pero en un sinfín de ellos no, y lo real es que para decir que no, hace falta tener una dignidad muy arraigada y valorada. El que se deja corromper porque se vende, pasa de ser una persona digna de respeto a considerársele una mercancía, un vendido, un sometido a alguien que al comprarlo en el fondo le desprecia porque le está demostrando que no tiene dignidad.

La corrupción significa la acción por la cual una cosa se estropea, deja de ser lo que era o cesa de servir para lo que valía. Un policía corrupto deja de tener sentido para la sociedad y pierde el respeto ante sí mismo. La corrupción policial perjudica gravemente a la sociedad llegando a afirmar J. CUBERT que «*una policía corrompida es signo infalible de que la criminalidad, como gangrena, pudre toda la sociedad*».

El Código Europeo de la policía nos recuerda en el art. 2 que: «*Todo funcionario de Policía debe actuar con integridad, imparcialidad y dignidad. En particular debe abstenerse de todo acto de corrupción y oponerse a ésta resueltamente.*»

Lo mismo el Código de Conducta para los responsables de la aplicación de las leyes de las Naciones Unidas en su art. 7° nos dice: *Los responsables de la aplicación de las leyes no han de cometer ningún acto de corrupción. Así como, se han de oponer vigorosamente a cualquier acto de este género y oponerse.* Es decir, no sólo no dejarse corromper, sino que tampoco permitir que los demás se corrompan reaccionando enérgicamente. No sólo no haciendo la vista gorda cuando ocurre, sino actuando en el momento que haga falta para que dicha corrupción no se lleve a cabo o se erradique si ya se ha consumado.

Existen diferentes clases de corrupción:

a) Económica

Tiene como objeto el dinero, el motivo la ambición. En ella incluimos los siguientes tipos:

SOBORNO. Consiste en corromper con dinero o con regalos la voluntad del otro para conseguir de él una cosa, generalmente, ilegal.

COHECHO. Se trata de sobornar a un funcionario público. El Código Penal lo contempla en sus arts. 419 a 427.

Art. 419: *El funcionario que solicitare o recibiere, por sí o por persona intermedia, dádiva o presente, o aceptare ofrecimiento o promesa por ejecutar un acto relativo al ejercicio de su cargo que constituya delito.* Cohecho Pasivo.

Art. 420:*... por ejecutar un acto injusto, relativo al ejercicio de su cargo, que no constituya delito, y que lo ejecutare.* Cohecho Pasivo.

Art. 421: *Cuando la dádiva solicitada, recibida o prometida tuviere por objeto abstenerse el funcionario público de un acto que debiera practicar en el ejercicio de su cargo.* Cohecho Pasivo.

Art. 423: *Los que con dádivas, presentes ofrecimientos o promesas corrompieren o intentaren corromper a los funcionarios públicos o aceptaren sus solicitudes.* Cohecho Activo.

Art. 426: *El funcionario público que admitiere dádiva o regalo que le fueren ofrecidos en consideración a su función o para la consecución de un acto no prohibido legalmente.* Cohecho Pasivo Impropio.

MALVERSACIÓN DE FONDOS. Se fundamenta en que un funcionario sustrae dinero público con ánimo de lucro o destina dicho dinero a usos ajenos a la función pública. Está tratado en los art. 432 a 435 del C.P.

FRAUDE. Basado en usurpar derechos con el fin de obtener un beneficio, tratado en el C.P. en los art. 436 a 438.

Existen también versiones más moderadas y bastante conocidas como son: La *mordida* o pequeño soborno que tiene como fin evitar una multa o agilizar un trámite burocrático. El sobre o comisión ilícita, no prevista que un funcionario pide por cerrar un contrato (suele ser un tanto por ciento).

b) Abuso de poder

Se incluye:

ARBITRARIEDAD ADMINISTRATIVA

PREVARICACIÓN. art. 446 del C.P.

USO DE INFORMACIÓN RESERVADA art. 584, 598, 600, 601 y 602 del C.P.

TRÁFICO DE INFLUENCIAS. arts. 428 a 431 del C.P.

PARTIDISMO

DISCRIMINACIÓN SOCIAL-PROFESIONAL POR IDEOLOGÍA. arts. 510 y 511 del C.P.

c) Incumplimiento de los propios deberes y obligaciones

Se incluye:

SECRETO PROFESIONAL. arts. 197 a 201 del C.P.

DEMORAS EN TRÁMITES Y GESTIONES

CHAPUZAS EN EL TRABAJO PROFESIONAL

ENGAÑOS art. 248.1, 284, 311-1°, 312, 313 y 315 del C.P.

FALTA DE RESPETO A LA VERDAD

d) Falta de respeto por la legalidad vigente

Saltándola cuando convenga y como interese.

En el aspecto de oponerse a la corrupción en la cual se pide no solamente que uno no sea corrupto sino que vele para que a su alrededor no exista la corrupción, es una obligación, a veces, dura de llevar a cabo porque se entremezcla la amistad y el falso compañerismo. En estos casos, se evitaran sobre todo la arbitrariedad, las fobias y las filias, para conseguir la máxima seguridad de que aquella realmente sucede, y de este modo empezar a dar algún paso.

En cuanto al falso compañerismo, lo llamamos así, porque al proteger por compañerismo a alguien que no tiene ningún escrúpulo en contribuir en que se pierda la credibilidad y dignidad del Cuerpo, es falso compañerismo dado que los demás compañeros y el mismo Cuerpo también se merecen un respeto.

d) Sujetarse en su actuación profesional a los principios de jerarquía y subordinación. En ningún caso, la obediencia debida podrá amparar órdenes que entrañen la ejecución de actos que manifiestamente constituyan delito o sean contrarios a la Constitución o a las Leyes

El art. 27.3, d de la LFCS, cuando habla del régimen disciplinario, establece que se consideran faltas muy graves

> «*La insubordinación individual o colectiva, respecto a las autoridades o mandos de que dependan, así como la desobediencia a las legítimas instrucciones dadas por aquellos*».

El art. 103 de la Constitución Española, establece que

> «*la Administración Pública sirve con objetividad los intereses generales y actúa de acuerdo con los principios de eficacia, jerarquía, descentralización, desconcentración y coordinación, con sometimiento pleno a la Ley y al derecho*».

La Jerarquía dentro de cualquier organización consiste en «*reducir a la unidad la multiplicidad de órganos en que se descomponen*».

La Jerarquía es una ordenación escalonada de los órganos con una subordinación donde los superiores podrán:

a). Dirigir y fiscalizar la conducta de los inferiores.

b). Resolver los conflictos de los inferiores.

c). Conseguir una unidad de actuación.

Los superiores tienen las siguientes facultades con respecto a los inferiores:

1. Dictar órdenes e instrucciones (art. 21° Ley 30/92 de Régimen Jurídico de las Administraciones Públicas y del Procedimiento Común), que deberán ser acatadas por los inferiores.

Las instrucciones serán:

a) Interpretativas, criterio unitario sobre determinadas normas.
b) De servicio, impartición de mandatos en cuanto a organización interna, procedimiento de actuación o forma de presentación concreta de determinados servicios o actividades.

c) De directrices, señalamiento de unos objetivos materiales o módulos de rendimiento a alcanzar, dejando en libertad a los inferiores en cuanto a la forma de conseguirlos.

2. Inspeccionar las actividades de los inferiores.

3. Resolver conflictos de atribuciones.

4. Delegar competencias.

Toda jerarquía se estructura en una cadena de mandos. La decisión, traducida en órdenes, es transmitida en serie descendente a los subordinados. La cadena de mando para su buen funcionamiento exige que ningún eslabón pueda ser saltado. En consecuencia el mando da órdenes y el subordinado partes.

La subordinación se fundamenta en la capacidad de decisión del que manda y en la asunción de toda la responsabilidad sobre lo que ha mandado.

El subordinado quiere sentirse bien mandado y desea confiar en quien le manda. Igualmente desea ser escuchado.

La participación en un cuerpo jerarquizado es absolutamente necesaria. Sin ella es posible que la Institución cumpla sus cometidos, pero nunca que sea eficaz.

La subordinación (estar bajo órdenes) debe ser entendida e interpretada como la sumisión a las normas y dependencia de los mandos. Ello implica obediencia, respeto y honra a los superiores.

Obediencia debida

De todos es sabido que una de las circunstancias que eximen de la responsabilidad derivada de la comisión de un hecho es la que, en lenguaje jurídico, se conoce como *obediencia debida,* antiguo concepto que tiene sus orígenes en el mismo Derecho Romano, cuando establecía que la orden del señor eximía de responsabilidad al esclavo cuando los hechos no tenían el aspecto de delito. El cumplimiento de lo ordenado garantizaba la impunidad de quién así obedecía, siempre que aquello no tuviese carácter delictuoso.

El deber de obediencia debe estar condicionado al estricto respeto de la legalidad, observada tanto por quien manda como por quien acata, sin que este último pueda alegar su condición de subordinado y su obligación de obedecer, si lo que ejecuta atenta contra las leyes.

La obediencia legítima, a que expresamente nos referimos, puede serlo a una jerarquía o a una norma. Veamos:

1ª. Obediencia jerárquica. Queda definida por la relación de dependencia que, por razón de función o profesión, existe entre una persona y sus superiores o jefes.

2ª. Obediencia normativa. Obliga al cumplimiento de los preceptos, que constituyen el soporte de una profesión, llámense reglamentos, disposiciones, estatutos, legítimamente establecidos y amparados legalmente.

En ambos casos es aplicable al concepto de obediencia, (a las personas y a las normas) que el Código Penal incluye entre las circunstancias modificativas de la responsabilidad criminal, como eximente, si bien diferenciando dos apartados:

a) El que obra en virtud de la obediencia debida (para la obediencia jerárquica) y

b) El que obra en el cumplimiento de un deber o en el ejercicio legítimo de un derecho, oficio o cargo (para la obediencia normativa).

Para que la obediencia suponga una causa eximente de justificación deben existir tres condiciones:

1. Una relación jerárquica entre superior y subordinado.
2. El acto ordenado debe referirse a las relaciones habituales entre ambos.
3. La orden reunirá los requisitos externos exigidos por la Ley y no será manifiestamente ilícito.

El que manda precisa hacerlo en virtud de sus atribuciones y el que obedece obrar dentro de sus deberes. Fuera de la Ley no hay obediencia debida.

El problema se complica cuando la legalidad de la orden es dudosa o cuando existe apariencia de licitud de una orden que constituya delito. En este caso, lo procedente es recabar, a priori, cuantas aclaraciones sean necesarias para esclarecer las dudas e, incluso, investigar la legalidad de la orden antes de cumplirla.

Faltas disciplinarias que directamente vulneran estos principios

1º. El art. 27.3, D de la Ley de Fuerzas y Cuerpos de Seguridad, considera como faltas muy graves «*la insubordinación individual o colectiva respecto a las autoridades o mandos de que dependan, así como la desobediencia a las legítimas instrucciones dadas por aquellos*».

a) La insubordinación consiste en una acción, bien colectiva o individual, donde los implicados no se someten a la orden, mando o dominio procedente de un superior o autoridad de quien dependan.

La comisión puede ser por acción u omisión, además de desobedecer, se ignora el ejercicio legítimo de las funciones de la autoridad o superior, a quien no se le reconoce tal carácter, haciendo lo contrario de lo que manda hacer o manteniéndose pasivo. Es una actitud resuelta y decididamente rebelde, provocando una situación indómita. En la insubordinación el bien jurídico protegido no es sólo el aspecto funcional de la autoridad, sino además, el principio de autoridad.

b) La desobediencia a las legítimas instrucciones. En esta segunda parte de la norma se describe una conducta consistente en el incumplimiento de una orden, en desoír un mandato. La desobediencia está concretada al comportamiento personal en el servicio, como subordinado, en sus relaciones con el superior. Aquí el bien jurídico protegido es, principalmente, el aspecto funcional del ejercicio de la autoridad. Es una oposición resuelta y decidida a los dictados de la autoridad o superior.

Los elementos determinantes de la falta son:

1. Dependencia. Debe existir una clara subordinación.
2. Legitimidad. Las instrucciones, órdenes y mandatos deben ser dictados dentro de los límites de la respectiva competencia y no constituyan una infracción manifiesta, clara y determinante de un precepto legal. Si la orden se considera ilegal, el subordinado estará protegido por la causa de exclusión de responsabilidad de la obediencia debida.
3. Intencionalidad. No pueden ser incluidas en ésta contraviniendo lo dispuesto por la autoridad o superiores, procedan del error, del olvido o del mal entendimiento. La contradicción debe ser decidida, manifiesta y reiterada, en otro caso, la ausencia de

intencionalidad puede determinar su calificación como falta grave.

A veces ocurre que los comportamientos de insubordinación o desobediencia son de tal entidad o naturaleza que llegan a constituir un delito de desobediencia o denegación de auxilio.

2°. En el art. 27-3-i de la LFCS reconoce como falta muy grave «*la participación en huelgas*». El art. 6-8 de dicha ley dice que los miembros de las Fuerzas y Cuerpos de Seguridad no podrán ejercer en ningún caso el derecho de huelga. Es una orden que mientras tenga vigencia se debe cumplir, sin embargo, conforme a lo que ya manifestamos, siendo uno de los derechos constitucionales y pudiéndose paliar sus efectos con los servicios mínimos, no acaba de verse este sumo empeño en mantener dicha prohibición. Los mismos médicos poseen tal derecho y su necesidad es mayor, y lo mismo pasa con los bomberos.

3°. En el art. 7-1-E del Real Decreto 33/86 de 10 de enero, mediante el que se aprueba el Reglamento de Régimen Disciplinario de los Funcionarios Públicos al servicio de la Administración del Estado, dice que son faltas graves «*la grave desconsideración con los superiores o compañeros o subordinados*».

Es importante recordar que la jerarquía y la subordinación es requisito fundamental para la existencia de una institución policial, entendida ésta como un colectivo de funcionarios encargados de hacer cumplir la Ley.

La jerarquía y subordinación, como principios componentes de la disciplina, serán observados constantemente, practicados de forma ordinaria en las relaciones entre los funcionarios y con el servicio. Tales formas deben convertirse en pautas ordinarias de comportamiento.

La Desobediencia

El objetivo es incidir sobre el límite de la obediencia o desobediencia del inferior respecto de la orden vinculante del superior, o lo que es lo mismo, cuando hay obligación de acatar las órdenes antijurídicas o en el momento que no hay obligatoriedad de cumplirlas.

Uno de los principios básicos de la organización administrativa es el de la jerarquía, cuyas condiciones materiales son la supremacía, la subordinación jerárquica y la coordinación. De los dos primeros se deduce la facultad del superior de dar órdenes al inferior y el correlativo deber de éste de obedecer cumpliendo la orden recibida. Precisamente el delito de desobediencia se genera por el quebrantamiento del deber de obediencia, con tal de que la orden reúna las necesarias notas de legalidad.

El Código Penal distingue:

A) NEGATIVA ABIERTA

«Art. 410. *Las autoridades o funcionarios públicos que se negaren abiertamente a dar el debido cumplimiento a resoluciones judiciales, decisiones u órdenes de la autoridad superior, dictadas dentro del ámbito de su respectiva competencia y revestidas de las formalidades legales, incurrirán en la pena de multa de tres a doce meses e inhabilitación especial para empleo o cargo público por tiempo de seis meses a dos años.*»

Sujeto activo: Autoridad o funcionario público

Acción: Consiste en negarse abiertamente, es decir, expresa, clara y terminantemente al cumplimiento de lo ordenado por el superior, cuando éste actúa en virtud de sus atribuciones y la orden reviste los caracteres formales requeridos.

Culpabilidad: El delito es de carácter eminentemente intencional.

B) DESOBEDIENCIA A UNA ORDEN REITERADA

Art. 411. *La autoridad o funcionario público que, habiendo suspendido, por cualquier motivo que no sea el expresado en el apartado segundo del artículo anterior, la ejecución de las órdenes de sus superiores, las desobedeciere después de que aquéllos hubieren desaprobado la suspensión, incurrirá en las penas de multa de doce a veinticuatro meses, e inhabilitación especial para empleo o cargo público por tiempo de uno a tres años.*

Sujeto activo: Autoridad o funcionario público

Acción: Consiste en desobedecer una orden del superior, cuando tras haber suspendido la ejecución de la misma, el superior ha reiterado la orden, desaprobando y mandando continuar la ejecución.

Se exige la concurrencia de los siguientes requisitos:

1. Una orden dictada por el superior dentro de los límites de su competencia y revestida de las formalidades legales.
2. Suspensión de la ejecución por parte del superior. Todo inferior está facultado para suspender la ejecución de una orden si le ofrecen inconvenientes que se supone que no fueron conocidos de quien la dio, pero, en todo caso, está obligado en poner en conocimiento del superior la suspensión.
3. Una vez desaprobada la suspensión por el superior, el funcionario persevere en su desobediencia. Es, pues, necesario que el superior reitere la orden que fue desobedecida.

Culpabilidad: La exigencia de la desaprobación del superior impide la comisión culposa.

C) CAUSAS DE JUSTIFICACIÓN

Párrafo 2º del art. 410 dispone: *No obstante lo dispuesto en el apartado anterior, no incurrirán en responsabilidad criminal las autoridades o funcionarios por no dar cumplimento a un mandato que constituya una infracción manifiesta, clara y terminante de un precepto de Ley o de cualquier otra disposición general.*

De manera que el funcionario está facultado o más bien obligado a desobedecer un mandato que constituya una infracción manifiesta, clara y terminante de la ley u de otra disposición general y por el contrario, si el mandato no contradice de manera manifiesta, clara y terminante la ley, está obligado a obedecerlo, y en aquel caso su responsabilidad quedaría amparada por la eximente de obediencia debida.

e) Colaborar con la Administración de Justicia y auxiliarla en los términos establecidos en la Ley

Con este principio parece se está reforzando la obligación genérica de todos los ciudadanos de colaborar con la Administración de Justicia, establecida en el art. 118 de la Constitución. Esto es, se impone una mayor colaboración, que vendría determinada por el contenido de los arts. 126 de la Constitución, y los 448 al 453 de la Ley Orgánica 6/85, de 1 de julio, del Poder Judicial y 282 a 298 de la Ley de Enjuiciamiento Criminal.

Art. 118 de la Constitución: «*Es obligado cumplir las sentencias y demás resoluciones firmes de los Jueces y Tribunales, así como prestar la colaboración requerida por éstos en el curso del proceso y en la ejecución de lo resuelto*».

En el art. 126 de la Constitución se dice: «*La Policía Judicial depende de los Jueces, de los Tribunales y del Ministerio Fiscal en sus funciones de averiguación del delito y del descubrimiento y aseguramiento del delincuente, en los términos que la Ley establezca*».

Los artículos 282 al 289 de la Ley de Enjuiciamiento Criminal que resumidos tocan los siguientes puntos: valor del atestado, atestado, cómo debe realizarse, papel sellado, papel común, firmas, 24 horas para dar conocimiento a la Autoridad Judicial en atestados simples, etc.

Los funcionarios de policía constituyen los ojos y brazos de la Justicia ya que todas las actuaciones que se realicen en el orden procesal penal deberán ser comunicadas a la Autoridad Judicial. Se podría destacar la actuación de la policía en el proceso penal en varios momentos. Así, la *denuncia* o puesta a disposición del Juez, de un presunto autor de infracción penal, puede aparejar la apertura de un procedimiento que obligará más tarde a la *ratificación* de lo actuado, y llegado el momento, a la personación en el *juicio oral* como testigo, pudiendo también participar la policía local en la *ejecución* de la pena, con el control del cumplimiento del arresto domiciliario.

Así pues, todos los funcionarios de policía están obligados a concurrir al llamamiento judicial cuando sean citados al efecto, pudiendo en su defecto:

a. Volver a citar con apercibimiento de multa.

b. Detener para exigir su presencia según el art. 487 de la L.E.Cr. si el citado, con arreglo a lo previsto en el artículo anterior, no compareciere ni justificare causa legítima que se lo impida, la orden de comparecencia podrá convertirse en orden de ejecución.

También puede la Autoridad Judicial instar el ejercicio de la facultad disciplinaria en base a lo preceptuado en el Real Decreto 769/87 de 19 de junio sobre la regulación de la Policía Judicial.

El día del juicio, antes de la comparecencia, conviene dirigirse al agente judicial, comunicándole nuestra presencia y si hiciera falta diciéndole que nos haga un certificado de asistencia al juicio y que nos tenga al corriente de las posibles variaciones.

Debemos saber que la defensa procurará poner en entredicho la actuación policial ya que su misión es en definitiva «*crear la duda en el juzgador*», para lo que buscará los puntos débiles de la declaración, alegando siempre que pueda haber defecto de forma.

Nuestra presentación cuando seamos llamados al estrado por el agente o auxiliar de juzgados deberá ser pulcra. La vestimenta será acorde al acto. Todos los detalles pueden influir y sobre todo se debe tener un sumo respeto al acto donde se juega la privación de la libertad de una persona.

Deberemos haber repasado nuestra intervención mediante la lectura detallada de las diligencias tramitadas en su día, previendo las posibles preguntas que por parte de la defensa nos pueden realizar y recordando los aspectos sustanciales.

No se debe mostrar interés especial en que se condene. Debe presidir la imparcialidad y la objetividad en las manifestaciones, evitando realizar comentarios propios, limitándonos a relatar los hechos tal y como se percibieron, sin realizar nunca descalificaciones de carácter jurídico.

Para que el testimonio de los agentes sea considerado «*un medio probatorio procesalmente catalogado como de cargo y valorado conforme al art. 741 de la L.E.Cr.*» y para que esté dotado de eficacia y valor deben darse tres condiciones en el relato de los hechos:

1. CREDIBILIDAD. Que no exista enemistad precedente, propósito de justificar el resultado para otras finalidades u otros objetivos.
2. PERSISTENCIA. En las incriminaciones de los hechos, tanto en el atestado como en el juicio oral.
3. VEROSIMILITUD. Entre lo que dice el denunciado y el agente. Toda imputación debe ser imparcial y objetiva, de tal forma que no se pruebe que ha sido vertida por cualquier móvil espúreo o ilícito.

2. *Relaciones con la comunidad, singularmente*

El art. 1 del Código de Conducta de las Naciones Unidas dice que «*Los funcionarios encargados de hacer cumplir la ley, cumplirán en todo momento los deberes que les impone la ley, sirviendo a su comunidad y protegiendo a todas las personas contra actos ilegales, en consonancia con el alto grado de responsabilidad exigido por su profesión*».

Conscientes de la naturaleza de dichas funciones y de su repercusión directa en la calidad de vida de los individuos y de la sociedad, es por lo que se recuerdan, en primer lugar, los deberes que los funcionarios cumplirán en todo momento. También existe una conciencia del ejercicio humanitario de las funciones policiales, como la protección a las personas y de su servicio a la comunidad.

La Ley Orgánica es clara en cuanto a las relaciones con la comunidad a la que sirve el policía. Afirma que «*por encima de cualquier otra finalidad, la ley pretende ser el inicio de una nueva etapa en la que destaque la consideración de la policía como un servicio público dirigido a la protección de la comunidad mediante la defensa del orden democrático*».

Ya no se contempla, por lo tanto, una policía orientada al delincuente. La delincuencia pasa a ser un problema social que abarca a toda la comunidad y que ésta no debe permanecer indiferente ante este fenómeno. El problema no se puede resolver exclusivamente, aplicando la ley, sino que existen otros mecanismos y modelos de control social que pasan por el establecimiento de una comunicación fluida y positiva entre la comunidad y su policía.

Las relaciones con la comunidad se completan con la observancia de una serie de normas de cortesía. Es una realidad sentida en toda la sociedad que el público demanda una policía amable, que apoye al ciudadano y que dispense un buen trato. La comunidad quiere un acercamiento de la policía y su asesoramiento. El diálogo cortés y los buenos modales predisponen positivamente y favorecen la comunicación. La práctica de una serie de formas externas, como el saludo correcto, el lenguaje adecuado a las circunstancias y la compostura en las relaciones públicas, establece el orden que debe existir en la vida social.

2.1. Impedir, en el ejercicio de su actuación profesional cualquier práctica abusiva, arbitraria o discriminatoria que entrañe violencia física o moral

Este precepto supone tanto la prohibición de dichas prácticas, partiendo de presunción de la correcta actuación del agente de policía, como la acción de impedir tales prácticas.

El artículo 15 de la Constitución Española establece que «*todos tienen derecho a la vida y a la integridad física y moral, sin que, en ningún caso, puedan ser sometidos a torturas ni a penas o tratos inhumanos o degradantes».*

El art. 174 del C.P. determina que «*comete tortura la autoridad o funcionario público que, abusando de su cargo, y con el fin de obtener una confesión o información de cualquier persona o de castigarla por cualquier hecho que haya cometido o se sospeche que ha cometido, la sometiere a condiciones o procedimientos que por su naturaleza, duración u otras circunstancias, le supongan sufrimientos físicos o mentales, la supresión o disminución de sus facultades de conocimiento, discernimiento o decisión, o que de cualquier otro modo atenten contra su integridad moral. El culpable de tortura será castigado con la pena de prisión de dos a seis años si el atentado fuera grave, y de prisión de uno a tres si no lo es. Además de las penas señaladas se impondrá, en todo caso, la pena de inhabilitación absoluta de ocho a doce años.*

En otro artículo 176 añade el C.P. «*Se impondrán las penas respectivamente establecidas en los artículos precedentes a la autoridad o funcionario que, faltando a los deberes de su cargo, permitiere que otras personas ejecuten los hechos previstos en ellos*».

El mismo Código Penal rechaza explícitamente todo tipo de violencia ya sea física o psíquica. Homicidio, Título I artículos 138 a 143. Amenazas, Título VI cap. II artículos 169 a 171. Coacciones, Título VI cap. III art. 172. Lesiones, Título III, art. 147 a 156. Faltas contra las personas, art. 617 párrafo 2.

La Ley de Enjuiciamiento Criminal en su art. 297 dice que «*los funcionarios de policía judicial están obligados a observar estrictamente las formalidades legales en cuantas diligencias practiquen, y se abstendrán bajo su responsabilidad de usar medios de averiguación que la Ley no autorice*».

2.2. Observar en todo momento un trato correcto y esmerado en sus relaciones con los ciudadanos, a quienes procurarán auxiliar y proteger, siempre que las circunstancias lo aconsejen o fueren requeridos para ello. En todas sus intervenciones, proporcionarán información cumplida, y tan amplia como les sea posible, sobre las causas y finalidad de las mismas

Se trata de acercar la función policial al ciudadano, y que la misión de la policía es *servir* y *proteger*.

Hay que tener en cuenta el saludo y la buena educación y la corrección en los modales que no alejan del ciudadano, sino todo lo contrario, pues son interpretados como señales de respeto y educación por parte de la policía.

El saludo es una muestra de educación, de simpatía, de cordialidad, de encuentro y de despedida. Puede constituir o interpretarse como una falta de ausencia de esa agresividad social que nuestra sociedad padece. El saludo es también una muestra de respeto a las personas por la edad, dignidad y gobierno. No debemos considerar el saludo como una humillación o menosprecio. El saludo es una manifestación de disciplina. Nunca debe entenderse como un sometimiento.

Hay que cuidar el tuteo, que haya razones para ello, porque no se es más o menos demócrata si se usa o no. Es cuestión de un tipo de relación y de educación. El tuteo profesional debe ser una prueba de confianza y de amistad que concede un superior cuando lo estime oportuno, cuando esté seguro de que esta deferencia no va a afectar al servicio ni al respeto que en todo momento debe existir entre todas las categorías de la jerarquía.

El policía local para poder informar debe conocer y por lo tanto se hace necesario que conozca la toponimia de la ciudad, los centros oficiales y todo aquello que al ciudadano le pueda interesar relacionado con la función de la policía.

2.3. En el ejercicio de sus funciones deberán actuar con la decisión necesaria y sin demora cuando de ello dependa evitar un daño grave, inmediato e irreparable; rigiéndose al hacerlo por los principios de congruencia, oportunidad y proporcionalidad en la utilización de los medios a su alcance

En este apartado se manda cómo se quiere que actúe la policía, es decir, con eficacia y a la vez con moderación.

DECISIÓN

Es decir:

1. Actuará sin demora y sin pérdida de tiempo.

2. Utilizará la fuerza necesaria.
3. El arma de fuego, como instrumento de fuerza, debe ser de carácter excepcional.
4. Actuará con prudencia, rigiéndose por los principios de congruencia, oportunidad y proporcionalidad en la utilización de medios.

Con estas limitaciones se pretende una aproximación a la justificación moral del empleo de la *fuerza necesaria* y cerrar el paso a la brutalidad en algo tan trascendente como es la vida y la integridad física de las personas, reconocida como bien supremo.

CONGRUENCIA

Se refiere a la necesidad del medio para el éxito.

Un medio es idóneo si puede ser aplicado con éxito a una situación concreta y si se han observado unos requisitos previos:

a. Apercibimientos razonablemente espaciados.
b. Negociación si el peligro no es inminente; teniendo en cuenta que la policía sólo podría negociar el aplazar o suplir la coacción directa, no el perdón, que sólo puede venir por la vía de un indulto.
c. Dominio del manejo de los medios técnicos y psicológicos.
d. Adopción de la suficiente cobertura de seguridad.

PROPORCIONALIDAD

Se refiere a la necesidad del medio para la defensa.

La injerencia coactiva de la policía debe ser lo menos lesiva.

No todo ataque del delincuente justifica la actuación coactiva.

La proporcionalidad se erige en criterios decisivos para cerrar el paso a la brutalidad. No se debe confundir la proporcionalidad con la debilidad.

La proporcionalidad es una exigencia de un Estado de Derecho.

OPORTUNIDAD

Equivale a conveniente.

Requiere una habilidad psicológica para acertar en tiempo, lugar y circunstancias, teniendo presente que la presencia policial no aumente el peligro que se trata de evitar.

El papel reservado a la policía en una sociedad democrática no parece otro que el de servir de moderador a través de su triple misión constitucional, policía asistencial, policía preventiva y policía represiva, tolerando lo que sean legítimas aspiraciones de una sociedad plural sin que ello impida actuar con energía y decisión, cuando se trate de evitar un daño grave, inmediato e irreparable, rigiéndose al hacerlo por los criterios prudenciales de una persona con sentido común y emocionalmente equilibrada. No todo el uso del arma es brutalidad, ni toda energía es tortura.

2.4. Solamente deberán utilizar las armas en las situaciones en que exista un riesgo racionalmente grave para su vida, su integridad física o las de terceras personas, o en aquellas circunstancias que puedan suponer un grave riesgo para seguridad ciudadana y de conformidad con los principios a que se refiere el apartado anterior

En última instancia es el policía, evaluando cada situación, el que deberá decidir sobre la manera más justa de aplicar la Ley. En la mayoría de los casos dicha evaluación deberá efectuarse inmediatamente, basándose en una observación rápida de los hechos y de las personas que puedan intervenir en el suceso. Es evidente que las etapas indispensables para la adopción de una decisión racional: información, análisis de posibles soluciones y elección de medios de intervención no podrán ser seguidas y aplicadas fácilmente. Al no ser de fácil resolución, pueden encerrar otras consecuencias. Por una parte, todos los policías no actuarán de la misma forma ante circunstancias idénticas, por otra, se pueden producir errores y excesos en la intervención. En definitiva serán los tribunales de Justicia los que decidan si la intervención policial fue correcta, amparando el uso legítimo de la fuerza, por las eximentes de legítima defensa y la de obrar en el cumplimiento de un deber o en el ejercicio legítimo de un derecho, oficio o cargo, que en el Código Penal establece el art. 20-4 y 23 y que justifican tales procederes.

¿Cuando un policía tiene el legítimo derecho de utilizar su arma de fuego?

Una pregunta tan precisa e importante, requiere una respuesta profundamente meditada, en la que hay que acudir a conceptos como legítima defensa o cumplimiento del deber, siempre desde puntos de vista jurídicos y humanos.

Existen determinadas conductas tipificadas como delitos, que podrían estar justificadas al existir en el ordenamiento jurídico y más concretamente en el Código Penal unas eximentes como la legítima defensa, el estado de necesidad, el cumplimiento de un deber, el ejercicio legítimo de un derecho, oficio o cargo y la obediencia debida, que en última instancia y como anteriormente se ha dicho, son los tribunales de justicia quienes decidan.

Los miembros de los Cuerpos de Seguridad, en el cumplimiento de las funciones que les vienen atribuidas por el derecho vigente, ya sean de (prevención del delito, mantenimiento del orden, descubrimiento de los delincuentes, detención de los mismos, entradas y registros domiciliarios, etc.) precisan en ocasiones, hacer uso de la fuerza. Ello deriva, en algunos casos, en conductas tipificadas de homicidio, doloso o culposo, lesiones, coacciones, etc. que se podrán justificar si se puede aplicar una eximente de las dichas.

En líneas generales, la doctrina afirma que el uso de la fuerza por los agentes de la autoridad ha de estar sujeto a varias circunstancias: Imposibilidad de emplear otros medios; gravedad del hecho que determina la intervención; grado de resistencia del previamente intimidado. Teniendo en cuenta siempre, que el prestigio de la autoridad se compromete tanto por dejación como por abuso, y hay que mantener un perfecto equilibrio.

2.4.1. UTILIZACIÓN DEL ARMA EN EL CUMPLIMIENTO DE UN DEBER

Recogida en el Código Penal art. 20-7

El que obra en cumplimiento de un deber o en el ejercicio legítimo de un derecho, oficio o cargo.

REQUISITOS:

2.4.1.1. Principio de Habilitación Legal.

2.4.1.2. Principio de Idoneidad del Medio Empleado.

2.4.1.3. Principio de Necesidad.

2.4.1.4. Principio de Proporcionalidad.

2.4.1.1. Principio de Habilitación legal

Debe exigirse el carácter de autoridad, es decir, que en el momento que la policía está practicando la coacción directa, debe estar desempeñando su cargo. A efectos penales, se reputará autoridad, conforme al art. 24 del C.P. «*al que por sí solo o como individuo de alguna corporación o tribunal tuviera mando o ejerciere jurisdicción propia*».

El uso del arma de fuego debe *ajustarse a la Ley* y aunque existe un vacío legal, para extraer los requisitos legales del uso correcto del arma, debemos acudir al art. 5-2 de la L.F.C.S.

El Consejo de Europa, en su Declaración sobre la Policía dice que es «*necesario dar a los funcionarios de Policía instrucciones* **claras y precisas** *sobre la manera y las circunstancias en las cuales deben de hacer uso de las armas*».

Ante este vacío legal sobre el uso de las armas, la Dirección de la Seguridad del Estado, en abril de 1983 dio una *INSTRUCCIÓN* sobre utilización de armas de fuego, que aunque carece de efectos jurídicos al no ser publicada en el Boletín Oficial del Estado es de gran importancia tenerla en cuenta.

Los miembros de las Fuerzas y Cuerpos de la Seguridad del Estado pueden utilizar sus armas de fuego ante una agresión ilegítima que se lleve a cabo contra el agente de la autoridad o terceras personas, siempre que concurran las siguientes circunstancias:

Que la agresión sea de tal intensidad y violencia que ponga en peligro la vida o integridad corporal de la persona o personas atacadas.

Que el agente de la autoridad considere necesario el uso del arma de fuego para impedir o repeler la agresión, en cuanto racionalmente no puedan ser utilizados otros medios; es decir, debe haber la debida **adecuación y proporcionalidad** entre el medio empleado por el agresor y el utilizado por la defensa.

El uso del arma debe ir precedido, si las circunstancias concurrentes lo permiten, de **conminaciones** *dirigidas al agresor para que abandone su* *actitud y de la advertencia que se halla ante un agente de la autoridad, cuando este carácter fuera desconocido por el atacante.*

Si el agresor continúa o incrementa su actitud atacante, a pesar de las conminaciones, se debe efectuar por este orden, **disparos al aire o al suelo**, *para que deponga su actitud.*

En última instancia, ante el fracaso de los medios anteriores, o bien cuando la rapidez, violencia y riesgo que entrañe la agresión no haya sido posible su empleo, se debe **disparar sobre partes no vitales** *del cuerpo del agresor, atendiendo siempre al principio de que el uso del arma cause* **la menor lesividad posible.**

Sólo en supuestos de delito grave, ante la **fuga de un presunto delincuente** *que huye, deben utilizar su arma de fuego, en la forma siguiente:*

Disparando únicamente al aire, o al suelo, con objeto exclusivamente intimidatorio, previas las conminaciones y advertencias de que se entregue a la Policía, para lograr la detención, teniendo previamente, la certeza de que con tales disparos, por el lugar en que se realicen, no pueda lesionarse a otras personas y siempre que se entienda que la detención no puede lograrse de otro modo.

Disparando, en última instancia, a partes no vitales del cuerpo del presunto delincuente, siempre que concurran todas y cada una de las circunstancias anteriores, cuando le conste al agente de la autoridad, además de aquellas, la extrema peligrosidad del que huye por hallarse provisto de algún arma de fuego, explosivos o arma blanca susceptible de causar grave daño, siempre teniendo en cuenta el lema de la menor lesividad posible y el de que **es preferible no detener a un delincuente que lesionar a un inocente.**

Si se duda de la gravedad del delito, o no es clara la identidad del delincuente, no se debe disparar.

La simple huida de una persona, desatendiendo las órdenes de ALTO POLICÍA, no autoriza sin más a ésta para utilizar su arma de fuego.

En la persecución de presuntos delincuentes sorprendidos in fraganti o de simples sospechosos que emprenden la huida al apercibirse de la presencia policial, o al serles requerida la documentación por los funcionarios actuantes y en casos similares, no deben hacer uso de sus armas de fuego, a no ser que se encuentren en una situación de peligro o riesgo grave para su vida, su integridad física o la de terceras personas, y lo hagan de conformidad con los principios de congruencia, oportunidad y proporcionalidad.

2.4.1.2. Principio de Idoneidad

Este principio se identifica con la expresión congruencia, visto con anterioridad en el art. 5-2-C de la L.F.C.S. y exige:

• Apercibimiento y conminaciones previas.

Antes de hacer uso del arma de fuego, se deben hacer las correspondientes **intimidaciones**, que consistirán:

1. Advertir al presunto delincuente, haciéndole saber que se halla ante un miembro de los Cuerpos de Seguridad, solicitando su entrega.
2. En el caso de que se negase el presunto delincuente a entregarse se podría hacer uso del arma con el objeto **exclusivamente intimidatorio disparando al aire o al suelo,** siempre que tengamos la certeza de que por el lugar, hora y condiciones en que se efectúan los disparos no van a lesionar a terceras personas.

• Dominio en el manejo del arma

El dominio en el manejo del arma debe exigirse. Debe haber una formación adecuada en esta materia por las Academias de Policía y el reciclaje debe ser permanente. Algunos juristas dicen que un funcionario de policía no formado en el manejo del uso del arma, no debiera dispararla, a no ser que lo haga al aire o en un lugar abierto.

2.4.1.3. Principio de Necesidad

Se identifica con la expresión oportunidad, recogida en el artículo 5-2-C de la LFCS.

Lo que motiva el deber de emplear la violencia es sólo que ésta resulte necesaria para el cumplimiento de la función pública concreta: detener a un peligroso delincuente armado.

2.4.1.4. Principio de Proporcionalidad

Una vez habilitados los funcionarios de policías actuantes, y dada la idoneidad y necesidad del arma de fuego en una determinada situación, es preciso que se de el principio de proporcionalidad, es decir, el policía puede utilizar el arma de fuego siempre que racionalmente no pueda utilizar otros medios.

2.4.2. EL ESTADO DE NECESIDAD

Recogido en el artículo 20-5 del Código Penal como eximente. «*El que impulsado por un estado de necesidad, para evitar un mal propio o ajeno, lesiona un bien jurídico de otra persona o infringe un deber, siempre que concurran los requisitos siguientes:*

- *Que el mal causado no sea mayor que el que se trate de evitar.*
- *Que la situación de necesidad no haya sido provocada intencionadamente por el sujeto.*
- *Que el necesitado no tenga, por su oficio o cargo, obligación de sacrificarse.*

2.4.3. LA LEGÍTIMA DEFENSA

Recogida en el artículo 20-4 del Código Penal al decir que está exento de responsabilidad el que obre en defensa de la persona o derechos, propios o ajenos, siempre que concurran los requisitos siguientes:

- Agresión Ilegítima: En caso de defensa de los bienes, se reputará agresión ilegítima el ataque a los mismos que constituya delito y los ponga en grave peligro de deterioro o pérdida inminentes, en caso de defensa de la morada o sus dependencias, se reputará agresión ilegítima la entrada indebida en aquella o éstas.
- Necesidad racional del medio empleado para impedirla o repelerla.
- Falta de provocación suficiente por parte del defensor.

2.4.3.1. Agresión Ilegítima

Se entiende por agresión el ataque actual o inminente a intereses jurídicamente protegidos. La palabra agresión tiene dos sentidos, uno restringido equivalente a acometimiento físico, y otro más amplio, equivalente a puesta en peligro de algún bien jurídico.

Es lícito defenderse del ataque de un ininputable (menor de edad, enajenado, etc.), ya que la ausencia de culpabilidad del atacante no excluye la antijuricidad de su conducta.

La agresión ha de ser **actual e inminente**, por cuanto antes de que el peligro aparezca no es necesaria, y cuando el mismo ha cesado ya no puede hablarse de defensa, sino, en todo caso, de venganza.

La riña mutuamente aceptada no da lugar a legítima defensa.

2.4.3.2. Necesidad Racional del Medio Empleado

Necesidad de la defensa. Lleva implícito el hecho de no existir otro medio de rechazar la agresión.

Racionalidad del medio empleado. El sujeto debe elegir, entre los posibles medios, el que sea suficiente para su objeto: si bastan unas lesiones no debe atentar contra la vida. El Tribunal Supremo piensa que racionalidad es lo mismo que proporcionalidad. Si uno puede optar entre varios medios ha de elegir aquel que permita repeler e impedir la agresión con menos daño para el injusto agresor, pero si sólo posee un medio debe utilizarlo.

2.4.3.3. Falta de Provocación Suficiente

Es la falta de provocación suficiente por parte del que se defiende. La provocación ha de entenderse como provocación a la agresión ilegítima, incitar a ella, y ha de ser próxima.

2.4.4. LEGÍTIMA DEFENSA PUTATIVA

Se dice que hay legítima defensa putativa cuando el sujeto cree erróneamente que concurren los presupuestos objetivos de la legítima defensa.

El Tribunal Supremo ha declarado que a los funcionarios de policía les es exigible que su actuación venga precedida de una apreciación serena de las circunstancias que concurren en las situaciones con que se enfrentan y empleen sus armas de fuego solamente en aquellos casos en que dichas circunstancias hagan racionalmente presumir una situación de peligro o riesgo real para ellos o terceras personas, únicamente superable mediante esa utilización, y que la simple y pura huida de una persona, desatendiendo las órdenes de alto policía, no autoriza sin más a ésta para utilizar las armas de fuego, con resultado mortal para el que huye (Sentencia del T.S. de 18-1-82). Doctrina que ha sido mantenida en sentencias posteriores y que, como se ve, exige de los miembros de la policía un buen grado de entereza y profesionalidad.

Sirvan de ejemplo tres sentencias, donde el Tribunal Supremo justifica la utilización del arma de fuego en una ocasión y la deniega en otras dos.

1°. El primer caso, en el que en una situación dramáticamente equívoca, un policía dispara a otro, a quien perseguía, creyéndole sospechoso y resultó ser otro policía que trató de encañonar a su perseguidor, el T.S. justificó el uso de las armas, pues se debe valorar en estos casos la necesidad concreta del empleo de la fuerza en función de las circunstancias temporales, espaciales y de todo tipo concurrentes en el hecho y, al hacerlo así en este concreto supuesto, se constata que no podía ser exigido al procesado otro comportamiento que el que realizó, ya que todas las circunstancias objetivas que precedieron a la acción del procesado, conducían inequívocamente a pensar, según la lógica, en un atentado contra él mismo. La sentencia destaca, además, la dirección de los disparos a zonas no vitales.

2°. Insistiendo en que deben valorarse todo tipo de circunstancias en el uso de las armas, en un segundo supuesto el Alto Tribunal no justificó aquel uso, razonando así: «*De este detenido examen se concluye que el ánimo del procesado era el de matar, con sólo tener en cuenta que aquel empleó su arma reglamentaria, un revolver calibre 38, idóneo para producir un resultado de muerte; la zona a donde dirigió el disparo, la cabeza, en la que casi todas las lesiones suelen ser mortales*».

3°. En el tercer caso, las propias palabras de la sentencia explican la falta de justificación «*La huida de una persona ante el requerimiento policial de detención no constituye conducta que justifique el empleo de armas de fuego para impedirla, pues constante jurisprudencia viene declarando que el uso lícito del arma de fuego por la policía requiere una situación de real e inminente peligro para la vida y la integridad física de los agentes que las utilizan o de terceras personas, y tal situación no es apreciable cuando al requerimiento de detención se limita a emprender la huida, pues en tal caso el empleo de las armas constituye una medida desproporcionada que notoriamente merece la calificación de respuesta excesiva por los daños graves e irreversibles que puede producir en lesión o privación de la vida humana, supremo bien de nuestra cultura y ordenamiento jurídico consagrado en el artículo 5º de la Constitución Española, que ninguna persona o autoridad tiene potestad para destruir, salvo los casos de legítima defensa o estado de necesidad.»* (STS de 28-1-86).

Debe hacerse constar que la utilización de las armas puede tener consecuencias muy negativas para los funcionarios de policía. Un estudio realizado por el Ministerio del Interior Inglés y publicado en una revista especializada, revela lo sucedido a veinticinco policías que atravesaron por esta experiencia dramática. Tras un análisis minucioso de las reacciones provocadas por el hecho de disparar, concluye el trabajo con diez interesantes recomendaciones que son:

1. Debe facilitarse apoyo psicológico inmediato.
2. Debe retrasarse el procedimiento de investigación para dar al funcionario tiempo y oportunidad de superar su estado de conmoción física y mental.
3. Debe ser práctica normal que al policía le entreviste un psicólogo o psiquiatra, dentro de las dos o tres semanas después del incidente.
4. No debe hacérsele sentir que está condenado al aislamiento por los compañeros.
5. Si el funcionario viviese sólo, sería conveniente que durante la semana siguiente al incidente, se fuera a vivir con alguien.
6. Debe extenderse el apoyo a la familia del agente: la esposa debe estar informada de las consecuencias psicológicas del incidente.
7. Deben tomarse precauciones para proteger al policía y a su familia de la publicidad inoportuna.
8. El policía debe estar informado del desarrollo de la investigación judicial.
9. Si se suspendiera al funcionario, se le debe dar acceso a mantenerse en contacto con amigos personales del servicio.
10. El entrenamiento con armas de fuego debe preparar a los funcionarios para la realidad de un disparo y sus consecuencias.

3. Tratamiento de detenidos, especialmente:

a) Los miembros de las Fuerzas y Cuerpos de Seguridad deberán identificarse debidamente como tales en el momento de efectuar una identificación.

b) Velarán por la vida e integridad física de las personas a quienes detuvieren o que se encuentran bajo su custodia y respetarán el honor y la dignidad de las personas.

c) Darán cumplimiento y observarán con la debida diligencia los trámites, plazos y requisitos exigidos por el ordenamiento jurídico, cuando se proceda a la detención de una persona.

Conforme el artículo 17 de la Constitución Española «*Toda persona tiene derecho a la libertad y a la seguridad. Nadie puede ser privado de su libertad, sino con la observancia de lo establecido en este artículo y en los casos y en la forma previstos en la Ley.*

La detención preventiva no podrá durar más del tiempo estrictamente necesario para la realización de las averiguaciones tendentes al esclarecimiento de los hechos, y, en todo caso, en el plazo máximo de setenta y dos horas, el detenido deberá ser puesto en libertad o a disposición de la autoridad judicial.

Toda persona detenida debe ser informada de forma inmediata, y de modo que le sea comprensible, de sus derechos y de las razones de su detención, no pudiendo ser obligada a declarar. Se garantiza la asistencia de abogado al detenido en las diligencias policiales y judiciales, en los términos que la ley establezca.

La ley regulará un procedimiento de «habeas corpus» para producir la inmediata puesta a disposición judicial de toda persona detenida ilegalmente. Asimismo, por ley se determinará el plazo máximo de duración de la prisión provisional».

La detención, es una medida cautelar de carácter personal por la que se limita a una persona, provisionalmente, de su derecho a la libertad, con el fin de ponerla a disposición del Juez que instruye el sumario.

En el desarrollo de la Constitución, la Ley de Enjuiciamiento Criminal regula todo lo referente a la detención en el Capítulo II del Título IV, Libro II, concretamente en sus artículos 489 y siguientes.

Ningún español ni extranjero podrá ser detenido sino en los casos y en la forma que las leyes prescriban.

En la detención cabe contemplar un sujeto activo, es decir, quien la lleva o la puede llevar a cabo, y un sujeto pasivo que, lógicamente, será quien sufra esa limitación, esa privación de su derecho a la libertad.

Son sujetos activos de la detención:

a. La autoridad Judicial y Fiscal.

b. Los agentes de la autoridad.

c. Los particulares.

3.1. Detención por un Particular

El artículo 490 de la Ley de Enjuiciamiento Criminal dispone que cualquier persona puede detener:

1º Al que intentare cometer un delito, en el momento de ir a cometerlo.

2º Al delincuente in fraganti.

3º Al que se fugare del establecimiento penal en que se halle cumpliendo condena.

4º Al que se fugare de la cárcel en que estuviere esperando su traslación al establecimiento penal o lugar en que deba cumplir la condena que se le hubiese impuesto por sentencia firme.

5º Al que se fugare al ser conducido al establecimiento o lugar mencionado en el número anterior.

6º Al que se fugare estando detenido o preso por causa pendiente.

7º Al procesado o condenado que estuviese en rebeldía.

La actuación del particular es *potestativa*, pues la ley señala que *puede detener*, sin imponer la obligación, y es una actividad facultativa que puede ser realizada o no por el particular, según su voluntad.

3.2. Detención por Autoridad o Agente

La ley con respecto a los agentes y a la autoridad les impone *la obligación de detener*. Así el artículo 492 establece que «*La autoridad o agente de Policía Judicial tendrá obligación de detener:*

1º A cualquiera que se halle en alguno de los casos del art. 490

2º Al que estuviere procesado por delito, que tenga señalado en el Código pena superior a la prisión menor.

3º Al procesado por delito a que esté señalada pena inferior, si sus antecedentes o circunstancias del hecho hicieren presumir que no comparecerá cuando fuere llamado por la autoridad judicial.

Se exceptúa de lo dispuesto en el párrafo anterior al procesado que preste en el acto fianza bastante, a juicio de la autoridad o agente que intente detenerlo, para presumir racionalmente que comparecerá cuando le llame el Juez o Tribunal competente

4º Al que estuviere en el caso del número anterior, aunque todavía no se hallase procesado, con tal que concurran las dos circunstancias siguientes:

a. Que la autoridad o agente tenga motivos racionalmente bastantes para creer en la existencia de un hecho que presente los caracteres de delito.

b. Que los tenga también bastantes para creer que la persona a quien intente detener tuvo participación en él.

Por otra parte, el artículo 553 de la Ley de Enjuiciamiento Criminal, redactado por la Ley Orgánica 4/1988, de 25 de mayo, establece que los agentes de policía podrán, asimismo, proceder de propia autoridad a la inmediata detención de las personas cuando haya mandamiento de prisión contra ellas, cuando sean sorprendidas en flagrante delito, cuando un delincuente, inmediatamente perseguido por los agentes de la autoridad, se oculte o refugie en alguna casa o, en casos de excepcional o urgente necesidad, cuando se trate de presuntos responsables de las acciones a que se refiere el art. 384 bis (delitos cometidos por personas integradas o relacionadas con bandas armadas o individuos terroristas o rebeldes), cualquiera que fuese el lugar o domicilio donde se ocultasen o refugiasen, dando cuenta inmediata al Juez competente.

3.3. Destino de la Detención

El tiempo que ofrece el texto Constitucional artículo 17 es más amplio, pues sitúa el plazo en setenta y dos horas y no en veinticuatro, como establece la Ley de Enjuiciamiento Criminal; ahora bien, en este sentido cabe hacer dos precisiones:

1ª. La detención efectuada por un particular. Tendrá como resultado la puesta inmediata del detenido a disposición del Juez de Instrucción o, en su caso, la entrega de aquel en el centro policial más próximo, por lo que aquí no es de aplicación el plazo señalado en la Constitución a efectos de realizar las investigaciones pertinentes (el particular no tiene por qué realizarlas), sino la entrega del detenido en el plazo más breve.

2ª. La detención efectuada por una autoridad o agente. Aquí si que el plazo de entrega se amplía hasta las setenta y dos horas, pero con salvedad importante de que, si las averiguaciones tendentes al esclarecimiento de los hechos han finalizado antes de dicho plazo, el detenido deberá ser entregado a la autoridad judicial, sin esperar a que transcurra dicho término, ya que el transcurso innecesario de todo el plazo originaría una detención ilegal.

3.4. La Retención

La retención consiste en un periodo de tiempo en el que el sujeto se halla en una situación legal indefinida, en la que no se encuentra detenido, y tampoco en situación de libertad. Esta definición sitúa al sujeto dentro de una especie de trampa dialéctica que no hace sino esconder una verdadera detención ilegal, encubierta bajo la apariencia de gestiones policiales.

La figura de la detención no existe jurídicamente, ya que la ley únicamente contempla dos supuestos: o se encuentra el ciudadano en el uso de su libertad o se encuentra limitado en el uso de dicho derecho y, por consiguiente, detenido, nunca retenido.

Según la sentencia del Tribunal Constitucional de 10 de julio de 1986 no se puede dar esa situación efectiva de privación de libertad, sin darse los presupuestos legales establecidos para tal fin; por ejemplo, el traslado de una persona a un centro policial en calidad de retenido con el fin de realizar gestiones supone dar nacimiento a ese estado real de detención sin que el detenido desde ese momento, disfrute de los derechos que le asisten como a tal, lo que origina una verdadera detención ilegal. La sentencia concluye definiendo qué es lo que debe entenderse por detención: Debe considerarse como detención cualquier situación en que la persona se vea impedida u obstaculizada para autodeterminar, por obra de su voluntad, una conducta lícita..., sin que puedan encontrarse zonas intermedias entre detención y libertad.

3.5. Detención por Falta

El artículo 495 de la Ley de Enjuiciamiento Criminal establece que no se podrá detener por simples faltas. En el mismo artículo, la ley establece la excepción a esta regla general, es decir, los casos en que sí puede detenerse por falta, casos en los que deben concurrir las dos circunstancias siguientes:

1. Que el presunto reo no tenga domicilio conocido.
2. Que no de fianza bastante, a juicio de la autoridad o agente que intente detenerle.

En consecuencia, si el presunto reo tiene domicilio conocido, o aún no teniéndolo, va acompañado de persona de conocida solvencia, o puede afianzar su comparecencia ante el juez, no procede la detención.

3.6. Derecho a la defensa

Conforme el artículo 17 de la Constitución «*Toda persona detenida debe ser informada de forma inmediata, y de modo que le sea comprensible, de sus derechos....*»

Precisa que se ha de informar de forma inmediata, es decir, tan pronto como se haya realizado la detención, aunque puede suceder que por razones de la realización del servicio policial no pueda hacerse en el mismo lugar de la detención y se hagan tan pronto como el detenido llegue a las dependencias policiales. Al decir de forma inmediata, no supone necesariamente instantaneidad, sino el tiempo más breve posible después de haberse efectuado la detención.

Se trata, en definitiva, de que exista la voluntad de comunicar por los funcionarios actuantes al detenido, los motivos de su detención, de forma inmediata, aunque ello se traduzca en proceder a tal comunicación momentos más tarde y tan pronto como el servicio así lo permita.

Comprobaciones de identidad en el art. 20 de la Ley Orgánica 1/1992, sobre protección de la Seguridad Ciudadana.

Este artículo faculta a los agentes de las Fuerzas y Cuerpos de Seguridad para solicitar la identificación de las personas y realizar las comprobaciones pertinentes cuando fuere necesario para el ejercicio de las funciones de protección de la seguridad que les encomienda esta ley y la Ley Orgánica 2/1986, de Fuerzas y Cuerpos de Seguridad, así como requerir a quienes no pudieren ser identificados a que acompañen a los agentes a dependencias policiales para verificar las diligencias de identificación.

Pero el traslado a las dependencias policiales a efectos de identificación sólo podrá llevarse a cabo para impedir la comisión de un delito o para sancionar una infracción.

Como requisito de carácter formal, se exige la obligatoriedad de llevar un Libro-Registro en las dependencias mencionadas en el que se harán constar las diligencias de identificación realizadas, así como los motivos y duración de las mismas, y que estará en todo momento a disposición de la autoridad judicial competente y del Ministerio Fiscal.

Como se dice en la exposición de motivos de la referida ley, esta medida no altera el régimen de la figura de la detención, que sólo podrá realizarse cuando se trate de un sospechoso de haber cometido un delito. Así pues, no se trata de una medida privativa de libertad, sino restrictiva del derecho a la libertad.

Señala finalmente este artículo, que en los casos de resistencia o negativa infundada a identificarse o a realizar voluntariamente las comprobaciones o prácticas de identificación, se estará a lo dispuesto en el Código Penal y en la Ley de Enjuiciamiento Criminal, ya que en este caso la conducta puede ser constitutiva de delito o falta y, consecuentemente, si se dan los requisitos legales, procedería la detención.

3.7. Detención y Prisión Provisional

El artículo 520 de la Ley de Enjuiciamiento Criminal dice:

«1º. La detención y la prisión provisional deberán practicarse en la forma que menos perjudique al detenido o preso en su persona, reputación y patrimonio». Deberá evitarse en el desarrollo de la actividad policial conducente a la detención, aquellas actitudes que, siendo innecesarias para la buena marcha del servicio, pudieran constituir una actuación vejatoria y degradante para el sujeto que va a resultar detenido o a causar daño innecesario en su persona o en sus bienes.

«La detención preventiva no podrá durar más tiempo que el estrictamente necesario para la realización de las averiguaciones tendentes al esclarecimiento de los hechos, dentro de los plazos establecidos en la presente ley, y, en todo caso, en el plazo máximo de setenta y dos horas, el detenido deberá ser puesto en libertad o a disposición judicial». Es decir,

aún cuando la ley marca el plazo máximo de las setenta y dos horas para ponerlo en libertad o a disposición judicial, no quiere decir que deba agotarse dicho plazo en todos los casos, sino que tan pronto hayan concluido las investigaciones deberá ser puesto el detenido en libertad o a disposición de la autoridad judicial, por lo que dicho plazo debe entenderse como plazo máximo.

«2º. Toda persona detenida o presa será informada de modo que le sea comprensible, y de forma inmediata, de los hechos que se le imputan y las razones motivadoras de su privación de libertad, así como de los derechos que le asisten y especialmente los siguientes:

- *a. Derecho a guardar silencio no declarando si no quiere, a no contestar a alguna o algunas de las preguntas que le formulen, o a manifestar que sólo declarará ante el Juez.*
- *b. Derecho a no declarar contra sí mismo y a no confesarse culpable.*
- *c. Derecho a designar abogado y a solicitar su presencia para que asista a las diligencias policiales y judiciales de declaración e intervenga en todo reconocimiento de identidad de que sea objeto. Si el detenido o preso no designara abogado, se procederá a la designación de oficio.*
- *d. Derecho a que se ponga en conocimiento de familiar, o persona que desee, el hecho de la detención y el lugar de custodia en que se halle en cada momento. Los extranjeros tendrán derecho a que las circunstancias anteriores se comuniquen a la oficina consular de su país.*
- *e. Derecho a ser asistido gratuitamente por un intérprete, cuando se trate de un extranjero que no comprenda o no hable el castellano.*
- *f. Derecho a ser reconocido por el médico forense o su sustituto legal y, en su defecto, por el de la institución en que se encuentre, o por cualquier otro dependiente del Estado o de otras Administraciones Públicas».*

3º. «Si se tratare de un menor de edad o incapacitado, la autoridad bajo cuya custodia se encuentra el detenido o preso notificará las circunstancias del ap. 2d) a quienes ejerzan la patria potestad, la tutela o la guarda de hecho del mismo y, si no fueren halladas, se dará cuenta inmediatamente al Ministerio Fiscal. Si el detenido menor o incapacitado fuera extranjero, el hecho de la detención se notificará de oficio al Cónsul de su país».

4º. «La autoridad judicial y los funcionarios bajo cuya custodia se encuentre el detenido o preso, se abstendrán de hacerle recomendaciones sobre la elección de abogado y comunicarán en forma que permita su constancia al Colegio de Abogados el nombre del abogado elegido por aquél para su asistencia o petición de que se le asigne de oficio. El Colegio de Abogados notificará al designado dicha elección, a fin de que se manifieste su aceptación o renuncia. En caso de que el designado no aceptare el referido encargo, no fuere hallado o no compareciere, el Colegio de Abogados procederá al nombramiento de un abogado de oficio. El abogado designado acudirá al centro de detención a la mayor brevedad y en todo caso, en el plazo máximo de ocho horas, contadas desde el momento de la comunicación al referido Colegio.

Si transcurrido el plazo de ocho horas de la comunicación realizada al Colegio de Abogados, no compareciese injustificadamente letrado alguno en el lugar donde el detenido o preso se encuentre, podrá procederse a la práctica de la declaración o del reconocimiento de aquél, si lo consintiere, sin perjuicio de las responsabilidades contraídas en caso de incumplimiento de sus obligaciones por parte de los abogados designados.

5º. No obstante, el detenido o preso podrá renunciar a la preceptiva asistencia de Letrado si su detención lo fuere por hechos susceptibles de ser tipificados, exclusivamente como delitos contra la seguridad del tráfico.

Una vez señalados los derechos que asisten al detenido, es preciso apuntar también en qué consiste esa asistencia del abogado en las diligencias policiales, reconocimiento, etc.; en resumen, qué actividad desarrolla el letrado que asiste al detenido en las dependencias policiales. Vienen desarrolladas en el 6º y último apartado del artículo 520, que dispone lo siguiente:

6º. La asistencia del abogado consistirá en:

a) Solicitar, en su caso, que se informe al detenido o preso de los derechos establecidos en el número dos de este artículo y que se proceda al reconocimiento médico señalado en su párrafo f).

b) Solicitar de la autoridad judicial o funcionario que hubiere practicado la diligencia en que el abogado haya intervenido, una vez terminada esta,, la declaración o ampliación de los extremos que considere convenientes, así como la consignación en el acta de cualquier incidencia que haya tenido lugar durante su práctica.

c) Entrevistarse reservadamente con el detenido al término de la práctica de la diligencia en que hubiere intervenido.

3.8. Tratamiento de los Detenidos

El artículo 520 de la Ley de Enjuiciamiento Criminal contiene dos principios generales básicos, a observar en todo momento.

1°. La detención y la prisión provisional deberán practicarse en la forma que menos perjudique al detenido o preso en su persona, reputación y patrimonio.

2°. La detención preventiva no podrá durar más del tiempo estrictamente necesario para la realización de las averiguaciones tendentes al esclarecimiento de los hechos. Dentro de los plazos establecidos en la presente ley, y, en todo caso, en el plazo máximo de 72 horas, el detenido deberá ser puesto en libertad o a disposición de la autoridad judicial.

Además y según se desprende del artículo 521 de la Ley de Enjuiciamiento Criminal y siguientes, los detenidos estarán, a ser posible, *separados los unos de los otros.* Si la separación no fuese posible, el Juez instructor o Tribunal cuidará de que no se reúnan personas de diferente sexo en la misma prisión, y de que los jóvenes y no reincidentes se hallen separados de los de edad madura y de los reincidentes. Para esta separación se tendrá en cuenta el grado de educación del detenido, su edad y naturaleza del delito que se le impute.

Todo detenido o preso puede *procurarse a sus expensas las comodidades u ocupaciones compatibles* con el objeto de su detención y con el régimen del establecimiento en que esté custodiado, siempre que no comprometan su seguridad o la reserva del sumario.

El derecho de los detenidos a *recibir visitas* se contempla en el artículo 523 de la LECr cuando el detenido o preso deseare ser visitado por *un ministro de su religión, por sus parientes o personas con quienes esté en relación de intereses*, o por las que puedan darle sus consejos, deberá permitírsele con las condiciones prescritas en el reglamento de las cárceles, si no afectase al secreto y éxito del sumario. *La relación con el abogado defensor no podrá impedírsele mientras estuviese en comunicación.*

El Juez Instructor autorizará, en cuanto no se perjudique el éxito de la instrucción, los medios de *correspondencia y comunicación* de que pueda hacer uso el detenido o preso. Pero en ningún caso, debe impedírseles a los detenidos o presos la libertad de escribir a los funcionarios superiores del orden judicial.

No se adoptará contra el detenido o preso ninguna medida *extraordinaria de seguridad sino en caso de desobediencia, de violencia o de rebelión, o cuando haya intentado o hecho preparativos para fugarse.* Esta medida deberá ser temporal, sólo subsistirá el tiempo necesario.

4. DEDICACIÓN PROFESIONAL

Deberán llevar a cabo sus funciones con total dedicación debiendo intervenir siempre, en cualquier tiempo y lugar, se hallaren o no de servicio, en defensa de la Ley y de la seguridad ciudadana.

El estar de servicio permanente, el Tribunal Supremo lo ha entendido únicamente con relación a las misiones genéricas y a las específicas de cada cuerpo (Sentencia del TS de 11 de junio de 1981 y 23 de septiembre de 1982).

Ningún buen profesional va a rechazar la posibilidad de intervenir cuando se trate de defender la ley o la seguridad ciudadana, aún cuando se encuentre fuera de servicio.

En cualquier tiempo y lugar, dicha expresión colisiona con la limitación de actuación de los policías locales al *término municipal,* las dificultades para actuar de *paisano* y la discriminatoria *entrega del arma al finalizar el servicio.*

Por lo tanto, teniendo en cuenta todo lo afirmado y a pesar de las contradicciones, podemos concluir que todo policía local franco de servicio y fuera del término municipal tiene la obligación de intervenir en defensa de la ley y de la seguridad ciudadana.

5. SECRETO PROFESIONAL

Deberán guardar riguroso secreto respecto a todas las informaciones que conozca por razón o ocasión del desempeño de sus funciones o las disposiciones de la ley les impongan actuar de otra manera.

Lo anterior no sirve para los hechos constitutivos de infracciones penales; ya que los miembros de las Fuerzas y Cuerpos de Seguridad con arreglo al ya analizado artículo 5.1.e. debe colaborar con la Administración de Justicia y auxiliarla. Por lo tanto ningún funcionario de la policía puede ampararse en el secreto profesional para no denunciar o no declarar sobre hechos que revistan el carácter de delito.

Los *confidentes*, son aquellas personas que facilitan a la policía información con cierta habitualidad, con el objetivo de conseguir a cambio alguna recompensa.

Los *informadores*, son aquellos ciudadanos que más o menos movidos casi siempre por loables intereses de mejora social y convivencia ciudadana facilitan puntual información sobre actividades delictivas.

En el tratamiento policial con confidentes e informadores se pueden dar los siguientes supuestos:

a) Cuando un funcionario de la policía conoce la perpetración de un hecho delictivo por parte de un confidente o informador suyo, *no cabe ampararse en el secreto profesional* para no denunciar y no declarar sobre tales hechos, desvelando la identidad de aquél como responsable criminal de los mismos.

b) Lo anterior también es extensible a las faltas penales perseguibles de oficio.

c) Cuando la policía, gracias a las noticias confidenciales, logra descubrir y aportar pruebas directas del delito y de su autoría, en este caso, el confidente o informador *debe quedar amparado por el anonimato.*

d) El auténtico problema se da cuando la única o básica prueba en el proceso penal es el testimonio del confidente o informador y éste permanece en el anonimato y no quiere dar la cara. Pues sólo cuando el colaborador de la policía sea testigo directo de la comisión del hecho punible es factible y obligado la revelación de su identidad ante la justicia.

Por otra parte lo que se intenta, y esto es lo verdaderamente importante, secundar el precepto constitucional manifestado en el artículo 18 del capítulo II: Derechos y libertades, del Titulo I: De los derechos y deberes fundamentales.

Como queda claro, en nuestra Carta Magna el derecho a la intimidad es considerado un derecho fundamental y por lo tanto inalienable.

Es importante tenerlo en cuenta y más en un mundo y en un tipo de sociedad en que vivimos, donde la intimidad de las personas, puede significar un lucrativo negocio, para cierta prensa sin muchos escrúpulos, que la trata como una mera mercancía más, y también ser una tentación para poder presionar políticamente a lo adversarios y un modo ilegal de hacerse fácilmente con pruebas por parte de la policía. Pudiendo reconocer que todo esto, no se dice por si pasa, sino porque con demasiada frecuencia ha pasado, teniendo todos in mente casos que recordamos.

Llegado este momento, será bueno recordar lo que dice la Constitución en el artículo 18:

> «*1. Se garantiza el derecho al honor, a la intimidad personal y familiar, y a la propia imagen.*
>
> *2. El domicilio es inviolable. Ninguna entrada o registro podrá hacerse en él sin consentimiento del titular o resolución judicial, salvo en caso de flagrante delito.*
>
> *3. Se garantiza el secreto de las comunicaciones y, en especial, de las postales, telegráficas y telefónicas, salvo resolución judicial.*
>
> *4. La ley limitará el uso de la informática para garantizar el honor y la intimidad personal y familiar de los ciudadanos y el pleno ejercicio de los derechos*».

El vigente Código Penal ha sido sensible a estas nuevas necesidades y en lugar de tratar el tema a través de dos artículos 367 y 368 como lo hacía el antiguo código, lo amplía a cinco artículos matizando muchos detalles y tocando aspectos que en el código anterior se ignoraban.

El Código Penal vigente, trata del derecho a la intimidad en los artículos 197 a 201 del capítulo I: Del descubrimiento y revelación de secretos, del Título X: Delitos contra la intimidad, el derecho a la propia imagen y la inviolabilidad del domicilio.

De un modo reducido vamos a recorrer las principales afirmaciones de los distintos artículos. Dice el artículo 197:

1. *El que intercepte* cartas, correo electrónico o telecomunicaciones, usando recursos técnicos, prisión y multa.
2. *El que se apodere, modifique o utilice datos* que se hallen registrados en ficheros o soportes electrónicos, públicos o privados...
3. *Quienes difunden o revelan datos* de los números anteriores...
4. Si los hechos descritos se realizan por *personas encargadas de ficheros*...
5. Cuando los *datos afectan a la ideología, religión, salud, vida sexual*...

6. Si *hechos por fines lucrativos* y si *además afectan al apartado 5....*»

En el artículo 198 se manifiesta: «Autoridad o funcionario público que fuera de los casos permitidos por la ley, sin mediar causa legal por delito y prevaleciéndose de su cargo....»

En el artículo 199: «El que revelare secretos ajenos conocidos por su oficio o relaciones laborales....»

En el art. 200: «Revelar datos reservados de personas jurídicas...»

Finalmente en el art. 201:

1. Para poder proceder es necesario denunciar.
2. Sin necesidad de denuncia si afecta a muchos o menor de edad.
3. El perdón extingue la acción penal.

La policía no puede caer en el delito para perseguir al delito. Si esto ocurre, entonces no existe ninguna diferencia entre el policía y el delincuente, además de que las pruebas así conseguidas son ilegales y no pueden servir para probar nada. La policía, por muchas ganas que tenga de coger al que sabe infractor, no debe olvidar que se encuentra ante un derecho fundamental constitucional y que solamente respetando las disposiciones legales, aunque sean más limitativas de lo que uno quisiera, precisamente para salvaguardar la intimidad de la mayoría, se puede meter en estos temas.

Otro aspecto, ajeno a lo legal, es que resulta inaudito que a personas que se las ha cogido «*manos en la masa*» aunque la prueba no tenga fuerza probatoria por ser ilegal por el bien de la mayoría, no por ello los hechos dejan de existir y si luego esta persona hace alardes de honestidad, más valdría que se callara por no producir vergüenza ajena, defendiendo sí su derecho a la intimidad pero no haciendo alardes de algo que se sabe que no es verdad.

Para finalizar, queremos añadir que en cuestiones de derechos constitucionales, sobre todo, no son buenos para la policía los atajos y a la larga para su mayor autoridad moral y eficacia, es mejor ser muy respetuosos con lo legal porque unas prisas o un despiste en estas materias puede costar un gran descrédito para el Cuerpo, que se tarda mucho en olvidar y que con facilidad se generaliza.

6. RESPONSABILIDAD

Son responsables personal y directamente por los actos que en su actuación profesional llevaron a cabo, infringiendo o vulnerando las normas legales, así como las reglamentarias que rijan su profesión y los principios enunciados anteriormente, sin perjuicio de la responsabilidad patrimonial que pueda corresponder a las Administraciones Públicas por las mismas.

El artículo 106. 2 de la Constitución Española establece que los particulares, en los términos establecidos por la ley, tendrán derecho a ser indemnizados por toda clase de lesión que sufran en cualquiera de sus bienes y derechos, salvo en los casos de fuerza mayor, siempre que la lesión sea consecuencia del funcionamiento de los servicios públicos.

El artículo 54 de la Ley de Bases del Régimen Local establece que las entidades locales responderán directamente de los daños y perjuicios causados a los particulares en sus bienes y derechos como consecuencia del funcionamiento de los servicios públicos o de la actuación de sus autoridades, funcionarios o agentes, en los términos establecidos en al legislación general sobre responsabilidad administrativa.

Los artículos 109 y 116 del Código Penal establecen que toda persona responsable criminalmente de un delito o falta también lo es civilmente, y tal responsabilidad comprende la restitución, la reparación del daño causado y la indemnización de perjuicios.

El artículo 120 de Código Penal establece que la responsabilidad subsidiaria que se establece en el artículo anterior será también extensiva a las personas, entidades, organismos y empresas dedicadas a cualquier género de industria, por los delitos faltas en que hubiesen incurrido sus empleados o dependientes en el desempeño de sus obligaciones o servicio.

¿Qué sucede hoy, con la responsabilidad civil subsidiaria del Estado, Comunidades Autónomas o Municipios?

1°. Se sigue la teoría general contenida en el artículo 121 del Código Penal. La responsabilidad civil subsidiaria del art. 121 de CP es aplicable a los entes públicos, es decir, al Estado y sus Organismos Autónomos, a la Provincia, al Municipio y a las Comunidades Autónomas, ya que el término «*persona*» abarca por igual a la natural como a la jurídica y, por lo tanto, sin ningún tipo de excepcionalidad, a las Administraciones Públicas, cuando actúan con tal carácter, en los servicios directamente administrados. El art. 121 es un precepto descriptivo y no contiene ningún tipo de exhaustividad.

2°. El dato decisivo para fundamentar la responsabilidad subsidiaria a las Administraciones Públicas radica en que el ilícito penal atribuido al subordinado o dependiente haya adquirido cuerpo con ocasión del servicio o cumplimiento de las obligaciones comisionadas por el principal. Lo transcendente es la relación que existe entre el autor de la infracción y la Administración, con tal de que haya una relación de dependencia.

3°. El Estado, Comunidades Autónomas o Municipios serán responsables civil subsidiario en los supuestos daños, tanto personales como materiales causados por los miembros de las Fuerzas y Cuerpos de Seguridad en base a los artículos 5.4 y ss de la LO 2/86 de 13 de marzo que impone a dichos miembros el deber de intervenir siempre, en cualquier tiempo y lugar, se hallaren o no de servicio en defensa de la Ley de Seguridad Ciudadana, y les impone la correspondiente responsabilidad, con independencia de la responsabilidad patrimonial que pueda corresponder a la Administración Pública; excluyéndose dicha responsabilidad civil subsidiaria del Estado cuando los miembros de las Fuerzas de Seguridad, que no se hallaren de servicio, actúen al margen de la dedicación profesional prevista en el art. 5.4 de la LO citada.

Con el análisis de estas últimas líneas del artículo 5°, Capítulo II, Título I de la Ley Orgánica 2/1986, donde se habla de los Principios Básicos de Actuación de los miembros de las Fuerzas y Cuerpos de Seguridad del Estado que constituyen su verdadero Código Deontológico actual, damos por finalizado dicho trabajo.

Anexo I

Documentación Internacional sobre ética policial

1. RESOLUCIÓN de la Asamblea Parlamentaria del Consejo de Europa, de 8 de mayo de 1979. Declaración sobre la policía.
2. RESOLUCIÓN de la Asamblea General de las Naciones Unidas de 17 de diciembre de 1979. Código de conducta para los responsables de la aplicación de las leyes.

1. RESOLUCIÓN de la Asamblea Parlamentaria del Consejo de Europa, de 8 de mayo de 1979

DECLARACIÓN SOBRE LA POLICÍA

Deontología

1. Corresponde a todo funcionario de policía cumplir con los deberes que les confiere la ley protegiendo a sus conciudadanos y a la colectividad contra las violencias, los ataques a la propiedad y otros actos perjudiciales definidos por la Ley.

2. Todo funcionado de policía ha de actuar con integridad, imparcialidad y dignidad. En particular, ha de abstenerse de todo acto de corrupción y oponerse a él decididamente.

3. Las ejecuciones sumarias, la tortura y otras penas o tratamientos inhumanos y degradantes quedan prohibidos en cualquier circunstancia. Todo funcionario tiene el deber de no ejecutar o de ignorar toda orden o instrucción que implique estos hechos.

4. Un funcionado de policía ha de ejecutar las órdenes legales reglamentariamente dictadas por su superior jerárquico; de todas formas se abstendrá de ejecutar cualquier orden que sepa, o deba saber, que es ilegal.

5. Es deber de todo funcionario de policía oponerse a todas las violaciones de la Ley. Si estas violaciones son de tal naturaleza que supongan un perjuicio grave o inmediato o irreparable ha de actuar sin retardo para impedirlas de la mejor manera posible.

6. Si no ha de temer ningún perjuicio grave e inmediato o irreparable, ha de esforzarse para evitar las consecuencias de estas violaciones o su repetición, avisando a sus superiores. Si esta medida no da resultado, ha de poder informar de este a una autoridad superior.

7. Ninguna medida legal o disciplinaria será adoptada contra un funcionario de policía que se haya negado a ejecutar una orden ilegal.

8. Es deber de todo funcionario de policía negarse a participar en la búsqueda, arresto, custodia o transporte de personas buscadas, detenidas o perseguidas, sin que sean sospechosas de haber cometido un acto ilegal, por razón de su raza o de sus convicciones religiosas o políticas.

9. Todo funcionario de policía es personalmente responsable de sus actos y de los actos u omisiones que haya ordenado y que sean ilegales.

10. La vía jerárquica ha de estar claramente establecida. Ha de ser siempre posible dirigirse al superior responsable de los actos u omisiones de un funcionario de policía.

11. La legislación ha de prever un sistema de garantía y de recursos legales contra los perjuicios que puedan resultar de las actividades de la policía.

12. En el ejercicio de sus funciones, el funcionario de policía ha de actuar con la decisión necesaria sin recurrir a la fuerza, más allá de lo que es razonable, para llevar a cabo un cometido exigido o autorizado por la Ley.

13. Es necesario dar a los funcionados de policía instrucciones claras y precisas sobre la manera y las circunstancias en las que han de hacer uso de sus armas.

14. Un funcionario de policía que esté custodiando a una persona que necesite atención médica ha de avisar al personal facultado y, llegado el caso, tomar las medidas para proteger la vida y la salud de la persona. Ha de ajustarse a las instrucciones de los médicos y de otros miembros cualificados del personal sanitario si éstos estiman que un detenido ha de ser sometido a vigilancia médica.

15. Un funcionario de policía ha de guardar secreto de todas las cuestiones de carácter confidencial de las que tenga conocimiento, excepto que el ejercicio de sus funciones o de la ley le ordenen actuar de otra manera.

16. Todo funcionario de policía que se ajuste a las disposiciones de esta declaración tiene derecho al apoyo activo, tanto moral como material, de la colectividad en la que ejerce sus funciones.

Estatuto

1. Las fuerzas de policía son un servicio público creado por la Ley y encargado del mantenimiento del orden y la aplicación de la Ley.

2. Cualquier ciudadano puede ingresar en la policía si reúne las condiciones exigidas.

3. El funcionario de policía ha de recibir una formación general y profesional profunda, antes y durante su servicio, así como una enseñanza apropiada en materia de problemas sociales, de libertades públicas, de derechos humanos, principalmente por lo que hace referencia al Convenio Europeo de Derechos Humanos.

4. Las condiciones profesionales, psicológicas y materiales en las que el funcionario de policía ejerce sus funciones han de preservar su integridad, imparcialidad y dignidad.

5. El funcionario de policía tiene derecho a una remuneración justa, teniendo en cuenta algunos factores particulares, tales como la importancia del riesgo y de las responsabilidades, así como ola irregularidad de los horarios de trabajo.

6. Los funcionarios de policía han de poder constituir organizaciones profesionales, afiliarse y participar activamente. Pueden igualmente, llevar a cabo un papel activo en otras organizaciones.

7. Condición de ser representativa, una organización profesional de la policía ha de poder:

– Participar en las negociaciones relativas al estatuto profesional de los funcionarios de policía.

– Ser consultada sobre la gestión de los Cuerpos de policía.

– Emprender cualquier acción judicial a favor de un funcionario o de un grupo de funcionarios de policía.

8. Para un funcionario de policía el hecho de estar afiliado a una organización profesional o de participar en sus actividades no ha de sede perjudicial.

9. En el curso de un acción disciplinaria o pena] ejercida contra él, un funcionario de policía tiene el derecho a ser escuchado y defendido por un abogado. La decisión ha de ser tomada en un término razonable. Igualmente ha de poder solicitar la asistencia de la organización profesional a la que pertenece.

10. Un funcionario de policía que es objeto de una medida disciplinada o de una sanción penal tiene derecho a recurrir a una organización independiente e imparcial o a un Tribunal.

11. Ante los tribunales, un funcionario de policía disfruta de los mismos derechos que el resto de los ciudadanos.

Guerra y otras situaciones de excepción

1. En caso de guerra y de ocupación extranjera, el funcionario de policía ha de continuar asumiendo su papel de protección de las personas y de los bienes en interés de la población civil. No ha de tener, pues, el estatuto de «combatiente» y las disposiciones del Tercer Convenio de Ginebra de 12 de agosto de 1949, relativas al trato de pasiones de guerra, no le son aplicables.

2. Las disposiciones del Cuarto Convenio de Ginebra de 12 de agosto de 1949, relativas a la protección de personas civiles en tiempo de guerra, son aplicables a la policía civil.

3. La potencia ocupante no ha de ordenar a los funcionarios de policía que lleven a término cometidos distintos a los reseñados en el articulo 1 del presente capítulo.

4. En caso de ocupación, funcionario de policía no ha de:

– Tomar parte en acciones contra miembros de los movimientos de resistencia.

– Dar ayuda a la aplicación de medidas que tengan por objetivo utilizar a la población con finalidades militares y en la custodia de instalaciones militares.

5. Si un funcionario de policía dimite durante la ocupación enemiga porque se le obliga a ejecutar órdenes ¡legítimas de la potencia ocupante, tales como las que se acaban de citar, que sean contrarias a los intereses de la población civil y lo hace por no tener otra alternativa, ha de ser reintegrado a las fuerzas de la policía en el momento en que la ocupación acabe sin perder ninguno de los derechos o ventajas de los que se debería beneficiar en caso de haberse mantenido en la policía.

6. Durante o al final de la ocupación, un funcionario de policía no puede, en ningún caso, ser objeto de sanción penal o disciplinada por haber ejecutado de buena fe órdenes de una autoridad considerada como competente, siempre que la ejecución de la orden incumba normalmente a la policía.

7. La potencia ocupante no puede imponer sanciones disciplinarias o judiciales contra funcionarios de la policía por el hecho de haber ejecutado, con anterioridad a la ocupación, órdenes dadas por las autoridades competentes.

2. RESOLUCIÓN de la Asamblea General de las Naciones Unidas de 17 de diciembre de 1979. Código de conducta para los responsables de la aplicación de las leyes

CÓDIGO DE CONDUCTA PARA LOS RESPONSABLES DE LA APLICACIÓN DE LAS LEYES

Artículo 1.

Los responsables de la aplicación de las Leyes han de aceptar en todo momento el deber que les impone la Ley, sirviendo a la colectividad y protegiendo todas las personas contra los actos ilegales, de acuerdo con el grado de responsabilidad que exige la profesión.

Artículo 2.

En el cumplimiento de su deber, los responsables de la aplicación de las leyes han de respetar y proteger la dignidad humana y defender y proteger los derechos fundamentales de toda persona.

Artículo 3.

Los responsables de la aplicación de las Leyes pueden recurrir a la fuerza no más cuando es estrictamente necesario y en la medida exigida por el cumplimiento de sus funciones.

Artículo 4.

Las informaciones de carácter confidencial que conocen los responsables de aplicación de las Leyes se han de mantener en secreto, a menos que el cumplimiento de sus funciones o las necesidades de justicia no exijan lo contrario.

Artículo 5.

Ningún responsable de la aplicación de las leyes puede infringir, suscitar o tolerar un acto de tortura o cualquier otra pena o tratamiento cruel, inhumano o degradante, ni puede invocar una orden de sus superiores o circunstancias excepcionales como un estado de guerra o amenaza de guerra, una amenaza contra la seguridad nacional, la inestabilidad, para justificar la tortura u otras penas o tratamientos crueles, inhumanos o degradantes.

Artículo 6.

Los responsables de la aplicación de las leyes han de velar por la salud de las personas que vigilan y, en particular, tomar inmediatamente las medidas necesarias para que puedan recibir las atenciones médicas indispensables.

Artículo 7.

Los responsables de la aplicación de las leyes no han de cometer ningún acto de corrupción. Así mismo, se han de oponer vigorosamente a cualquier acto de este género y oponerse.

Artículo 8.

Los responsables de la aplicación de las leyes han de respetar la Ley y el presente Código. Al mismo tiempo, se ha de oponer con todas sus fuerzas a toda violación de la Ley o de este Código. Los responsables de la aplicación de las leyes, que tengan razones para pensar que se ha cometido una violación de este Código o que se está a punto de producir tendrán que comunicarlo a sus superiores y, en caso necesario, a otras autoridades o instancias de control o de recurso competentes.

Anexo II

Documentación Nacional sobre ética policial

1. ORDEN del Ministerio del Interior de 30 de septiembre de 1981, por la que se dispone la publicación del acuerdo del Consejo de Ministros de 4 de septiembre de 1981, sobre Principios Básicos de Actuación de los Miembros de las Fuerzas y Cuerpos de Seguridad del Estado.
2. REAL DECRETO 33/1986, de 10 de enero, por el que se aprueba el reglamento de Régimen Disciplinario de los Funcionarios de la Administración del Estado.
3. REAL DECRETO 884/89, de 14 de julio, por el que se aprueba el Reglamento de Régimen Disciplinario del Cuerpo Nacional de Policía.
4. DECRETO 18/1995, de 24 de enero, del Gobierno Valenciano, regulador de los criterios de utilización del equipo de autodefensa y el armamento por las policías locales de la Comunidad Valenciana.

1. ORDEN del Ministerio del Interior de 30 de septiembre de 1981, por la que se dispone la publicación del acuerdo del Consejo de Ministros de 4 de septiembre de 1981, sobre Principios Básicos de Actuación de los Miembros de las Fuerzas y Cuerpos de Seguridad del Estado

Los principios de justicia, libertad y seguridad, proclamados por la Constitución Española, tienen en las Fuerzas y Cuerpos de la Seguridad del Estado uno de los pilares básicos, al encomendarse a éstos, en la primera norma legal, la protección del libre ejercicio de los derechos y libertades y la garantía de seguridad ciudadana.

El Consejo de Europa, en su Resolución 690, relativa a la «Declaración sobre la Policía», ha fijado con carácter general estos principios, por lo que se hace necesario un acuerdo que, respetando los cometidos que por su naturaleza militar tiene la Guardia Civil y reconociendo el principio de reserva de Ley proclamado en la Constitución, cubra el vacío existente en nuestro ordenamiento jurídico —con carácter provisional hasta que se dicte la norma legal de rango adecuado, que, una vez aprobada por el Gobierno, será sometida al Congreso, según lo previsto en el artículo 88 de la Constitución— y constituyan fuente de inspiración de la Policía, de promoción legislativa y de desarrollo de las competencias que en materia de seguridad ciudadana han de corresponder a las Fuerzas y Cuerpos de Seguridad del Estado.

En consecuencia, a propuesta del Ministerio del Interior, el Consejo de Ministros en su reunión del día 4 de septiembre de 1981 acuerda:

Establecer como principios básicos de actuación de las Fuerzas y Cuerpos de Seguridad del Estado:

Artículo 1º. Los miembros de las Fuerzas y Cuerpos de Seguridad del Estado estarán obligados a respetar la Constitución y a cumplir ejemplarmente los deberes generales de todo ciudadano.

Art. 2º. Los miembros de las Fuerzas y Cuerpos de Seguridad del Estado tienen como misión fundamental proteger el libre ejercicio de los derechos y libertades y garantizar el orden y la seguridad ciudadana, de acuerdo con el mandato constitucional y demás normas legales y reglamentarias.

Art. 3º. Los miembros de las Fuerzas y Cuerpos de Seguridad del Estado no estarán obligados al cumplimiento de órdenes reglamentariamente dictadas que entrasen la ejecución de actos que aquéllos sepan o deban saber que manifiestamente sean contrarios a las Leyes o constituyan delito en particular contra la Constitución.

Art. 4º. Los miembros de aquellas Fuerzas y Cuerpos evitará la comisión de hechos delictivos. De haberse cometido éstos les corresponde investigarlos, descubrir y detener a los culpables y recoger y asegurar los efectos, instrumentos y pruebas del delito, actuando en tal misión son sujeción a los órganos judiciales.

Art. 5º. Los componentes de las Fuerzas y Cuerpos de Seguridad del Estado actuarán en el cumplimiento de sus funciones con absoluta imparcialidad, integridad y dignidad.

Art. 6º. Los miembros de las Fuerzas y Cuerpos de Seguridad del Estado estarán sujetos en su actuación profesional a los principios de jerarquía y subordinación.

Art. 7º. Velarán por el cumplimiento de las Leyes y reglamentos, teniendo el deber de oponerse a cualquier acto que entrañe la violación de los mismos, actuando para impedirlo, cualquiera que fuere su autor y circunstancias.

Art. 8º. Asumen especialmente el deber de impedir, en el ejercicio de su actuación profesional, cualquier práctica abusiva, arbitraria o discriminatoria.

Art. 9º. Los componentes de las Fuerzas y Cuerpos de Seguridad del Estado tienen el deber de velar por la vida e integridad física de las personas a quienes detuvieron, o que se encontraron bajo su custodia, dejando siempre a salvo el honor y la dignidad de las mismas. Requerirán en caso necesario la presencia de facultativo o letrado que atienda o asista al detenido.

Art. 10. En el ejercicio de su actuación profesional, los componentes de aquellas Fuerzas y Cuerpos actuarán siempre con la necesaria decisión, sujetándose al empleo de aquellos medios de disuasión y defensa que fueran adecuados y proporcionados al alcance de la perturbación o daño producido, procurando, en cualquier caso, no hacer uso de la fuerza más allá de lo razonable y necesario para cumplir su cometido y evitar el daño a las personas o a las cosas.

Art. 11. Los miembros de aquellas Fuerzas y Cuerpos observarán siempre un trato correcto y esmerado en sus relaciones con todas las personas, a quienes procurarán auxiliar y proteger, siempre que las circunstancias lo aconsejen o fueren requeridos para ello.

Art. 12. Los componentes de las Fuerzas y Cuerpos de Seguridad del Estado estarán obligados a una colaboración y cooperación recíprocas, debiendo guiarse su actuación, en todo momento, y aun cuando se tratare del ejercicio de sus derechos, por el respeto al honor y prestigio de estas Fuerzas y Cuerpos y de sus compañeros, así como la salvaguardia de la seguridad física de todos sus miembros.

Art. 13. Los componentes de dichas Fuerzas y Cuerpos llevarán a cabo sus funciones con total dedicación, debiendo de intervenir siempre en cualquier tiempo y lugar, se hallaran o no de servicio, en defensa de la Ley y el orden.

Art. 14. La pertenencia a las Fuerzas y Cuerpos de Seguridad del Estado determina la incompatibilidad de sus miembros para dedicarse a cualquier otra profesión o actividad, en cuanto ello pueda impedir o menoscabar su imparcialidad y objetividad en el cumplimiento de sus funciones.

Art. 15. Los miembros de las Fuerzas y Cuerpos de Seguridad del Estado tendrán el deber de reserva y secreto profesional respecto a los hechos que conozcan por razón o con ocasión del desempeño de sus funciones y no estarán obligados a revelar la identidad o circunstancias de aquellas personas que colaboren con ellos, salvo cuando la actuación de éstas hubiera dado lugar a la comisión de hechos punibles.

Art. 16. Todos y cada uno de los componentes de las referidas Fuerzas y Cuerpos serán responsables personal y directamente, en la medida que corresponda, por los actos que en su actuación profesional llevaran a cabo infringiendo o vulnerando, de alguna manera, las normas legales, así como las reglamentarias que rijan su profesión y los principios que ahora se enuncian.

Art. 17. La responsabilidad penal en que pudieran haber incurrido los miembros de las Fuerzas y Cuerpos de Seguridad, con motivo u ocasión de su actuación policial, será exigida por los órganos de la jurisdicción ordinaria, dejando a salvo que, por razón de la persona, del delito o del lugar, sea competente otra jurisdicción y sin perjuicio de las sanciones que, en su caso, les correspondiera en el plano administrativo, por incumplimiento de sus deberes reglamentarios.

Art. 18. Como garantía del cumplimiento de su misión al servicio de la comunidad, los componentes de las Fuerzas y Cuerpos de Seguridad del Estado actuarán en el ejercicio de sus misiones con absoluta neutralidad política....

Art. 19. Los miembros de las Fuerzas y Cuerpos de Seguridad del Estado recibirán permanentemente una formación y preparación profesional que garantice el mejor cumplimiento de sus deberes fundamentales, así como una enseñanza apropiada en materia de derechos humanos y libertades públicas.

Art. 20. Se reconoce a estos miembros el derecho a ocupar puestos de servicio conforme a sus méritos, capacidad y antigüedad, a tenor de lo dispuesto en la correspondiente legislación y reglamentación.

Art. 21. Los componentes de las citadas Fuerzas y Cuerpos gozarán del derecho a la inamovilidad de residencia, salvo circunstancias determinadas, debidamente ponderadas, en función de las necesidades del servicio y las propias de la naturaleza de algunos de aquéllos.

Art. 22. Los poderes públicos proveerán las condiciones más favorables para una adecuada promoción profesional, social y humana de los miembros de las repetidas Fuerzas y Cuerpos de Seguridad.

Art. 23. Los componentes de las citadas Fuerzas y Cuerpos tendrán derecho a una remuneración justa, en función de su especial estructura organizativa, que contemple la dedicación permanente y la incompatibilidad de sus funciones, así como la penosidad y el riesgo que comporta su misión.

Art. 24. Tendrán derecho a constituir, dentro de su propio Cuerpo, organizaciones profesionales, afiliarse y participar activamente en ellas, no pudiendo hacerlo ni federarse con organizaciones sindicales ajenas a la Corporación. Los miembros de la Guardia Civil quedarán sujetos, respecto al ejercicio de este derecho, a lo que la Ley Orgánica sobre funciones, principios básicos de actuación y estatutos disponga al efecto.

Art. 25. Los miembros de las citadas Fuerzas y Cuerpos estarán, en cuanto al ejercicio de los demás derechos sindicales, a lo dispuesto en la Ley que lo regule. En todo caso, en atención a la esencialidad de los servicios que prestan a la comunidad, se asegurará el mantenimiento de los mismos, a tenor de lo establecido en la Constitución.

Art. 26. El ejercicio de los derechos enunciados no podrá suponer perjuicio, menoscabo ni discriminación alguna en su carrera.

Art. 27. En el ejercicio de su actividad profesional, los miembros de las Fuerzas y Cuerpos de Seguridad tendrán en todo momento el respaldo de la Administración que, en reconocimiento de su delicada función, les dispensará su tutela y asistencia efectiva, facilitándoles defensa gratuita por las actuaciones judiciales que se dirijan contra los mismos, con ocasión o por consecuencia de aquella actividad.

Art. 28. Asimismo, dichos miembros estarán obligados a desempeñar su cometido con total acatamiento y obediencia a los principios aquí enunciados, a dispensar exquisito trato a todas las personas, medio imprescindible para obtener la colaboración y respeto de la sociedad a que protegen, a cuyo apoyo y cooperación tienen derecho. La Administración facilitará los medios necesarios para lograr una plena inserción en la sociedad e identificación con los ciudadanos.

2. *REAL DECRETO 33/1986, de 10 de enero, por el que se aprueba el reglamento de Régimen Disciplinario de los Funcionarios de la Administración del Estado*

El artículo 31 de la Ley 30/1984, de 2 de agosto, de Medidas para la Reforma de la Función Pública, vino a modificar el número y la tipificación de las faltas consideradas como muy graves cometidas por los funcionarios en el ejercicio de sus cargos, derogando así, en este punto, la regulación del Régimen Disciplinario de los Funcionarios, contenida en la Ley articulada de 7 de febrero de 1964.

Tal modificación, impuesta por la relevancia y creciente complejidad de las tareas desempeñadas por los servidores del Estado, hace necesaria una correlativa modificación de las faltas consideradas como graves y leves y una mayor precisión de las sanciones a imponer.

Asimismo se ha de dotar al procedimiento disciplinario de la máxima agilidad y eficacia posibles, de modo que no se entorpezca la buena marcha de los servicios y se garantice al tiempo el respeto debido a los derechos del funcionario, para lo cual se introduce, como novedad sustancial, el trámite de audiencia y vista del expediente.

Debe reseñarse, por último, la modificación que se lleva a cabo, de acuerdo con los nuevos criterios que inspiran la legislación general al declarar que la cancelación de las faltas impide apreciar reincidencia en las mismas.

En su virtud, a propuesta del Ministro de la Presidencia, previo informe de la Comisión Superior de Personal, de acuerdo con el Consejo de Estado y previas deliberación del Consejo de Ministros en su reunión del día 10 de enero de 1986,

DISPONGO:

Artículo único

Se aprueba el Reglamento de Régimen Disciplinario de los Funcionarios de la Administración del Estado, en desarrollo y ejecución de la Ley 30/1984, de 2 de agosto, cuyo texto Se inserta a continuación.

Reglamento de Régimen Disciplinario de los funcionarios de la Administración del Estado

TÍTULO I
Régimen Disciplinario

CAPÍTULO PRIMERO
Disposiciones generales

Artículo uno

El presente Reglamento será de aplicación al personal funcionario comprendido en el artículo 1. 1, de la Ley 30/1984, de 2 de agosto, de Medidas para la Reforma de la Función Pública.

Artículo dos

Los funcionarios en prácticas estarán sometidos a lo dispuesto en el presente reglamento, en la medida que les sea de aplicación, sin perjuicio de las normas especiales que regulen su procedimiento de selección.

Artículo tres

Las disposiciones del presente Reglamento tendrán carácter supletorio para los demás funcionarios al servicio del Estado y de las Administraciones Públicas no incluidos en su ámbito de aplicación.

Artículo cuatro

El Régimen Disciplinario establecido en este Reglamento se entiende sin perjuicio de la responsabilidad civil o penal en que puedan incurrir los funcionarios, la cual se hará efectiva en la forma que determine de Ley.

CAPÍTULO SEGUNDO
Faltas disciplinarias

Artículo cinco

Las faltas cometidas por los funcionarios en el ejercicio de sus cargos podrán ser muy graves, graves y leves.

Artículo seis

Son faltas muy graves:

a) El incumplimiento del deber de fidelidad a la Constitución en el ejercicio de la Función Pública,

b) Toda actuación que suponga discriminación por razón de raza, sexo, religión, lengua, opinión, lugar de nacimiento, vecindad, o cualquier otra condición o circunstancia personal o social.

c) El abandono de servicio.

d) La adopción de acuerdos manifiestamente ilegales que causen perjuicio grave a la Administración o a los ciudadanos.

e) La publicación o utilización indebida de secretos oficiales así declarados por Ley o clasificados como tales.

f) La notoria falta de rendimiento que comporte inhibición en el cumplimiento de las tareas encomendadas.

g) La violación de la neutralidad o independencia políticas, utilizando las facultades atribuidas para influir en procesos electorales de cualquier naturaleza y ámbito.

h) El incumplimiento de las normas sobre incompatibilidades.

i) La obstaculización al ejercicio de las libertades públicas y derechos sindicales.

j) La realización de actos encaminados a coartar el libre ejercicio del derecho de huelga..

k) La participación en huelgas a los que la tengan expresamente prohibida por la Ley.

l) El incumplimiento de la obligación de atender los servicios esenciales en caso de huelga.

m) Los actos limitativos de la libre expresión de pensamiento, ideas y opiniones.

n) Haber sido sancionado por la comisión de tres faltas graves en un período de un año.

Artículo siete

1. Son faltas graves:

a) La falta de obediencia debida a los superiores y autoridades.

b) El abuso de autoridad en el ejercicio del cargo.

c) Las conductas constitutivas de delito doloso relacionadas con el servicio o que causen daño a la Administración o a los administrados.

d) La tolerancia de los superiores respecto de la comisión de faltas muy graves o graves de sus subordinados.

e) La grave desconsideración con los superiores, compañeros o subordinados.

f) Causar daños graves en los locales, material o documentos de servicios.

g) Intervenir en un procedimiento administrativo cuando se dé alguna de las causas de abstención legalmente señaladas.

h) La emisión de informes y la adopción de acuerdos manifiestamente ilegales cuando causen perjuicio a la Administración o a los ciudadanos y no constituyan falta muy grave.

i) La falta de rendimiento que afecte al normal funcionamiento de los servicios y no constituya falta muy grave.

j) No guardar el debido sigilo respecto a los asuntos que se conozcan por razón del cargo, cuando causen perjuicio a la Administración o se utilicen en provecho propio.

k) El incumplimiento de los plazos u otras disposiciones de procedimiento en materia de incompatibilidades, cuando no suponga mantenimiento de una situación de incompatibilidad.

l) El incumplimiento injustificado de la jornada de trabajo que acumulado suponga un mínimo de diez horas al mes.

m) La tercera falta injustificada de asistencia en un período de tres meses, cuando las dos anteriores hubieren sido objeto de sanción por falta leve.

n) La grave perturbación del servicio.

ñ) El atentado grave a la dignidad de los funcionarios o de la Administración.

o) La grave falta de consideración con los administrados.

p) Las acciones u omisiones dirigidas a evadir los sistemas de control de horarios o a impedir que sean detectados los incumplimientos injustificados de la jornada de trabajo.

2. A efectos de lo dispuesto en el presente artículo se entenderá por mes el período comprendido desde el día primero al último de cada uno de los doce que componen el año.

Artículo ocho

Son faltas leves:

a) El incumplimiento injustificado del horario de trabajo cuando no suponga falta grave.

b) La falta de asistencia injustificada de un día.

c) La incorrección con el público, superiores, compañeros o subordinados.

a) El descuido o negligencia en el ejercicio de sus funciones.

El incumplimiento de los deberes y obligaciones del funcionario, siempre que no deban ser calificados como falta muy grave o grave.

CAPÍTULO TERCERO
Personas responsables

Artículo nueve

Los funcionarios incurrirán en responsabilidad disciplinaria en los supuestos y circunstancias establecidos por este Reglamento.

Artículo diez

Los funcionarios que se encuentren en situación distinta de la de servicio activo, podrán incurrir en responsabilidad disciplinaria por las faltas previstas en este Reglamento que puedan cometer dentro de sus peculiares situaciones administrativas. De no ser posible el cumplimiento de la sanción en el momento en que se dicte la resolución, por hallarse el funcionario en situación administrativa que lo impida, ésta se hará efectiva cuando su cambio de situación lo permita, salvo que haya transcurrido el plazo de prescripción.

Artículo once

1. No podrá exigirse responsabilidad disciplinaria por actos posteriores a la pérdida de la condición de funcionario.

2. La pérdida de la condición de funcionario no libera de la responsabilidad civil o penal contraída por faltas cometidas durante el tiempo en que se ostentó aquélla.

Artículo doce

Los funcionarios que indujeren a otros a la realización de actos o conducta constitutivos de falta disciplinaria, incurrirán en la misma responsabilidad que éstos. De no haberse consumado la falta, incurrirán en responsabilidad, de acuerdo con los criterios establecidos en el artículo 89 de la Ley de Funcionarios Civiles del Estado de 7 de febrero de 1964.

Artículo trece

Igualmente incurrirán en responsabilidad los funcionarios que encubrieron las faltas consumadas muy graves y graves cuando de dicho acto se deriven graves daños para la Administración o los ciudadanos y serán sancionados de acuerdo con los criterios previstos en el artículo anterior.

CAPÍTULO CUARTO
Sanciones disciplinarias

Artículo catorce

Por razón de las faltas a que se refiere este Reglamento, podrán imponerse las siguientes sanciones:

a) Separación del servicio.
b) Suspensión de funciones.
c) Traslado con cambio de residencia.
d) Deducción proporcional de retribuciones.
e) Apercibimiento.

Artículo quince

La sanción de separación de servicio únicamente podrá imponerse por faltas muy graves.

Artículo dieciséis

Las sanciones de los apartados b) *o c)* del artículo 14 podrán imponerse por la comisión de faltas graves o muy graves.

La sanción de, suspensión de funciones impuesta por comisión de falta muy grave no podrá ser superior a seis años ni inferior a tres. Si se impone por falta grave, no excederá de tres años.

Si la suspensión firme no excede del período en el que el funcionario permaneció en suspensión provisional, la sanción no comportará necesariamente pérdida del puesto de trabajo.

Los funcionarios sancionados con traslado, con cambio de residencia, no podrán obtener nuevo destino por ningún procedimiento en la localidad desde la que fueron trasladados, durante tres años, cuando hubiere sido impuesta por falta muy grave, y durante uno cuando hubiere correspondido a la comisión de una falta grave. Dicho plazo se computará desde el momento en que se efectuó el traslado.

Artículo diecisiete

Las faltas leves solamente podrán ser corregidas con las sanciones que se señalan en los apartados d) *o e)* del artículo 14.

En la deducción proporcional de las retribuciones, se tomará como base la totalidad de remuneraciones íntegras mensuales que perciba el funcionario en el momento de la comisión de la falta, dividiéndose la misma por 30 y, a su vez, este resultado por el número de horas que el funcionario tenga obligación de cumplir, de media cada día. La cantidad obtenida será el valor/ hora, que habrá de aplicarse al tiempo de trabajo no cumplido por el incumplimiento de la jornada de trabajo.

Artículo dieciocho

1. No se podrán imponer sanciones por faltas graves o muy graves, sino en virtud de expediente instruido al efecto, con arreglo al procedimiento regulado en el Título II del presente Reglamento.

2. Para la imposición de sanciones por faltas leves no será preceptiva la previa instrucción del expediente al que se refiere el apartado anterior, salvo el trámite de audiencia al inculpado, que deberá evacuarse en todo caso.

CAPÍTULO QUINTO
Extinción de la responsabilidad disciplinaria

Artículo diecinueve

1. La responsabilidad disciplinaria se extingue con el cumplimiento de la sanción, muerte, prescripción de la falta o de la sanción, indulto y amnistía.

2. Si durante la sustracción del procedimiento sancionador se produjere la pérdida de la condición de funcionario del inculpado, se dictará resolución en la que con invocación de la causa, se declarará extinguido el procedimiento sancionador, sin perjuicio de la responsabilidad civil o penal que te pueda ser exigida y se ordenará el archivo de las actuaciones salvo que por parte interesada se inste la continuación del expediente. Al mismo tiempo, se dejarán sin efecto cuantas medidas de carácter provisional se hubieren adoptado con respecto al funcionario inculpado.

Artículo veinte

1. Las faltas muy graves prescribirán a los seis años; las graves, a los dos años, y las leves, al mes. El plazo de prescripción comenzará a contarse desde que la falta se hubiere cometido.

2. La prescripción se interrumpirá por la iniciación del procedimiento, a cuyo efecto la resolución de incoación del expediente disciplinario deberá ser debidamente registrada, volviendo a correr el plazo si el expediente permaneciere paralizado durante más de seis meses por causa no imputable al funcionario sujeto al procedimiento.

Artículo veintiuno

1. Las sanciones impuestas por faltas muy graves prescribirán a los seis años, las impuestas por faltas graves, a los dos años, y las impuestas por faltas leves, al mes.

2. El plazo de prescripción comenzará a contarse desde el día siguiente a aquel en que adquiera firmeza la resolución por la que le impone la sanción o desde que se quebrantase el cumplimiento de la sanción si hubiere comenzado.

Artículo veintidós

La amplitud y efectos de los indultos de sanciones disciplinarias se regularán por las disposiciones que los concedan.

TÍTULO II
Tramitación

CAPÍTULO PRIMERO
Disposiciones generales

En cualquier momento del procedimiento en que el instructor aprecie que la presunta falta puede ser constitutiva de delito o falta penal, lo pondrá en conocimiento de la autoridad que hubiere ordenado la incoación del expediente para su oportuna comunicación al Ministerio Fiscal. Ello no será obstáculo para que continúe la tramitación del expediente disciplinario hasta su resolución e imposición de la sanción si procediera.

No obstante, cuando se trate de hechos que pudieran ser constitutivos de algunos de los delitos cometidos por los funcionarios públicos, contra el ejercicio de los derechos de la persona reconocidos por las Leyes y de los delitos de los funcionarios públicos en el ejercicio de sus cargos, tipificados en los Títulos II y VII del Libro Segundo del Código Penal, deberá suspenderse la tramitación del expediente disciplinario hasta tanto recaiga resolución judicial.

Artículo veinticuatro

El Subsecretario del Departamento podrá acordar, como medida preventiva, la suspensión provisional de los funcionarios sometidos a procesamiento, cualquiera que sea la causa del mismo, si esta medida no ha sido adoptada por la autoridad judicial que dictó el auto de procesamiento.

Esta suspensión, cuando sea declarada por la autoridad administrativa, se regulará por lo dispuesto en los artículos 47, 48 y 49 de la Ley de Funcionarios Civiles del Estado, y podrá prolongarse durante todo el procesamiento[1].

CAPÍTULO SEGUNDO
Ordenación

Artículo veinticinco

El procedimiento para la sanción de faltas disciplinarias se impulsará de oficio en todos sus trámites.

Artículo veintiséis

La tramitación, comunicaciones y notificaciones se ajustarán en todo a lo dispuesto en el Título IV, Capítulo II, Secciones Primera y Segunda de la Ley de Procedimiento Administrativo.

---

[1] Ley de Funcionarios Civiles del Estado. Art. 47: «El funcionario declarado en la situación de suspenso quedará privado temporalmente del ejercicio de sus funciones y de los derechos y prerrogativas anejas a su condición de funcionario. La suspensión puede ser provisional o firme».
Art. 48: «La suspensión provisional podrá acordarse preventivamente durante la tramitación del procedimiento judicial o disciplinario que se instruya al funcionario. Será declarada por la autoridad u órgano competente para ordenar la incoación del expediente».
Art. 49: «1. El suspenso provisional tendrá derecho a percibir en esta situación el 75 por cien de su sueldo y la totalidad del complemento familiar. No se le acreditará haber alguno en caso de incomparecencia o declaración de rebeldía. 2. El tiempo de suspensión provisional, como consecuencia de expediente disciplinario, no podrá exceder de seis meses, salvo en caso de paralización del procedimiento imputable al interesado. La concurrencia de esta circunstancia determinará la pérdida de toda retribución hasta que el expediente sea resuelto. 3. Cuando la suspensión no sea declarada firme, el tiempo de duración de la misma se computará como de servicio activo, debiendo acordarse la inmediata reincorporación del funcionario a su puesto de trabajo con reconocimiento de todos los derechos económicos y demás que procedan desde la fecha de efectos de la suspensión».

CAPÍTULO TERCERO
Iniciación

Artículo veintisiete

El procedimiento se iniciará siempre de oficio, por acuerdo del órgano competente, bien por propia iniciativa o como consecuencia de orden superior, moción razonada de los subordinados o denuncia.

De iniciarse el procedimiento como consecuencia de denuncia, deberá comunicarse dicho acuerdo al firmante de la misma.

Artículo veintiocho

El órgano competente para incoar el procedimiento podrá acordar previamente la realización de una información reservada.

Artículo veintinueve

1. Será competente para ordenar la incoación del expediente disciplinario, el Subsecretario del Departamento en que esté destinado el funcionario, en todo caso. Asimismo, podrán acordar dicha incoación los Directores generales respecto del personal dependiente de su Dirección General y los Delegados del Gobierno o Gobernadores Civiles, respecto de los funcionarios destinados en su correspondiente ámbito territorial.

2. La incoación del expediente disciplinario podrá acordarse de oficio o a propuesta del Jefe del centro o dependencia en que preste servicio el funcionario.

Artículo treinta

En la resolución por la que se incoe el procedimiento se nombrará Instructor, que deberá ser un funcionario público perteneciente a un cuerpo o escala de igual o superior grupo al del inculpado, de los establecidos en el artículo 25 de la Ley 30/1984, de 2 de agosto. En el caso de que dependa de otro Departamento, se requerirá la previa autorización del Subsecretario de éste.

Cuando la complejidad o trascendencia de los hechos a investigar así lo exija, se procederá al nombramiento de Secretario, que en todo caso deberá tener la condición de funcionario.

Artículo treinta y uno

La incoación del procedimiento con el nombramiento del Instructor y Secretario, se notificará al funcionario sujeto a expediente, así como a los designados para ostentar dichos cargos.

Artículo treinta y dos

1. Serán de aplicación al Instructor y al Secretario, las normas relativas a la abstención y recusación establecidas en los artículos 20 y 21 de la Ley de Procedimiento Administrativo.

2. El derecho de recusación podrá ejercitarse desde el momento en que el interesado tenga conocimiento de quiénes son el Instructor y el Secretario.

3. La abstención y la recusación se plantearán ante la Autoridad que acordó el nombramiento, quien deberá resolver en el término de tres días.

Artículo treinta y tres

1. Iniciado el procedimiento, la Autoridad que acordó la incoación podrá adoptar las medidas provisionales que estime oportunas para asegurar la eficacia de la resolución que pudiera recaer.

2. La suspensión provisional podrá acordarse preventivamente en la resolución de incoación del expediente y durante la tramitación del procedimiento disciplinario, en los términos y con los efectos señalados en los artículos 47, 48 y 49 de la Ley de Funcionarios Civiles del Estado.

3. No se podrán dictar medidas provisionales que puedan causar perjuicios irreparables o impliquen violación de derechos amparados por las Leyes.

CAPÍTULO CUATRO
Desarrollo

Artículo treinta y cuatro

1. El Instructor ordenará la práctica de cuantas diligencias sean adecuadas para la determinación y comprobación de los hechos y en particular de cuantas pruebas puedan conducir a su esclarecimiento y a la determinación de las responsabilidades susceptibles de sanción.

2. El Instructor como primeras actuaciones, procederá a recibir declaración al presunto inculpado y a evacuar cuantas diligencias se deduzcan de la comunicación o denuncia que motivó la incoación del expediente y de lo que aquél hubiera alegado en su declaración.

Todos los Organismos y dependencias de la Administración están obligados a facilitar al Instructor los antecedentes e informes necesarios, así como los medios personales y materiales que precise para el desarrollo de sus actuaciones.

Artículo treinta y cinco

1. A la vista de las actuaciones practicadas y en un plazo no superior a un mes, contados a partir de la incoación del procedimiento, el Instructor formulará el correspondiente pliego de cargos, comprendiendo en el mismo los hechos imputados, con expresión, en su caso, de la falta presuntamente cometida y de las sanciones que puedan ser de aplicación, de acuerdo con lo previsto en el artículo 14 del presente Reglamento. El Instructor podrá por causas justificadas solicitar la ampliación del plazo referido en el párrafo anterior.

2. El pliego de cargos deberá redactarse de modo claro y preciso, en párrafos separados y numerados por cada uno de los hechos imputados al funcionario.

El Instructor deberá proponer en el momento de elaborar el pliego de cargos, a la vista del resultado de las actuaciones practicadas, el mantenimiento o levantamiento de la medida de suspensión provisional que, en su caso, se hubiera adoptado.

Artículo treinta y seis

El pliego de cargos se notificará al inculpado concediéndosela un plazo de diez días para que pueda contestarlo con las alegaciones que considere convenientes a su defensa y con la aportación de cuantos documentos considere de interés. En este trámite deberá solicitar, si lo estima conveniente, la práctica de las pruebas que para su defensa crea necesarias.

Contestado el pliego o transcurrido el plazo sin hacerlo, el Instructor podrá acordar la práctica de las pruebas solicitadas que juzgue oportunas, así como la de todas aquellas que considere pertinentes. Para la práctica de las pruebas se dispondrá del plazo de un mes.

2. El Instructor podrá denegar la admisión y práctica de las pruebas para averiguar cuestiones que considere innecesarias, debiendo motivar la denegación, sin que contra esta resolución quepa recurso del inculpado.

Artículo treinta y ocho

Los hechos relevantes para la decisión del procedimiento podrán acreditarse por cualquier medio de prueba admisible en Derecho.

Artículo treinta y nueve

Para la práctica de las pruebas propuestas, así como para la de las de oficio cuando se estime oportuno, se notificara al funcionario el lugar, fecha y hora en que deberán realizarse, debiendo incorporarse al expediente la constancia de la recepción de la notificación.

Artículo cuarenta

La intervención del Instructor en todas y cada una de las pruebas practicadas es esencial y no puede ser suplida por la del Secretario, sin perjuicio de que el Instructor pueda interesar la práctica de otras diligencias de cualquier órgano de la Administración.

Artículo cuarenta y uno

Cumplimentadas las diligencias previstas en el presente título se dará vista del expediente al inculpado, con carácter inmediato, para que en el plazo de diez días alegue lo que estime pertinente a su defensa y aporte cuantos documentos considere de interés. Se facilitará copia completa del expediente al inculpado, cuando éste así lo solicite.

Artículo cuarenta y dos

El Instructor formulará dentro de los diez días siguientes la propuesta de resolución en la que fijará con precisión los hechos, motivando, en su caso, la denegación de las pruebas propuestas por el inculpado, hará la valoración jurídica de los mismos para determinar la falta que se estime cometida, señalándose la responsabilidad del funcionario así como la sanción a imponer.

Artículo cuarenta y tres

La propuesta de resolución se notificará por el Instructor al interesado para que, en el plazo de diez días, pueda alegar ante el Instructor cuanto considere conveniente en su defensa.

Artículo cuarenta y cuatro

Oído el inculpado o transcurrido el plazo sin alegación alguna, se remitirá con carácter inmediato el expediente completo al órgano que haya acordado la incoación del procedimiento, el cual lo remitirá al órgano competente para que proceda a dictar la decisión que corresponda o, en su caso, ordenará al Instructor la práctica de las diligencias que considere necesarias.

CAPÍTULO QUINTO
Terminación

Artículo cuarenta y cinco

1. La resolución, que pone fin al procedimiento disciplinario, deberá adaptarse en el plazo de diez días, salvo en caso de separación del servicio, y resolverá todas las cuestiones planteadas en el expediente.

2. La resolución habrá de ser motivada y en ella no se podrán aceptar hechos distintos de los que sirvieron de base al pliego de cargos y a la propuesta de resolución, sin perjuicio de su distinta valoración jurídica.

Artículo cuarenta y seis

El órgano competente para imponer la sanción podrá devolver el expediente al Instructor para la práctica de las diligencias que resulten imprescindibles para la resolución. En tal caso, antes de remitir de nuevo el expediente al órgano competente para imponer la sanción, se dará vista de lo actuado al funcionario inculpado, a fin de que en el plazo de diez días alegue cuanto estime conveniente.

Artículo cuarenta y siete

Serán órganos competentes para la oposición de las sanciones disciplinarias:

1. El Consejo de Ministros, a propuesta del Ministro de la Presidencia, quien, con carácter previo, oirá a la Comisión Superior de Personal, para imponer la separación del servicio.

2. Los Ministros y Secretarios de Estado del Departamento en el que esté destinado el funcionario, o los Subsecretarios por delegación de éstos, para imponer las sanciones de los apartados b) y c) del artículo 14.

Si la sanción impone por la comisión de las faltas en materia de incompatibilidades previstas en el artículo 6, apartado h) y, artículo 7, apartado k) en relación con las actividades desarrolladas en diferentes Ministerios la competencia corresponderá al Ministro de la Presidencia.

3. El Subsecretario del Departamento, en todo caso, los Directores generales, respecto al personas dependiente de su Dirección General y los Delegados del Gobierno y los Gobernadores civiles, respecto a los funcionarios destinados en su correspondiente ámbito territorial, para la imposición de las sanciones de los apartados d) y e) del artículo 14.

Artículo cuarenta y ocho

1. En la resolución que ponga fin al procedimiento disciplinario deberá determinarse con toda precisión la falta que se estime cometida, señalando los preceptos en que aparezca recogida la clase de falta, el funcionario responsable y la sanción que se impone, haciendo expresa declaración en orden a las medidas provisionales adoptadas durante la tramitación del procedimiento.

2. Si la resolución estimare la inexistencia de falta disciplinaria o la de responsabilidad para el funcionario inculpado hará las declaraciones pertinentes en orden a las medidas provisionales.

3. La resolución deberá ser notificada al inculpado, con expresión del recurso o recursos que quepan contra la misma, el órgano ante el que han de presentarse y plazos para interponerlos.

Si el procedimiento se inició como consecuencia de denuncia, la resolución deberá ser notificada al firmante de la misma.

Artículo cuarenta y nueve

Las sanciones disciplinarias se ejecutarán según los términos de la resolución en que se imponga, y en el plazo máximo de un mes, salvo que, cuando por causas justificadas, se establezca otro distinto en dicha resolución.

Artículo cincuenta

El Ministro de la Presidencia podrá acordar la inejecución de la sanción, y el órgano competente para resolver podrá acordar su suspensión temporal por tiempo inferior al de su prescripción.

Si la sanción fuera de separación del servicio, el acuerdo de su inejecución o suspensión corresponderá al Consejo de Ministros.

Ambos acuerdos deberán adaptarse de oficio, o a instancia del interesado, siempre que mediare causa fundada para ello.

En estos casos, con excepción de la sanción por faltas leves, deberá ser oída previamente la Comisión Superior de Personal.

Artículo cincuenta y uno

Las sanciones disciplinarias que se impongan a los funcionarios se anotarán en el Registro Central de Personal, con indicación de las faltas que los motivaron.

La cancelación de estas anotaciones se producirá de oficio o a instancia del interesado en la forma prevista en el número 2 del artículo 93 de la Ley de Funcionarios de 7 de febrero de 1964. En ningún caso se computarán a efectos de reincidencia las sanciones canceladas o que hubieran podido serlo[2].

DISPOSICIONES ADICIONALES

Primera. Cuando se incoe un expediente disciplinario a un funcionario que ostente la condición de Delegado sindical, Delegado de personal o cargo electivo a nivel provincial, autonómico o estatal en las Organizaciones Sindicales más representativas, deberá notificarse dicha incoación a la correspondiente Sección Sindical, Junta de Personal o Central Sindical, según proceda, a fin de que puedan ser oídos durante la tramitación del procedimiento.

Dicha notificación deberá, asimismo, realizarse cuando la incoación del expediente se practique dentro del año siguiente al cese del inculpado en alguna de las condiciones enumeradas en el párrafo anterior. También deberá efectuarse si el inculpado es candidato durante el período electoral.

Segunda. De acuerdo con lo dispuesto en los artículos 44 y 49 de la Ley 1 1/ 1984, de 25 de agosto, de Reforma Universitaria, la competencia para la incoación y resolución de expedientes disciplinarios al profesorado y personal de Administración y Servicios de las Universidades corresponderá a los Rectores, con excepción de la separación del servicio, que será acordada por el Consejo de Ministros.

Tercera. Los funcionarios de las Fuerzas y Cuerpos de la Seguridad del Estado se regirán en materia disciplinaria por lo dispuesto en la Ley orgánica a que se refiere el artículo 104.2 de la Constitución y las normas que se dicten en su desarrollo.

DISPOSICIONES TRANSITORIAS

Primera. Los expedientes disciplinarios que se encuentren en tramitación en el momento de la publicación de, deberá darse el trámite previsto en el artículo 41.

---

2 El precepto mencionado dispone:

2. Transcurridos dos o seis años desde el cumplimiento de la sanción, según se trate de faltas graves o muy graves no sancionadas con la separación del servicio, podrá acordarse la cancelación de aquellas anotaciones a instancias del interesado que acredite buena conducta desde que se le impuso la sanción. La anotación de apercibimiento y la de pérdida de uno a cuatro días de remuneraciones se cancelará a petición del interesado a los seis meses de su fecha.

Segunda. Sin perjuicio del cumplimiento de lo dispuesto en la disposición adicional cuarta de la Ley 30/1984, de 2 de agosto, el presente Reglamento será de aplicación al personal que hubiera sido contratado en régimen de colaboración temporal al amparo de lo dispuesto en el artículo 6 de la Ley Articulada de Funcionarios Civiles del Estado, de 7 de febrero de 1964, y al personal con contrato eventual de la Administración de la Seguridad Social que continúe prestando servicios bajo dicha condición.

DISPOSICIÓN DEROGATORIA

Quedan derogados los Decretos de 23 de diciembre de 1957, sobre situación de los funcionarios públicos procesados, y 2088/1969, de 16 de agosto, por el que se aprueba el Reglamento de Régimen Disciplinario de los funcionarios de la Administración Civil del Estado, así como cuantas disposiciones de igual o inferior rango se hubieren dictado para regular el Régimen Disciplinario del personal incluido en el ámbito de aplicación del presente Real Decreto, con exclusión del Real Decreto 898/1985, de 30 de abril, sobre Régimen del Profesorado Universitario.

3. REAL DECRETO 884/89, de 14 de julio, por el que se aprueba el Reglamento de Régimen Disciplinario del Cuerpo Nacional de Policía

La Ley Orgánica 2/1986, de 13 de marzo, de Fuerzas y Cuerpos de Seguridad, estableció las bases y directrices de un nuevo régimen disciplinario para el Cuerpo Nacional de Policía, previendo asimismo que, transitoriamente, y en los aspectos no regulados en la misma, le sería de aplicación lo preceptuado en el Real Decreto 1346/1984, de 11 de julio.

El desarrollo del nuevo régimen disciplinario viene pues impuesto por la Ley Orgánica citada, y ha de ajustarse a los principios básicos de actuación y a los deberes y obligaciones que impone el servicio público de proteger el libre ejercicio de los derechos y libertades y garantizar la seguridad ciudadana.

Con este Reglamento se dota a dicho Cuerpo de un régimen disciplinario que, respetando las garantías procedimentales exigidas por la Constitución, configura una regulación específica, rápida y eficaz, inspirada en principios acordes con la estructura y organización jerarquizada del Cuerpo, con el propósito de conseguir la ejemplaridad, a través de la inmediación de las sanciones.

Debe indicarse, finalmente, que se han adoptado los nuevos criterios que inspiran la legislación general de los funcionarios públicos; y la jurisprudencia de los Tribunales, que garantizan los derechos de los funcionarios del Cuerpo Nacional de Policía.

En virtud de lo dispuesto en el artículo 97 de la Constitución, en los artículos 6º-9, 8º-3, 27 y 28 y en la disposición adicional tercera, apartado primero de la citada Ley Orgánica, a propuesta del Ministro del Interior, previo informe del Consejo de Policía, con aprobación del Ministro para las Administraciones Públicas, de acuerdo con el Consejo de Estado y previa la deliberación del Consejo de Ministros en su reunión del día 14 de julio de 1989, dispongo:

Artículo único. Se aprueba el Reglamento de Régimen Disciplinario del Cuerpo Nacional de Policía, en desarrollo y ejecución de la Ley Orgánica 2/1986, de 13 de marzo, de Fuerzas y Cuerpos de Seguridad, cuyo texto se inserta a continuación.

Disposición Transitoria

Los expedientes disciplinarios que se encuentren en tramitación en el momento de la publicación de este Reglamento seguirán regulados por las disposiciones anteriores, salvo que las de éste sean más favorables al expedientado.

Disposición Derogatoria

Quedan derogados los siguientes artículos del Reglamento Orgánico de la Policía Gubernativa, aprobado por Decreto 2038/1975, de 17 de julio; artículos 143, 145 y 512 a 537; 144 y 204 a 252, modificados por el Real Decreto 1346/1984, de 11 de julio, sobre Régimen Disciplinario del Cuerpo Superior de Policía, así como cuantas disposiciones de igual o inferior rango se opongan al presente Reglamento. Madrid, 14 de julio 1989. Juan Carlos **R.** El Ministro del Interior José Luis Corcuera Cuesta

ANEXO
Reglamento de Régimen Disciplinario del Cuerpo Nacional de Policía

TÍTULO PRIMERO
Infracciones, personas responsables y sanciones

CAPÍTULO I
DISPOSICIONES GENERALES

Artículo lº. 1. El régimen disciplinario de los funcionarios del Cuerpo Nacional de Policía, se regulará por lo establecido en la Ley Orgánica 2/1986, de 13 de marzo, de Fuerzas y Cuerpos de Seguridad, especialmente por lo dispuesto en el capítulo II de su título I y en la sección 4 del capítulo IV de su título 11, y por las normas del presente Reglamento.

2. Los funcionarios en prácticas estarán sometidos a las normas de régimen disciplinario establecidas en el Reglamento del Centro de formación policial correspondiente y, con carácter supletorio, a las normas del presente Reglamento que le sean de aplicación.

3. Las normas de Régimen Disciplinario de los funcionarios de la Administración del Estado se aplicarán con carácter supletorio al personal del Cuerpo Nacional de Policía.

Artículo 2º. El procedimiento disciplinario se ajustará a los principios de sumariedad, celeridad, información de la acusación al interesado y audiencia.

Artículo 3º. El régimen disciplinario establecido en este Reglamento se entiende sin perjuicio de la responsabilidad civil o penal en que puedan incurrir los funcionarios, la cual se hará efectiva en la forma que determine la Ley.

Artículo 4º. De conformidad con lo establecido en el artículo 28.3 de la Ley Orgánica 2/1986, de 13 de marzo, de Fuerzas y Cuerpos de Seguridad, los funcionarios del Cuerpo Nacional de Policía tendrán la obligación de comunicar por escrito los hechos que consideren constitutivos de faltas muy graves y graves tipificadas en el presente Reglamento de los que tengan conocimiento a su superior jerárquico, salvo cuando sea éste el presunto infractor, en cuyo caso la comunicación se efectuará al superior inmediato del mismo.

CAPÍTULO II
Faltas Disciplinarias

Artículo 5º. Las faltas disciplinarias en que pueden incurrir los miembros del Cuerpo Nacional de Policía podrán ser muy graves, graves y leves.

Artículo 6º. De acuerdo con lo dispuesto en el artículo 27.3 de la Ley Orgánica 2/1986, de 13 de marzo, de Fuerzas y Cuerpos de Seguridad, son faltas muy graves:

1. El incumplimiento del deber de fidelidad a la Constitución en el ejercicio de las funciones.
2. Cualquier conducta constitutiva de delito doloso.
3. El abuso de sus atribuciones y la práctica de tratos inhumanos, degradantes; discriminatorios y vejatorios a las personas que se encuentren bajo su custodia.
4. La insubordinación individual o colectiva respecto a las autoridades o mandos de que dependan, así como la desobediencia a las legítimas instrucciones dadas por aquéllos.
5. La no prestación de auxilio con urgencia, en aquellos hechos o circunstancias graves, en que sea obligada su actuación.
6. El abandono del servicio.
7. La violación del secreto profesional y la falta del debido sigilo respecto a los asuntos que conozcan por razón de su cargo, que perjudique el desarrollo de la labor policial o a cualquier persona.
8. El ejercicio de actividades públicas o privadas incompatibles con el desempeño de sus funciones.
9. La participación en huelgas, en acciones substitutivas de las mismas o en actuaciones concertadas con el fin de alterar el normal funcionamiento de los servicios.
10. Haber sido sancionado por la Comisión de tres o más faltas graves en el período de un año.
11. La falta de colaboración manifiesta con los demás miembros de las Fuerzas y Cuerpos de Seguridad.
12. Embriagarse o consumir drogas tóxicas, estupefacientes o sustancias psicotrópicas durante el servicio o con habitualidad.
13. Cualquier otra conducta no enumerada en los puntos anteriores y tipificado como falta muy grave en la legislación general de los funcionarios.

Artículo 7º. Son faltas graves:

1. La grave desconsideración con los superiores, compañeros, subordinados o administrados, en especial las ofensas verbales o físicas.
2. Las manifestaciones públicas de crítica o disconformidad respecto a las decisiones de los superiores.
3. La negativa a realizar servicios en los casos en que lo ordenen expresamente los superiores jerárquicos o responsables del servicio, por imponerlo necesidades de urgente e inaplazable cumplimiento, siempre que posteriormente se hubiesen ejecutado, salvo que las órdenes sean manifiestamente ilegales.
4. La omisión de la obligación de dar cuenta a la superioridad de todo asunto de importancia que requiera su conocimiento o decisión urgente.
5. La dejación de facultades o la infracción de deberes u obligaciones inherentes al cargo o función, cuando se produzcan de forma manifiesta.
6. No mantener el jefe o superior la debida disciplina o tolerar el abuso o extralimitación de facultades en el personal subordinado.
7. El atentado grave a la dignidad de los funcionarios o de la Administración.

8. La falta de presentación o puesta a disposición inmediata de la dependencia de destino o en la más próxima, en los casos de declaración de los estados de alarma, excepción o sitio o, cuando así se disponga, en caso de grave alteración de la seguridad ciudadana.

9. La tercera falta injustificada de asistencia al servicio en un período de tres meses cuando las dos anteriores hubieran sido objeto de sanción por falta leve.

10. No prestar servicio, alegando supuesta enfermedad o simulando mayor gravedad de ésta.

11. La falta de rendimiento que afecte al normal funcionamiento de los servicios y no constituya falta muy grave de abandono del servicio.

12. La emisión de informes sobre asuntos de servicio que, sin faltar abiertamente a la verdad, desnaturalicen la misma, valiéndose de términos ambiguos, confusos o tendenciosos, o la alteren mediante inexactitudes, siempre que le hecho no constituya delito o falta muy grave.

13. La intervención en un procedimiento administrativo, cuando concurra alguna de las causas legales de abstención.

14. No ir provisto en los actos de servicio de uniforme reglamentario, cuando su uso sea preceptivo, de los distintivos de la categoría o cargo, del arma reglamentaria o de los medios de protección o acción que se determinen, siempre que no medie autorización en contrario, así como dar lugar a su extravío, pérdida o sustracción por negligencia inexcusable.

15. Exhibir los distintivos de identificación o el arma reglamentaria sin causa justificada, así como utilizar el arma en acto de servicio o fuera de él infringiendo las normas establecidas.

16. Asistir de uniforme o haciendo uso de ostentación de los distintivos de identificación a cualquier manifestación o reunión pública, salvo que se trate de actos de servicio o actos oficiales en los que la asistencia de uniforme esté indicada.

17. Causar por negligencia inexcusable daños graves en la conservación de los locales, material o documentos relacionados con el servicio, o dar lugar al extravío, pérdida o sustracción de éstos por la misma causa.

18. Impedir, limitar u obstaculizar a los subordinados el ejercicio de los derechos que tengan reconocidos, siempre que no constituya falta muy grave.

19. Embriagarse fuera del servicio, cuando afecte a la imagen de la Policía o de la función pública o consumir drogas tóxicas, estupefacientes o sustancias psicotrópicas.

20. Los actos u omisiones negligentes o deliberados que causen grave daño a la labor policial, o a la negativa injustificada a prestar la colaboración solicitada, con ocasión de un servicio siempre que no constituya falta muy grave.

21. Solicitar u obtener cambios de destinos mediando cualquier recompensa, ánimo de lucro o falseando las condiciones que los regulan.

22. La realización de actos o declaraciones que vulneren los límites al derecho de acción sindical señalados en el artículo 19 de la Ley Orgánica 2/1986, de 13 de marzo.

23. Promover o asistir a encierros en locales policiales u ocuparlos sin autorización.

24. La ausencia, aun momentánea, de un servicio de seguridad, siempre que no constituya falta muy grave.

Artículo 8º. Son faltas leves:

1. El retraso o negligencia en el cumplimiento de las funciones o la falta de interés en la instrucción o preparación personal para desempeñarlas.

2. La incorrección con los administrados o con otros miembros de las Fuerzas y Cuerpos de Seguridad, siempre que no merezcan una calificación más grave.

3. La inasistencia al servicio que no constituya falta de mayor gravedad y el incumplimiento de la jornada de trabajo, así como las faltas repetidas de puntualidad.

4. El mal uso o el descuido en la conservación de los locales, material o demás elementos de los servicios, así como el incumplimiento de las normas dadas en esta materia.

5. Prescindir del conducto reglamentario para formular cualquier solicitud, reclamación o queja en las relaciones de servicio.

6. El descuido en el aseo personal y el incumplimiento de las normas de uniformidad, siempre que no constituya falta de mayor gravedad.

7. La ausencia de cualquier servicio, cuando no merezca calificación más grave.

8. La omisión intencionada de saludo a un superior, no devolverlo éste o infringir de otro modo las normas que lo regulan.

9. Cualquier clase de juego que se lleve a cabo en las dependencias policiales, siempre que perjudique la prestación del servicio o menoscabe la imagen policial.

10. Las acciones u omisiones tipificadas como faltas graves y que, de acuerdo con los criterios que se establecen en el artículo 13, merezca la calificación de falta leve.

CAPÍTULO III
Personas responsables

Artículo 9º. Los funcionarios del Cuerpo Nacional de Policía podrán incurrir en responsabilidad disciplinaria por las faltas anteriormente tipificadas, desde el momento de la toma de posesión hasta el de la jubilación o la pérdida de condición de funcionarios.

Artículo 10º. De acuerdo con lo dispuesto en el artículo 27.5 de la Ley Orgánica 2/1986, de 13 de marzo, de Fuerzas y Cuerpos de Seguridad, incurrirán en la misma responsabilidad que los autores de una falta, los que induzcan a su comisión y los Jefes que la toleran.

Asimismo incurrirán en falta de inferior grado los que encubriesen la comisión de una falta.

Artículo 11º. 1. Los funcionarios que se encuentren en situación distinta de la de servicio activo, salvo los que se encuentren en excedencia voluntaria por interés particular, incurrirán en responsabilidad por las faltas previstas en este Reglamento que puedan cometer dentro de sus peculiares situaciones administrativas, siempre que los hechos en que consistan no hayan sido objeto de sanción por ampliación de otro régimen disciplinario.

2. De no ser posible el cumplimiento de la sanción en el momento en que se dicte la resolución, por hallarse el funcionario en situación administrativa que lo impida, ésta se hará efectiva cuando su cambio de situación lo permita, salvo que haya transcurrido el plazo de prescripción.

CAPÍTULO IV
Sanciones Disciplinarias

Artículo 12º. De acuerdo con lo dispuesto en el artículo 28.1, de la Ley Orgánica 2/1986, de 13 de marzo, de Fuerzas y Cuerpos de Seguridad, por razón de las faltas a que se refiere este Reglamento, podrán imponerse a los funcionarios del Cuerpo Nacional de Policía las siguientes sanciones:

Por faltas muy graves:

a) Separación del servicio.

b) Suspensión de funciones de tres a seis años.

Por faltas graves:

a) Suspensión de funciones por menos de tres años.

b) Traslado con cambio de residencia.

c) Inmovilización en el escalafón por un período no superior a cinco años.

d) Pérdida de cinco a veinte días de remuneración y suspensión de funciones por igual período.

Por faltas leves:

a) Pérdida de uno a cuatro días de remuneración y suspensión de funciones por igual período, que no supondrá la pérdida de antigüedad ni implicará la inmovilización en el escalafón.

b) Apercibimiento.

Artículo 13º. La Administración determinará la sanción adecuada, así como su graduación entre las que se establecen en el artículo anterior para cada tipo de faltas, !as cuales se sancionarán con arreglo a los siguientes criterios:

a) Intencionalidad.

b) La perturbación que puedan producir en el normal funcionamiento de la Administración y de los servicios policiales.

c) Los daños y perjuicios o la falta de consideración que puedan implicar para los ciudadanos y los subordinados.

d) El quebrantamiento que pueda suponer de los principios de disciplina y jerarquía propios del Cuerpo Nacional de Policía.

e) Reincidencia. Existe cuando, al cometer la falta, el funcionario hubiese sido sancionado ejecutoriamente por otra falta disciplinaria de mayor gravedad o por dos faltas de gravedad igual o inferior.

f) En general, su trascendencia para la seguridad ciudadana.

Artículo 14º. Los funcionarios sancionados con traslado con cambio de residencia no podrán obtener nuevo destino por ningún procedimiento en la localidad de que fueron trasladados en el período de tiempo de uno a tres años determinado en la resolución sancionadora, de conformidad con los criterios establecidos en el artículo anterior.

CAPÍTULO V
Extinción de la responsabilidad disciplinaria

Artículo 15º. 1. La responsabilidad disciplinaria se extingue con el cumplimiento de la sanción, muerte de la persona responsable, prescripción de la falta o de la sanción, indulto y amnistía.

2. Si durante la substanciación del procedimiento sancionador se produjese la pérdida de la condición de funcionario del inculpado, se dictará resolución en la que, con invocación de la causa, se declarará extinguido dicho procedimiento, sin perjuicio de la responsabilidad civil o penal que le pueda ser exigida, y, se ordenará el archivo de las actuaciones, salvo que por parte interesada se inste la continuación del expediente o se instruya por falta muy grave, en cuyo caso continuará hasta su resolución. Al mismo tiempo, se dejarán sin efecto cuantas medidas de carácter provisional se hubiesen adoptado con respecto al funcionario inculpado.

Artículo 16º. 1. De conformidad con lo establecido en el artículo 27.2, de la Ley Orgánica 2/1986, de 13 de marzo, de Fuerzas y Cuerpos de Seguridad, las faltas muy graves prescribirán a los seis años, las graves a los dos anos y las leves al mes.

2. El plazo de prescripción comenzará a contarse desde que la falta se hubiese cometido.

3. La prescripción se interrumpirá por la iniciación del procedimiento, a cuyo efecto la resolución por la que se acuerde su incoación deberá ser debidamente registrada y comunicada al inculpado o publicada siempre que éste no fuere hallado, volviendo a correr el plazo si el procedimiento permaneciese paralizado durante más de seis meses por causa no imputable al interesado.

Artículo 17º. 1. De acuerdo con lo dispuesto en el artículo 28.1 de la Ley Orgánica 2/1986, de 13 de marzo, de Fuerzas y Cuerpos de Seguridad, las sanciones impuestas por faltas muy graves prescribirán a los seis años; las impuestas por faltas graves a los dos años, y las impuestas por faltas leves al mes. El plazo de prescripción comenzará a contarse desde el día siguiente a aquel en que adquiera firmeza la resolución por la que se impone la sanción o desde que se quebrantase su cumplimiento si hubiera comenzado.

2. La amplitud y efecto de los indultos de sanciones disciplinarias se determinarán con arreglo a las disposiciones que los concedan.

TÍTULO SEGUNDO
Tramitación

CAPÍTULO I
Disposiciones Comunes

Artículo 18º. 1. No podrán imponerse sanciones disciplinaria a los funcionarios del Cuerpo Nacional de Policía, por faltas muy graves o graves, sino en virtud de expediente instruido al efecto, con arreglo a lo dispuesto en este capítulo y en el procedimiento regulado en el capítulo III del presente título, cuya tramitación se regirá por los principios señalados en el artículo 2º de este Reglamento.

2. En el procedimiento para la imposición de sanciones por faltas leves no será preceptiva la previa instrucción del expediente al que se refiere el apartado anterior, rigiéndose el procedimiento por los principios señalados en el artículo 2º y por las normas previstas en este capítulo y en el capítulo II del presente título.

Artículo 19º. 1. De conformidad con lo dispuesto en el artículo 8º.3, de la Ley Orgánica 2/1986, de 13 de marzo, de Fuerzas y Cuerpos de Seguridad, la iniciación de un procedimiento penal contra funcionarios del Cuerpo Nacional de Policía no impedirá la incoación de procedimientos disciplinarios por los mismos hechos. No obstante, la resolución definitiva del expediente sólo podrá producirse cuando la sentencia recaída en el ámbito penal sea firme, vinculando a la Administración la declaración de hechos probados.

2. En los supuestos del párrafo anterior, las medidas cautelares que puedan adaptarse podrán prolongase hasta que recaiga resolución definitiva en el procedimiento judicial, salvo en cuanto a la suspensión del sueldo, en que estará a lo dispuesto en la legislación general de funcionarios.

Artículo 20º. 1. En todos los expedientes disciplinarios instruidos por faltas muy graves a los miembros del Cuerpo Nacional de Policía, así como en todos los expedientes que se

1 instruyan a los representantes de los Sindicatos a que se refiere el artículo 22 de la Ley Orgánica 2/1986, de Fuerzas y Cuerpos de Seguridad, será preceptivo, antes de dictar la resolución, interesar la emisión de informe del Consejo de Policía, que no será vinculante.

2. Dicho informe deberá interesarse, igualmente, cuando la incoación del expediente se practique dentro del año siguiente a la pérdida de la condición de representante sindical. También deberá solicitarse si el inculpado es candidato durante el período electoral.

3. A los efectos previstos en el párrafo primero de este artículo las organizaciones sindicales a que se refiere el artículo 22 de la precitada Ley Orgánica, deberán comunicar en el mes de enero de cada año de forma fehaciente a la Dirección General de la Policía la relación de sus representantes, así como las variaciones posteriores en el plazo de quince días a contar desde la fecha en que se produzcan, con indicación del cargo sindical que ostenten.

4. Asimismo, deberá solicitarse informe del citado Consejo, siempre que lo soliciten expresamente los interesados, en los expedientes instruidos a miembros del referido Cuerpo por la comisión de faltas graves, cuando la propuesta de resolución se concrete en alguna de las siguientes sanciones:

a) Suspensión de funciones entre uno y tres años.

b) Traslado con cambio de residencia.

c) Inmovilización en el escalafón entre dos y cinco años.

Artículo 21º. 1. El procedimiento se iniciará siempre de oficio, por acuerdo del órgano competente, bien por propia iniciativa o como consecuencia de orden superior, moción razonada o denuncia.

2. Antes de dictar la providencia de incoación del procedimiento, el órgano competente podrá acordar la práctica de una información reservada para el esclarecimiento de los hechos.

3. De iniciarse el procedimiento como consecuencia de denuncia, deberá comunicarse dicho acuerdo al firmante de la misma.

4. A los efectos de lo dispuesto en este artículo no será tomada en consideración la denuncia de carácter anónimo.

Artículo 22º. 1. En la resolución por la que se incoe el procedimiento se nombrará Instructor y Secretario, a cuyo cargo correrá su tramitación.

2. El nombramiento de Instructor recaerá en un funcionario público perteneciente a un Cuerpo o Escala de igual o superior grupo al del inculpado, de los establecidos en el articulo 25 de la Ley 30/1984, de 2 de agosto. Si el nombramiento recae en funcionario del Cuerpo Nacional de Policía, éste deberá tener, en todo caso, igual o superior categoría a la del funcionario sometido a expediente y, en caso de que fuese igual, deberá ocupar número anterior en la relación escalafonal.

3. Podrá ser nombrado Secretario cualquier funcionario destinado en el Ministerio del Interior.

Artículo 23º. 1. Serán de aplicación al Instructor y al Secretario las normas sobre abstención y recusación establecidas en los artículos 20 y 21 de la Ley de Procedimiento Administrativo.

2. El derecho de recusación podrá ejercitarse desde el momento en que el interesado tenga conocimiento de quienes son el Instructor y el Secretario.

3. La abstención y la recusación se plantearán ante el órgano que acordó el nombramiento.

Artículo 24º. La intervención del Instructor en todas y cada una de las pruebas practicadas es esencial y no puede ser suplida por la del Secretario, considerándose nulas aquéllas en caso contrario.

Artículo 25º. 1. Los hechos relevantes para la decisión del procedimiento podrán acreditarse por cualquier medio de prueba admisible en derecho.

2. El Instructor podrá denegar de oficio la práctica de las pruebas que no se concreten a los hechos por los que se procede y todas las demás que sean, a su juicio, impertinentes o inútiles, motivando la denegación y sin que contra la misma quepa recurso alguno.

3. Todos los Organismos y dependencias de la Administración están obligados a facilitar al Instructor los antecedentes e informes necesarios para el desarrollo de sus actuaciones, salvo precepto legal que lo impida.

Artículo 26º. El Instructor vendrá obligado a dar vista al inculpado, a petición de éste, de las actuaciones practicadas en cualquier fase del procedimiento, facilitándole copia completa cuando así lo interese.

Artículo 27º. En cualquier momento del procedimiento en el que el Instructor aprecie que la presunta infracción disciplinaria pueda ser calificada como infracción administrativa de otra naturaleza o como infracción penal, lo pondrá en conocimiento del órgano que hubiese ordenado la incoación, para su comunicación a la autoridad administrativa o judicial competente o al Ministerio Fiscal.

Artículo 28º. Si en cualquier fase del procedimiento, el Instructor deduce la inexistencia de responsabilidad disciplinaria o de pruebas adecuadas para fundamentarla, propondrá resolución por la que se ordene el archivo de las actuaciones, expresando las causas que la motivan, debiendo notificársela al denunciante, si lo hubiese, y al denunciado y disponiéndose, en su caso, lo pertinente en relación al primero.

CAPÍTULO II
Procedimientos para las faltas leves

Artículo 29º. 1. Los órganos competentes para la imposición de sanciones por faltas leves, al recibir comunicación o denuncia, o tener conocimiento de una supuesta infracción de la indicada clase, podrán acordar la realización de la información reservada prevista en el artículo 21.

2. Si de la misma se desprende responsabilidad disciplinaria, se acordará la incoación del procedimiento con el nombramiento de Instructor y Secretario, notificándose a los designados para ostentar dichos cargos, quienes, después de realizar las diligencias pertinentes, procederán a citar por el medio más rápido al inculpado, para que comparezca, indicándole los hechos que motivan dicha citación.

3. En el acto de comparecencia recibirán declaración al inculpado, quien podrá alegar y presentar los documentos y justificaciones que estime pertinentes y proponer las pruebas que considere necesarias para su defensa.

Artículo 30º. 1. Practicadas las pruebas que el Instructor juzgue oportunas, formulará propuesta de resolución, en la que fijará con precisión los hechos; la valoración jurídica de los mismos, para determinar, en su caso, la falta que se estime cometida; la responsabilidad del inculpado y la sanción a imponer. La propuesta de resolución se remitirá con todo lo actuado, al órgano que haya acordado la incoación del procedimiento.

2. En la resolución que ponga fin al procedimiento disciplinario deberá determinarse, con toda precisión, la falta que se estime cometida, señalando el precepto en que aparezca tipificado, el funcionario responsable y la sanción que se le impone.

3. La resolución deberá ser notificada al inculpado, con expresión del recurso o recursos que quepan contra la misma, el órgano ante el que han de presentarse y los plazos para interponerlos.

4. Asimismo se remitirá copia de la resolución al órgano de administración de personal para constancia en el expediente del interesado.

5. Si se advirtiese, en cualquier momento del procedimiento que los hechos investigados revisten caracteres de falta muy grave o grave, se someterá el asunto al Director General de la Policía que acordará lo procedente.

CAPÍTULO III
Procedimiento para las Faltas Muy Graves y Graves

Sección Primera: Iniciación

Artículo 31º. 1. El Director General de la Policía al recibir comunicación o denuncia o tener conocimiento de una supuesta infracción constitutiva de falta muy grave o grave, podrá acordar la práctica de la información reservada prevista en el artículo 21.

2. En los supuestos en que resulte responsabilidad constitutiva de falta leve, deberá cumplirse los trámites establecidos en el procedimiento para las faltas de esta naturaleza.

Artículo 32º. La incoación del procedimiento con el nombramiento de Instructor y Secretario se notificará al funcionario sujeto a expediente, así como a los designados para ostentar, dichos cargos.

Artículo 33º. 1. Iniciado el procedimiento, el Director General de la Policía podrá adoptar las medidas provisionales que estime oportunas para facilitar la marcha del expediente y conseguir la eficacia de la resolución que pudiera recaer si existieran elementos de juicio suficiente para ello.

2. Nunca se adoptarán medidas provisionales que puedan causar perjuicios irreparables a los interesados o que impliquen violación de derechos amparados en las leyes.

3. Por razones de urgencia derivados de la necesidad de mantener la disciplina, la ejemplaridad, o por la notoriedad o gravedad de los hechos, el Director General de la Policía podrá disponer que los plazos de tramitación del expediente se reduzcan a la mitad de tiempo, salvo los que se contienen en los artículos 38.2, 40, 42, 44, 45 y 47 de este Reglamento.

Artículo 34º. 1. La suspensión provisional podrá acordarse preventivamente, de forma motivada, por el Director General de la Policía durante la tramitación del procedimiento judicial o disciplinario que se instruya a los funcionarios en los términos y con los efectos señalados a continuación.

2. El funcionario en la situación de suspensión provisional quedará privado temporalmente del ejercicio de sus funciones y de los derechos inherentes a su condición de funcionario con arreglo a la Ley, sin perjuicio de lo dispuesto en los apartados siguientes, procediéndose a recogerle los distintivos del cargo y el arma o armas, en su caso. No

obstante, el Director General de la Policía podrá autorizar el uso de armas reglamentarias cuando circunstancias excepcionales así lo aconsejen.

3. El tiempo de suspensión provisional, como consecuencia de expediente disciplinario, no podrá exceder de seis meses, salvo en caso de paralización del procedimiento imputable al interesado.

4. No obstante, el tiempo de suspensión provisional en expediente disciplinario tramitado simultáneamente con procedimiento penal por los mismos hechos, podrá prolongarse hasta que recaiga resolución definitiva en el ámbito penal, excepto en cuanto a la suspensión de sueldo, en que se estará a lo dispuesto en la legislación general de funcionarios.

5. El suspenso provisional tendrá derecho a percibir el 75 por 100 de su sueldo, trienios y pagas extraordinarias, así como la totalidad de la ayuda familiar, pensiones por condecoraciones y de mutilación, excepto en caso de paralización del procedimiento imputable al interesado, que comportará la pérdida de toda retribución mientras se mantenga dicha paralización y, de igual manera, no tendrá derecho a percibir haber alguno en caso de incomparecencia en el expediente disciplinario.

6. Salvo cuando se imponga la sanción de separación del servicio o la de suspensión de funciones, el tiempo de duración de la suspensión provisional se computará como de servicio activo, debiendo acordarse la inmediata reincorporación del funcionario a la situación de activo, con reconocimiento de todos los derechos económicos y demás que procedan desde la fecha de efectos de la suspensión.

Sección Segunda: Desarrollo

Artículo 35º. Con estricta sujeción a los principios de sumariedad y celeridad y con respeto a los plazos establecidos en este Reglamento, el procedimiento se impulsará de oficio y se dará cumplimiento a cuantas diligencias y trámites sean procedentes.

Artículo 36º. El Instructor ordenará en el plazo máximo de quince días la práctica de cuantas diligencias sean adecuadas para la determinación, conocimiento y comprobación de los datos en virtud de los cuales debe pronunciarse la resolución y, en particular, la práctica de cuantas pruebas y actuaciones conduzcan al esclarecimiento de los hechos y a determinar las responsabilidades susceptibles de sanción.

Artículo 37º. 1. En todo caso y como primeras actuaciones se procederá a recibir declaración al inculpado y a evacuar cuantas diligencias se deduzcan de la comunicación o denuncia que originó el expediente y de lo de aquel que hubiera manifestado en su declaración.

2. Si el expedientado no fuera habido, se le emplazará por medio de edictos que se publicarán en el *Boletín Oficial del Estado* y en *la Orden General* de la Dirección General de la Policía, señalándose plazo para comparecer. De no verificarlo, continuarán las actuaciones del procedimiento.

3. El Instructor —deberá proponer en el momento de elaborar el pliego de cargos, a la vista del resultado de las actuaciones practicadas, el mantenimiento o levantamiento de la medida de suspensión provisional que, en su caso, se hubiese adoptado.

Artículo 38º. 1. A la vista de las actuaciones practicadas, el Instructor formulará el correspondiente pliego de cargos, si a ello hubiese lugar, comprendiendo en dicho pliego todos y cada uno de los hechos imputados e indicación de las sanciones que puedan ser de aplicación, de acuerdo con el artículo 12 del presente Reglamento.

2. El pliego de cargos se redactará de forma clara y precisa, en párrafos separados y numerados para cada uno de los hechos imputados, concediéndose al expedientado un plazo de diez días para que pueda contestarlo, alegando cuanto considere oportuno a su defensa y proponiendo la práctica de cuantas pruebas estime necesarias.

Artículo 39º. 1. Contestado el pliego de cargos o transcurrido el plazo sin hacerlo, el Instructor, de oficio o a instancia de parte, podrá acordar la apertura de un período de diez días, a fin de que puedan practicarse cuantas pruebas juzgue oportunas.

2. Para la práctica de las pruebas propuestas, así como para las acordadas de oficio por el Instructor, se notificará previamente al funcionario expedientado, indicándose lugar, fecha y hora en que deberán realizarse.

Artículo 40º. Cumplimentadas las diligencias previstas en el presente capítulo se dará vista del expediente al inculpado con carácter inmediato para que, en el plazo de diez días, alegue lo que estime pertinente a su defensa y aporte cuantos documentos considere de interés.

Artículo 41º. El Instructor formulará, dentro de los cuatro días siguientes a la finalización del plazo previsto en el artículo anterior, propuesta de resolución en la que se fijarán con precisión los hechos, se hará la valoración jurídica de los mismos para determinar si se estima cometida falta y, en su caso, cuál sea ésta y la responsabilidad del inculpado, señalando la sanción a imponer.

Artículo 42º. La propuesta de resolución del expediente se notificará por el Instructor al interesado, para que, en el plazo de diez días, pueda alegar cuanto considere conveniente a su defensa, incluso respecto a la denegación de pruebas a que se refiere el capítulo I de este título.

Artículo 43º. Oído el interesado, o transcurrido el plazo sin alegación alguna, se remitirá, con carácter inmediato, el expediente convenientemente foliado y numerado al Director General de la Policía.

Sección Tercera: Terminación

Artículo 44º. Recibido el expediente, el Director General de la Policía procederá, previo examen de lo actuado, tras la práctica de las diligencias complementarias que considere oportunas y, en su caso, dictamen del servicio jurídico, a dictar la resolución motivada que corresponda, si estuviera dentro de sus atribuciones y, en caso contrario lo remitirá al órgano competente.

Artículo 45º. La autoridad competente para imponer la sanción podrá devolver el expediente al Instructor para la práctica de aquellas diligencias que, habiendo sido omitidas, resulten imprescindibles para la decisión.

En todo caso, después de practicadas estas diligencias y antes de remitir de nuevo el expediente a dicha autoridad, se dará vista de lo actuado últimamente al funcionario inculpado, a fin de que, en el plazo de diez días, alegue cuanto estime conveniente en su defensa.

Artículo 46º. 1. La resolución que ponga fin al procedimiento disciplinario deberá ser motivada y en ella no se podrán introducir hechos distintos de los que sirvieron de base al pliego de cargos, determinando con toda precisión la falta que se estime cometida, señalando los preceptos en que aparezca recogida la clase de falta, el funcionario responsable y la sanción que se le impone, haciendo expresa declaración en orden a las medidas provisionales adoptadas durante la tramitación del procedimiento.

2. La resolución del expediente, que pone fin a la vía administrativa, será notificada en forma al expedientado, dentro de los diez días siguientes a la fecha en que fuere adoptada, con indicación del recurso o recursos que contra la misma procedan, así como el órgano ante el que han de presentarse y los plazos para interponerlos.

3. Si no se aprecia responsabilidad disciplinaria, la resolución habrá de contener las declaraciones pertinentes en orden a las medidas provisionales adoptadas, en su caso.

Artículo 47º. El procedimiento disciplinario terminará por resolución expresa o por archivo como consecuencia de la pérdida de la condición de funcionario, pero habrá de continuar hasta la resolución, en todo caso, si hubiese terceros afectados por los hechos objeto del procedimiento o se instruyese por falta muy grave.

CAPÍTULO IV
Competencia sancionadora

Artículo 48º. De conformidad con lo establecido en el artículo 28.5 de la Ley Orgánica 2/1986, de 13 de marzo, de Fuerzas y Cuerpos de Seguridad, son órganos competentes para la imposición de sanciones disciplinarias:

El Ministro del Interior para imponer la sanción de separación del servicio.

El Ministro del Interior y el Director de la Seguridad del Estado para imponer la sanción de suspensión firme de tres a seis años.

Además de los órganos anteriores, el Director General de la Policía, para imponer sanciones por faltas graves.

Además de los órganos anteriores, serán competentes para la imposición de las sanciones por faltas leves al personal que presta servicio bajo su dirección:

a) Los Jefes de órganos centrales hasta nivel de Subdirección General o asimilado.

b) Los Gobernadores Civiles y Jefes de las Comisarías Provinciales y Locales.

Artículo 49º. Los órganos competentes para la imposición de una sanción lo son también para ordenar la incoación del correspondiente procedimiento.

CAPÍTULO V
Ejecución

Artículo 50º. 1. Las sanciones disciplinarias se ejecutarán según los términos de la resolución en que se impongan y la naturaleza de las mismas, en el plazo máximo de un mes, salvo que, por causas justificadas se establezca otro distinto en dicha resolución.

2. El cumplimiento se efectuará en la forma en que perjudique menos al sancionado.

Artículo 51º. Las sanciones disciplinarias impuestas a los funcionarios del Cuerpo Nacional de Policía, serán inmediatamente ejecutivas, no suspendiendo su cumplimiento la interposición de ningún tipo de recurso, administrativo o judicial, si bien la autoridad a quien compete resolverlo podrá suspender, de oficio o a instancia de parte, la ejecución de la sanción impuesta, en el caso de que dicha ejecución pudiera causar perjuicio de imposible o de difícil reparación.

Artículo 52º. 1. Las sanciones de pérdida de remuneración se harán efectivas por el habilitado inmediatamente, con cargo al sancionado, o por éste en papel de pagos al Estado, cuando así lo desee.

2. No obstante lo anterior, cuando el sancionado lo sea por falta grave, podrá, previa comunicación al correspondiente habilitado, fraccionar el pago durante los cinco meses siguientes al de la imposición de la sanción.

3. Para la determinación de estas sanciones se tomará como base la totalidad de las remuneraciones íntegras mensuales que percibiese el funcionario en el momento de la comisión de la falta, dividiéndose la misma por 30.

Artículo 53º. El órgano competente para imponer la sanción podrá proponer por el cauce reglamentario al Ministro del Interior, de oficio o a instancia del interesado, la suspensión o inejecución de la sanción, cuando mediare causa justa para ello, de acuerdo con lo previsto en la legislación general de funcionarios.

Artículo 54º. 1. De conformidad con lo establecido en el artículo 28.2 de la Ley Orgánica 2/1986, de 13 de marzo, de Fuerzas y Cuerpos de Seguridad, las sanciones disciplinarias se anotarán en los respectivos expedientes personales con indicación de las faltas que las motivaron.

2. De acuerdo con el precepto orgánico citado en el párrafo anterior de este artículo, transcurridos dos o seis, años desde el cumplimiento de la sanción, según se trate de faltas graves o muy graves no sancionadas con separación del servicio, podrá acordarse la cancelación de aquellas anotaciones a instancia del interesado que acredite buena conducta en el servicio desde que se le impuso la sanción. La cancelación de anotaciones por faltas leves se realizará a petición del interesado a los seis meses de la fecha de su cumplimiento. La cancelación producirá el efecto de anular la anotación sin que pueda certificarse de ella, salvo cuando lo soliciten las autoridades competentes para ello y a los exclusivos efectos de su expediente personal.

3. A los efectos de solicitud de cancelación de anotaciones, la Administración comunicará al interesado la fecha de vencimiento de los plazos para las cancelaciones a que se refiere el párrafo anterior de este artículo.

4. DECRETO 18/1995, de 24 de enero, del Gobierno Valenciano, regulador de los criterios de utilización del equipo de autodefensa y el armamento por las policías locales de la Comunidad Valenciana

DISPOSICIONES GENERALES
CONSELLERIA DE ADMINISTRACIÓN PÚBLICA

El Real Decreto 137/1993, de 29 de enero, aprueba el Reglamento de Armas, y en él se modifican aspectos sobre la fabricación, comercio, tenencia y uso de armas, con el fin de adaptar esta materia a las diversas normas que han ido apareciendo y a los modernos avances de la técnica.

La necesaria amplitud con que se tratan estos temas en el: mencionado reglamento hace preciso que determinadas cuestiones, como la de los criterios que deban tener en cuenta los funcionarios de las policías locales en cuanto al uso de las armas y elementos de defensa, sean establecidas por las administraciones públicas competentes en cada caso.

Por otro lado, las armas a las que se refiere el presente decreto son las clasificadas como de primera categoría (armas de fuego cortas) con que se dote al personal de las policía locales o que puedan particularmente adquirir, con arreglo al Reglamento de Armas.

De la Ley Orgánica 2/1986, de 13 de marzo, de Fuerzas Cuerpos de Seguridad, así como de la Ley de la Generalitad Valenciana 2/1990, de 4 de abril, de Coordinación de Policías Locales de la Comunidad Valenciana, se deriva que corresponde ésta a la competencia para determinar las normas comunes de funcionamiento de las policías locales, aspecto en el cual está incluido, sin duda, el relativo al modo de usar las armas y equipo de defensa de que están dotados estos cuerpos.

Por ello, se considera fundamental establecer una regulación, clara y precisa, de la cuestión, dadas sus innegables repercusiones en la seguridad y tranquilidad ciudadanas y en pacífico desenvolvimiento de los derechos.

A este respecto y teniendo en cuenta los principios básicos de actuación contenidos en el artículo 5 de la Ley Orgánica Fuerzas y Cuerpos de Seguridad, se ha partido de la base de procurar la menor perturbación de los derechos individuales, limitando al máximo el uso de las armas y equipos de defensa.

Quedan excluidos del ámbito de aplicación de este reglamento, y se regirán por la normativa especial dictada al efecto, la adquisición, tenencia y uso de armas por las fuerzas armadas y las fuerzas y cuerpos de seguridad del Estado. Para el desarrollo de sus funciones también quedan excluidos los establecimientos e instalaciones de dichas fuerzas y cuerpos.

Por ello, previo informe de la Comisión de Coordinación de Policías Locales de la Comunidad Valenciana, a propuesta del conseller de Administración Pública y previa deliberación del Gobierno Valenciano en a reunión del día 24 de enero de 1995,

DISPONGO

Artículo primero

1. La tenencia y utilización del equipo de autodefensa y armamento por parte del personal de las policías locales de la Comunidad Valenciana se ajustará a los criterios contenidos en el presente Decreto, así Como a las disposiciones del Reglamento de Armas, y a las normas que los respectivos ayuntamientos puedan adoptar al respecto, en ejercicio de su potestad normativa.

2. La regulación contenida en este decreto se refiere exclusivamente a armas de primera categoría del artículo 3 del Reglamento de Armas, que posean los policías locales.

3. El usó del armamento y medios de autodefensa regulados en este decreto se adecuará en todo momento a los principios básicos de actuación recogidos en el artículo 5 de la Ley Orgánica 2/1986, de Fuerzas y Cuerpos de Seguridad.

Se consideran armas reglamentarias aquellas que el ayuntamiento asigne al policía local para el ejercicio de sus funciones.

Artículo tercero

Los miembros de la policía local, como titulares de licencia tipo A la que se refiere el reglamento de Armas, podrán poseer un arma corta de su propiedad, además de las que puedan recibir como dotación reglamentaria, de acuerdo con lo dispuesto en el artículo 13.

TÍTULO I
Normas generales sobre tenencia

Artículo cuarto

Las armas reglamentarias se custodiarán, fuera de las horas de servicio, en las dependencias municipales habilitadas al efecto por el respectivo ayuntamiento. A este fin, los ayuntamientos que cuenten con policías locales en cuya dotación se incluya arma reglamentaria, deberán disponer de zonas de seguridad y/o armeros para su custodia.

Artículo quinto

Las armas de fuego deberán conservarse en perfecto estado, adoptándose todas las medidas necesarias para evitar su deterioro, pérdida, robo, sustracción o uso por terceras personas.

Artículo sexto

Los miembros de la policía local que tengan asignada arma reglamentaria, deberán portar la misma siempre que se encuentren de servicio, ateniéndose a lo establecido por la Ley 2/1986, de Fuerzas y Cuerpos de Seguridad, y Ley 2/1990, de Coordinación de Policías Locales de la Comunidad Valenciana, sin perjuicio de que por parte de la alcaldía correspondiente o mandos superiores se puedan determinar algunos supuestos en los cuales no se deba portar el arma en servicios concretos.

Artículo séptimo

En ningún caso se podrá prestar o ceder el arma a cualquier persona, así como intercambiar el arma o armero con otro policía, ni depositarla en vehículos, aunque éstos se estaciones en garajes, incluso vigilados.

Artículo octavo

En caso de pérdida, sustracción, robo, destrucción, etc., del arma o su documentación, se deberá comunicar inmediatamente a la autoridad correspondiente, sin perjuicio de presentar la pertinente denuncia.

Artículo noveno

El policía será responsable, en todo caso, del mal uso del arma propia o a él asignada, que pudiera hacer cualquier persona que tuviera acceso a la misma.

Artículo diez

Queda absolutamente prohibido portar, exhibir o usar las armas, bajo los efectos de bebidas alcohólicas, estupefacientes psicotrópicos, estimulantes u otras sustancias análogas.

Artículo once

En ningún caso podrán tener ni usar armas los policías cuyas condiciones físicas o psíquicas se lo impidan, en especial aquellas para las que la posesión y uso representen un riesgo propio o ajeno. Por ello, cuando, se detecte algún indicio en tal sentido deberá comunicarse al mando correspondiente para que la alcaldía disponga lo oportuno.

Artículo doce

Todo miembro de las policías locales que protagonizase conductas que dieran lugar a dudas sobre su capacidad de hacer uso responsable del arma o no alcanzase las condiciones mínimas previstas en el Reglamento de Armas y normas concordantes, será privado de las mismas, tanto reglamentarias como particulares, en su caso, pudiendo cambiar de destino sí éste tiene asignada arma.

Artículo trece

En caso de desear la adquisición de un arma, de propiedad particular, se deberá solicitar a la alcaldía correspondiente una certificación al efecto, que facilite la pertinente tramitación ante la intervención de armas de la Guardia Civil.

Artículo catorce

El control de armamento y munición, así como el entrenamiento práctico y teórico, será llevado a cabo por el correspondiente departamento de la policía local. A su vez, los mandos de cada unidad o grupo, en su caso, deberán pasar revista periódicamente del estado del armamento y munición asignados.

Se realizarán ejercicios de tiro, al menos dos veces al año, programados de acuerdo con las necesidades del servicio, y en todo caso, se efectuarán los ejercicios previstos en el Reglamento de Armas.

Artículo quince

Las armas de propiedad municipal, así como las particulares en su caso, sólo podrán ser utilizadas para prácticas en los lugares expresamente autorizados.

Artículo dieciséis

En los plazos y formas establecidos reglamentariamente deberán presentarse las armas asignadas y las particulares, en su caso, y sus correspondientes guías, en el departamento que corresponda para pasar la oportuna revista.

Artículo diecisiete

En caso de fallecimiento de un policía que tuviera asignada arma reglamentaria o fuera propietario de alguna, sus familiares, herederos o albaceas deberán entregarla en depósito al cuerpo, a los efectos prevenidos en el artículo 93 del vigente Reglamento de Armas. De igual modo le entregará la correspondiente llave del armero que pudiera tener asignado.

De la misma manera deberá procederse en caso de jubilación o cese en el servicio por cualquier causa, correspondiendo en este caso la obligación al propio policía o a sus familiares, en caso de incapacidad o imposibilidad.

TÍTULO II
Utilización de la defensa

Artículo diecinueve

La utilización de la defensa por parte del policía dependerá de la gravedad de la situación y la utilizará solo para contener o repeler una agresión contra su persona o la de terceros.

Artículo veinte

En los casos de servicios no individualizados, quien debe asumir la iniciativa y responsabilidad de éstos el encargado de determinar las directrices de utilización de la defensa y dar las ordenes, de conformidad con los principios de congruencia, oportunidad y proporcionalidad. Ningún policía actuará sin previa orden, salvo que ello sea estrictamente necesario.

Artículo veintiuno

Los policías no se enseñarán, bajo ningún concepto en el uso de la defensa, cesando en él en cuanto sea posible por haberse retirado los agresores o haber sido reducidos. No se amenazará ni golpeará nunca a una persona caída o que no ofrezca una grave resistencia, insuperable por otro medio.

Artículo veintidós

La utilización de la defensa será proporcional al daño que trate de evitarse. Teniendo en cuenta su naturaleza y con el fin de evitar daños irreparables, se usará, cuando sea imprescindible y de ser posible, contra partes no vitales del cuerpo, rehuyendo la cabeza, y usando dicha defensa con el fin de apartar al oponente, sin golpearle, ocasionando el menor daño posible.

TÍTULO III
Utilización del aerosol defensivo y de descargadores eléctricos

Artículo veintitrés

1. El aerosol defensivo se utilizará sólo como elemento de autodefensa ante personas en actitud agresiva que hayan amenazado o provocado con antelación a los policías, para evitar altercados graves, riñas tumultuarias o situaciones similares. Para su utilización en local cerrado se procurará contar previamente con la autorización del propietario o encargado siempre que ello sea posible, salvo que se trate de evitar un grave riesgo para las personas o la seguridad ciudadana en cuyo caso los agentes de la autoridad podrán prescindir de dicha autorización.

2. La utilización del aerosol se realizará sin causar daños innecesarios, debiendo cesar inmediatamente que se haya conseguido la reducción del agresor o agresores.

Artículo veinticuatro

Los descargadores eléctricos limitarán su uso de acuerdo con lo señalado en el artículo anterior.

TÍTULO IV
Utilización de armas de fuego

Artículo veinticinco

Se evitará hacer ostentación del arma, salvo que ello sea imprescindible por las características del servicio a prestar.

Artículo veintiséis

Cuando se inicien intervenciones en que sea presumible la necesidad de hacer uso u ostentación del arma, se adoptarán las medidas preventivas que se estimen adecuadas a la situación de acuerdo con lo dispuesto en el Reglamento de Armas.

Artículo veintisiete

El arma solo se utilizará por el policía cuando exista un riesgo racionalmente grave para su vida, su integridad física o la de terceras personas, o en aquellas circunstancias que puedan suponer un grave riesgo para la seguridad ciudadana, y en todo caso respetando los principios de oportunidad, congruencia y proporcionalidad.

Artículo veintiocho

1. El uso preventivo consistirá en mantener el arma en la mano, dispuesta para su uso inmediato. El policía se identificará debidamente, sin amenazas innecesarias y sin apuntar directamente a ninguna persona, salvo que ello sea estrictamente necesario.

Artículo veintinueve

El uso preventivo sólo está permitido si se cree fundadamente que la persona interpelada lleva un arma, tiene antecedentes por haber agredido gravemente a alguna persona o haber amenazado con hacerlo. Asimismo en el caso de entrada en locales cerrados previamente violentados, o en cualquier otro espacio bajo circunstancias de peligro similares.

Artículo treinta

El uso intimidatorio consistirá en la realización de varios disparos al aire, siempre que no haya riesgo para las personas o bienes.

Artículo treinta y uno

El uso intimidatorio del arma sólo está permitido cuando el policía deba enfrentarse a fuerzas análogas o superiores a las propias y manifiestamente agresivas, cuando el sospecho haya emprendido la huida, su detención sea estrictamente necesaria e inaplazable, no exista otra posibilidad de darle alcance y no exista riesgo alguno para personas y bienes.

Artículo treinta y dos

El uso del arma por el policía con fines defensivos sólo permitido cuando esté en peligro manifiesto su vida, su integridad física o las de terceras personas por agresión de un tercero y no quepan actuaciones alternativas, extremando siempre las medidas de garantía y seguridad para sí mismo y terceras personas.

Artículo treinta y tres

El uso del arma de fuego ha de ir precedido, si las circunstancias lo permiten, de comunicaciones dirigidas al agresor para que abandone su actitud, y de la advertencia de que se halla ante un agente de la autoridad, cuando este carácter pudiera ser desconocido por el atacante.

Artículo treinta y cuatro

Si el agresor mantiene su actitud, a pesar de las comunicaciones, no se deben efectuar disparos, si ello no es imprescindible, debiendo proceder los intimidatorios a los defensivos siempre que sea posible.

Artículo treinta y cinco

En última instancia, cuando por la rapidez, violencia y riesgo grave de la agresión se deba hacer uso del arma con defensivos, el mismo se efectuará sobre partes no vitales del cuerpo del agresor, atendiendo siempre al principio de que el uso del arma cause el menor daño posible.

Artículo treinta y seis

Está prohibido hacer uso del arma de fuego fuera de los supuestos permitidos por el ordenamiento jurídico.

TÍTULO V
Régimen de funcionamiento disciplinario

Artículo treinta y siete

1. Cada vez que se utilice la defensa, el aerosol defensivo, descargadores eléctricos o el arma de fuego, se deberá elevar por el conducto reglamentario un informe exhaustivo haciendo constar los motivos y demás circunstancias concurrentes en el acto y adjuntando, si fuera posible, las vainas y balas, en su caso; salvo que las mismas deban ser entregadas a la autoridad judicial, bien directamente o a través de los grupos de policía científica.

2. En el caso de disparo de armas de fuego en acto de servicio, copia del citado informe se remitirá a la conselleria competente en materia de policía, a efectos de conocimiento, con arreglo al modelo normalizado que se establecerá oportunamente.

Artículo treinta y ocho

Las infracciones cometidas por los policías locales en relación con la tenencia y uso del equipo de autodefensa y armamento citado en el ejercicio de sus funciones, serán sancionadas por las autoridades a quienes corresponda la competencia disciplinaria.

DISPOSICIÓN FINAL

El presente decreto entrará en vigor el día siguiente al de su publicación en el *Diario Oficial de la Generalitat Valenciana.*

Valencia, 24 de enero de 1995

El presidente de la Generalitat Valenciana
JOAN LERMA I BLASCO

El conseller de Administración Pública,
LUIS BERENGUER FUSTER

Anexo III

Documentación relevante sobre el progreso ético

1. PRECEDENTES

1.1. Declaración de Derechos del Pueblo de Virginia (12 de junio de 1776)

1. Que todos los hombres son por naturaleza igualmente libres e independientes y tienen ciertos derechos innatos, de los cuales, cuando entran a formar parte de una sociedad, no pueden ser privados por ningún convenio, a saber: el goce de la vida y libertad y los medios de adquirir y poseer la propiedad y de buscar y conseguir la felicidad y la seguridad.

2. Que todo poder reside en el pueblo y consecuentemente deriva de él; que los magistrados son sus mandatarios y servidores y en todo momento responsables ante él.

1.2. Declaración de la Independencia de los Estados Unidos, el 4 de julio de 1776, cuyo autor principal del texto y redactor final fue THOMAS JEFFERSON, uno de los padres de la independencia

Dicha declaración afirma: «*Sostenemos como evidentes estas verdades: que todos los hombres son creados en igualdad, y dotados por su creador de ciertos derechos inalienables entre los que se encuentran la vida, la libertad y el derecho a la felicidad. Que, para asegurar estos derechos, los hombres crean gobiernos que derivan sus justos poderes del consentimiento de los Gobernados. Que cualquiera otra forma de gobierno que atente a esos fines puede el pueblo alterarla o abolirla para instituir un nuevo gobierno, que tenga su fundamento en tales principios y organice sus poderes de tal forma que parezca más seguro alcanzar mediante él la seguridad y la felicidad.*

1.3. Declaración de los Derechos del Hombre y del Ciudadano (26 de agosto de 1789)

Preámbulo. Los representantes del pueblo francés, constituidos en Asamblea Nacional, considerando que la ignorancia, el olvido o el desprecio de los derechos del hombre son las únicas causas de las desgracias públicas y de la corrupción de los gobiernos, han resuelto exponer en una declaración solemne los derechos naturales, inalienables y sagrados del hombre, a fin de que esta declaración, presente constantemente a todos los miembros del cuerpo social, les recuerde sin cesar sus derechos y sus deberes; a fin de que los actos del poder legislativo y los del poder ejecutivo, pudiendo ser en cada instante comparados con la finalidad de toda institución política, sean más respetados; a fin de que las reclamaciones de los ciudadanos, fundadas en adelante en principios simples e indiscutibles, contribuyan siempre al mantenimiento de la Constitución y a la felicidad de todos.

En consecuencia, la Asamblea Nacional reconoce y declara, en presencia y bajo los auspicios del Ser Supremo, los siguientes derechos del hombre y del ciudadano.

I. Los hombres nacen y permanecen libres e iguales en derechos. Las distinciones sociales no pueden fundarse más que en la utilidad común.

II. La finalidad de toda asociación política es la conservación de los derechos naturales e imprescriptibles del hombre. Estos derechos son la libertad, la propiedad, la seguridad y la resistencia a la opresión.

III. El principio de toda soberanía reside esencialmente en la nación. Ningún cuerpo, ningún individuo puede ejercer una autoridad que no emane de ella expresamente.

IV. La libertad consiste en poder hacer todo lo que no perjudica a otro; así, el ejercicio de los derechos naturales de cada hombre no tiene otros límites que los que garantizan a los demás miembros de la sociedad el goce de esos mismos derechos. Estos límites sólo pueden ser determinados por la ley.

V. La ley no tiene derecho a prohibir sino las acciones perjudiciales para la sociedad. No puede impedirse nada que no esté prohibido por la ley, y nadie puede estar obligado a hacer lo que ella no ordena.

VI. La ley es a expresión de la voluntad general. Todos los ciudadanos tienen derecho a participar personalmente, o a través de sus representantes, en su formación. Debe ser la misma para todos, así cuando protege, como cuando castiga. Todos los ciudadanos, siendo iguales a sus ojos, son igualmente admisibles a todas las dignidades, puestos y empleos públicos, según su capacidad, y sin otra distinción que la de sus virtudes y sus talentos.

VII. Ningún hombre puede ser acusado, encarcelado ni detenido sino en los casos determinados por la ley, y según las formas por ella prescritas. Los que solicitan, dictan, ejecutan o hacen ejecutar órdenes arbitrarias deben ser castigados; pero todo ciudadano llamado o detenido en virtud de la ley debe obedecer al instante: se hace culpable por la resistencia.

VIII. La Ley no debe establecer más que las penas estricta y evidentemente necesarias, y nadie puede ser castigado sino en virtud de una ley establecida y promulgada anteriormente al delito, y legalmente aplicada.

IX. Todo hombre se presume inocente mientras no haya sido declarado culpable; por ello, si se juzga indispensable detenerlo, todo rigor que no fuera necesario para asegurar su persona debe ser severamente reprimido por la ley.

X. Nadie debe ser inquietado por sus opiniones, incluso religiosas, siempre que su manifestación no altere el orden público establecido por la ley.

XI. La libre comunicación de los pensamientos y de las opiniones es uno de los derechos más preciosos del hombre; todo ciudadano puede, pues, hablar, escribir, imprimir libremente, a reserva de responder del abuso de esta libertad en los casos determinados por la ley.

XII. La garantía de los derechos de] hombre y del ciudadano hace necesaria una fuerza pública; esta fuerza se instituye, pues, en beneficio de todos, y no para la utilidad particular de aquellos a quienes les es confiada.

XIII. Para el mantenimiento de la fuerza pública, y para los gastos de la administración, es indispensable una contribución común; ésta debe ser repartida por igual entre todos los ciudadanos, en razón de sus posibilidades.

XIV. Los ciudadanos tienen derecho a comprobar, por sí mismos o por sus representantes, las necesidades de la contribución pública, a consentir en ella libremente, a vigilar su empleo, y a determinar su cuota, su base, su recaudación y su duración.

XV. La sociedad tiene el deber de pedir cuentas de su administración a todo funcionario público.

XVI. Toda sociedad en la que no está asegurada la garantía de los derechos ni determinada la separación de los poderes no tiene Constitución.

XVII. Siendo la propiedad un derecho inviolable y sagrado, nadie puede ser privado de ella, salvo cuando lo exija evidentemente la necesidad pública, legalmente comprobada, y a condición de una indemnización justa y previa.

2. DECLARACIONES UNIVERSALES Y PACTOS INTERNACIONALES

2.1. Declaración Universal de Derechos Humanos de 10 de diciembre de 1948

Preámbulo

Considerando que la libertad, la justicia y la paz en el mundo tienen por base el reconocimiento de la dignidad intrínseca y de los derechos iguales e inalterables de todos los miembros de la familia humana;

Considerando que el desconocimiento y el menosprecio de los derechos del hombre ha originado actos de barbarie, ultrajantes para la conciencia de la humanidad; y que se ha proclamado, como la aspiración más elevada del hombre, el advenimiento de un mundo en que los seres humanos, liberados del temor y de la miseria, disfruten de la libertad de palabra y de la libertad de creencias;

Considerando esencial que los derechos del hombre sean protegidos por un régimen de derecho, a fin de que el hombre no se vea compelido al supremo recurso de la rebelión contra la tiranía y la opresión; considerando también esencial promover el desarrollo de relaciones amistosas entre las naciones;

Considerando que los pueblos de la Naciones Unidas han reafirmado, en la Carta, su fe en los derechos fundamentales del hombre, en la dignidad y el valor de la persona humana y en la igualdad de derechos de hombre y mujeres, y se han declarado resueltos a promover el progreso social y a elevar el nivel de vida dentro de un concepto más amplio de la libertad;

Considerando que los Estados miembros se han comprometido a asegurar, en cooperación con la Organización de las Naciones Unidas, el respeto universal y efectivo de los derechos y libertades fundamentales del hombre, y

Considerando que una concepción común de estos derechos y libertades es de la mayor importancia para el pleno cumplimiento de dicho compromiso;

La Asamblea general Proclama la presente Declaración Universal de Derechos Humanos como ideal común por el que todos los pueblos y naciones deben esforzarse, a fin de que tanto los individuos como las instituciones, inspirándose constantemente en ella, promuevan, mediante la enseñanza y la educación, el respeto a estos derechos y libertades, y aseguren, por medidas progresivas de carácter nacional e internacional, su reconocimiento y aplicación universal y efectivos, tanto entre las pueblos de los Estados miembros como entre los de los territorios colocados bajo su jurisdicción.

1. Todos los seres humanos nacen libres e iguales en dignidad y derechos y, dotados como están de razón y conciencia, deben comportarse fraternalmente los unos con los otros.

2.1. Toda persona tiene todos los derechos y libertades proclamados en esta declaración, sin distinción alguna de raza, color, sexo, idioma, religión, opinión política o de cualquier otra índole, origen nacional o social, posición económica, nacimiento o cualquier otra condición.

2.2. Además, no se hará distinción alguna fundada en la condición política, jurídica o internacional del país o territorio de cuya jurisdicción dependa una persona, tanto si se trata de un país independiente, como de un territorio bajo administración fiduciaria, no autónomo o sometido a cualquier otra limitación de soberanía.

3. Todo individuo tiene derecho a la vida, a la libertad y a la seguridad de su persona.

4. Nadie estará sometido a esclavitud ni a servidumbre; la esclavitud y la trata de esclavos está prohibidas en todas sus formas.

5. Nadie será sometido a torturas ni a penas o tratos crueles, inhumanos o degradantes.

6. Todo ser humano tiene derecho, en todas partes, al reconocimiento de su personalidad jurídica.

7. Todos son iguales ante la ley y tienen, sin distinción, derecho a igual protección de la ley. Todos tienen derecho a igual protección contra toda discriminación que infrinja esta declaración y contra toda provocación a tal discriminación.

8. Toda persona tiene derecho a un recurso efectivo, ante los tribunales nacionales competentes, que la ampare contra actos que violen sus derechos fundamentales reconocidos por la constitución o por la ley.

9. Nadie podrá ser arbitrariamente detenido, preso ni desterrado.

10. Toda persona tiene derecho, en condiciones de plena igualdad, a ser oída públicamente y con justicia por un tribunal independiente e imparcial, para la determinación de sus derechos y obligaciones o para el examen de cualquier acusación contra ella en materia penal.

11.1. Toda persona acusada de delito tiene derecho a que se presuma su inocencia mientras no se pruebe su culpabilidad conforme a la ley y en juicio público en el que se la hayan asegurado todas las garantías necesarias para su defensa.

11.2. Nadie será conducido por actos u omisiones que en el momento de someterse no fueren delictivos según el derecho nacional o internacional. Tampoco se impondrá pena más grave que la aplicable en el momento de la comisión del delito.

12. Nadie será objeto de injerencias arbitrarias en su vida privada, su familia, su domicilio o su correspondencia, ni de ataques a su honra o a su reputación. Toda persona tiene derecho a la protección de la ley contra tales injerencias o ataques.

13.1. Toda persona tiene derecho a circular libremente y a elegir su residencia en el territorio de un Estado.

13.2. Toda persona tiene derecho a salir de cualquier país, incluso del propio, y a regresar a su país.

14.1. En caso de persecución, toda persona tiene derecho a buscar asilo, y a disfrutar de él, en cualquier país.

14.2. Este derecho no podrá ser invocado contra una acción judicial realmente originada por delitos comunes o por actos opuestos a los propósitos y principios de las Naciones Unidas.

15.1. Toda persona tiene derecho a una nacionalidad.

15.2. A nadie se privará arbitrariamente de su nacionalidad ni del derecho a cambiar de nacionalidad.

16.1. Los hombres y las mujeres, a partir de edad núbil, tienen derecho, sin restricción alguna por motivos de raza, nacionalidad o religión, a casarse y fundar una familia; y disfrutarán de iguales derechos en cuanto al matrimonio, durante el matrimonio y en caso de disolución del matrimonio.

16.2. Sólo mediante libre y pleno consentimiento de los futuros esposos podrá contraerse el matrimonio.

16.3. La familia es el elemento natural y fundamental de la sociedad y tiene derecho a la protección de la sociedad y del Estado.

17.1. Toda persona tiene derecho a la propiedad, individual y colectivamente.

17.2. Nadie será privado arbitrariamente de su propiedad.

18. Toda persona tiene derecho a la libertad de pensamiento, de conciencia y de religión; este derecho incluye la libertad de cambiar de religión o de creencia, así como la libertad de manifestar su religión o su creencia, individual y colectivamente, tanto en público como en privado, por la enseñanza, la práctica, el culto y la observancia.

19. Todo individuo tiene derecho a la libertad de opinión y de expresión; este derecho incluye el de no ser molestado a causa de sus opiniones, el de investigar y recibir informaciones y opiniones y el de difundirlas, sin limitación de fronteras, por cualquier medio de expresión.

20.1. Toda persona tiene derecho a la libertad de reunión y de asociación pacificas.

20.2. Nadie podrá ser obligado a pertenecer a una asociación.

21.1. Toda persona tiene derecho a participar en el gobierno de su país, directamente o por medio de representantes libremente escogidos.

21.2. Toda persona tiene el derecho de acceso, en condiciones de igualdad, a las funciones públicas de su país.

21.3. La voluntad del pueblo es la base de la autoridad del poder público; esta voluntad se expresará mediante elecciones auténticas que habrán de celebrarse periódicamente, por sufragio universal e igual y por voto secreto u otro procedimiento equivalente que garantice la libertad del voto.

22. Toda persona, como miembro de la sociedad, tiene derecho a la seguridad social y a obtener, mediante el esfuerzo nacional y la cooperación internacional, habida cuenta de la organización y los recursos de cada Estado, la satisfacción de los derechos económicos, sociales y culturales indispensables a su dignidad y al libre desarrollo de su personalidad.

23.1. Toda persona tiene derecho al trabajo, a la libre elección de su trabajo, a condiciones equitativas y satisfactorias de trabajo y a la protección contra el desempleo.

23.2. Toda persona tiene derecho, sin discriminación alguna, a igual salario por igual trabajo.

23.3. Toda persona que trabaja tiene derecho a una remuneración equitativa y satisfactoria que le asegure, así como a su familia, una existencia conforme a la dignidad humana y que será completada, en caso necesario, por cualesquiera otros medios de protección social.

23.4. Toda persona tiene derecho a fundar sindicatos y a sindicarse para la defensa de sus intereses.

24. Toda persona tiene derecho al descanso, al disfrute del tiempo libre, a una limitación razonable de la duración del trabajo y a vacaciones periódicas pagadas.

25.1. Toda persona tiene derecho a un nivel de vida adecuado que le asegure, así como a su familia, la salud y el bienestar y en especial la alimentación, el vestido, la vivienda, la asistencia médica y los servicios sociales necesarios; tiene asimismo derecho a los seguros en caso de desempleo, enfermedad, invalidez, viudez u otros casos de pérdida de sus medios de subsistencia por circunstancias independientes de su voluntad.

25.2. La maternidad y la infancia tienen derecho a cuidados y asistencia especiales. Todos los niños, nacidos de matrimonio o fuera de matrimonio, tienen derecho a igual protección social.

26.1. Toda persona tiene derecho a la educación. La educación debe ser gratuita. al menos en lo concerniente a la instrucción elemental y fundamental.

La instrucción elemental será obligatoria. La instrucción técnica y profesional habrá de ser generalizada; el acceso a los estudios superiores será igual para todos, en función de los méritos respectivos.

26.2. La educación tendrá por objeto el pleno desarrollo de la personalidad humana y el fortalecimiento del respeto a los derechos del hombre y a las libertades fundamentales; favorecerá la comprensión, la tolerancia y la amistad entre todas las naciones y todos los grupos étnico o religiosos, y promoverá el desarrollo de las actividades de las Naciones Unidas para el mantenimiento de la paz.

26.3. Los padres tendrán derecho preferente a escoger el tipo de educación que habrá de darse a sus hijos.

27.1. Toda persona tiene derecho a tomar parte libremente en la vida cultural de la comunidad, a gozar de las artes y a participar en el progreso científico y en los beneficios que de él resulten.

27.2. Toda persona tiene derecho a la protección de los intereses morales y materiales que le correspondan por razón de las producciones científicas, literarias o artísticas de que sea autor.

28. Toda persona tiene derecho a que se establezca un orden social e internacional en el que los derechos y libertades proclamados en esta declaración se hagan plenamente efectivos.

29. Toda persona tiene deberes respecto a la comunidad, puesto que sólo en ella puede desarrollar libre y plenamente su personalidad.

En el ejercicio de sus derechos y en disfrute de sus libertades, toda persona estará solamente sujeta a las limitaciones establecidas por la ley con el único fin de asegurar el reconocimiento y el respeto de los derechos y libertades de las demás y de satisfacer las justas exigencias de la moral, del orden público y del bienestar general de una sociedad democrática.

Estos derechos y libertades no podrán, en ningún caso, ser ejercidos en oposición a los propósitos y principios de las Naciones Unidas.

30. Nada en la presente declaración podrá interpretarse en el sentido de que confiere derecho alguno al Estado, a un grupo o a una persona, para emprender y desarrollar actividades o realizar actos tendentes a la supresión de cualquiera de ¡os derechos y libertades proclamados en esta declaración.

2.2. Pacto Internacional de Derechos Civiles y Políticos de 16 de Diciembre de 1966

Los Estados Partes en el presente Pacto,

Considerando que conforme a los principios enunciados en la Carta de las Naciones Unidas, la libertad, la justicia y la paz en el mundo tienen por base el reconocimiento de la dignidad inherente a todos los miembros de la familia humana y de sus derechos iguales e inalienables,

Reconociendo que estos derechos se derivan de la dignidad inherente a la persona humana,

Reconociendo que, con arreglo a la Declaración Universal de Derechos Humanos, no puede realizarse el ideal del ser humano libre, en el disfrute de las libertades civiles y políticas y liberado del temor y de la miseria, a menos que se creen condiciones que permitan a cada persona gozar de sus derechos civiles y políticos, tanto como de sus derechos económicos, sociales y culturales,

Considerando que la Carta de las Naciones Unidas impone a los Estados la obligación de promover el respeto universal y efectivo de los derechos y libertades humanos,

Comprendiendo que el individuo, por tener deberes respecto de otros individuos y de la comunidad a que pertenece, tiene la obligación de esforzarse por la consecución y la observancia de los derechos reconocidos en este Pacto,

Convienen en los artículos siguientes:

PARTE I

1.1. Todos los pueblos tienen el derecho de libre determinación. En virtud de este derecho establecen libremente su condición política y proveen asimismo a su desarrollo económico, social y cultural.

1.2. Para el logro de sus fines, todos los pueblos pueden disponer libremente de sus riquezas y recursos naturales, sin perjuicio de las obligaciones que derivan de la cooperación económica internacional basada en el principio de beneficio recíproco, así como del Derecho internacional. En ningún caso podría privarse a un pueblo de sus propios medios de subsistencia.

1.3. Los Estados Partes en el presente Pacto, incluso los que tienen la responsabilidad de administrar territorios no autónomos y territorios en fideicomiso, promoverán el ejercicio del derecho de libre determinación, y respetarán este hecho de conformidad con las disposiciones de la Carta de las Naciones Unidas.

PARTE II

2.1. Cada uno de los Estados Partes en el presente Pacto se compromete a respetar y a garantizar a todos los individuos que se encuentren en su territorio y estén sujetos a su jurisdicción los derechos reconocidos en el presente Pacto, sin distinción alguna de raza, color, sexo, idioma, religión, opinión política o de otra índole, origen nacional o social, posición económica, nacimiento o cualquier otra condición social.

2.2. Cada Estado Parte se compromete a adoptar, con arreglo a sus procedimiento constitucionales y a las disposiciones del presente Pacto, las medidas oportunas para dictar las disposiciones legislativas o de otro carácter que fueran necesarias para hacer efectivos los derechos reconocidos en el presente Pacto y que no estuviesen ya garantizados por disposiciones legislativas o de otro carácter.

2.3. Cada uno de los Estados Partes en el presente Pacto se compromete a garantizar que:

a) Toda persona cuyos derechos o libertades reconocidos en el presente Pacto hayan sido violados podrá interponer un recurso efectivo, aun cuando tal violación hubiera sido cometida por personas que actuaban en ejercicio de sus funciones oficiales;

b) La autoridad competente, judicial, administrativa o legislativa, o cualquiera otra autoridad competente prevista por el sistema legal del Estado, decidirá sobre los derechos de toda persona que interponga tal recurso, y a desarrollar las posibilidades del recurso judicial;

c) Las autoridades competentes cumplir n toda decisión en que se haya estimado procedente el recurso.

3. Los Estados Partes en el presente Pacto se comprometen a garantizar a hombres y mujeres la igualdad en el goce de todos los derechos civiles y políticos enunciados en el presente Pacto.

4. 1. En situaciones excepcionales que pongan en peligro la vida de la nación y cuya existencia haya sido proclamada oficialmente, los Estados partes en el presente Pacto podrán adoptar disposiciones que, en la medida estrictamente limitada a las exigencias de la situación, suspendan las obligaciones contrarías en virtud de este Pacto, siempre que tales disposiciones no sean incompatibles con las demás obligaciones que les impone el Derecho internacional y no entrañen discriminación alguna fundada únicamente en motivos de raza, color, sexo, idioma, religión u origen social.

4.2. La disposición precedente no autoriza suspensión alguna de los artículos 6, 7 y 8 (párrafos 1 y 2), 11. 15, 16 y 18.

4.3. Todo Estado Parte en el presente Pacto que haga uso del derecho de suspensión deberá informar inmediatamente a los demás Estados Partes en el presente Pacto, por conducto del Secretario general de las Naciones Unidas, de las disposiciones cuya aplicación haya suspendido y de los motivos que hayan suscitado la suspensión. Se hará una nueva comunicación por el mismo conducto en la fecha en que haya dado por terminada tal suspensión.

5.1. Ninguna disposición del presente Pacto podrá ser interpretada en el sentido de conceder derecho alguno a un Estado, grupo o individuo para emprender actividades o realizar actos encaminados a la destrucción de cualquiera de los derechos y libertades reconocidos en el Pacto o a su imitación en mayor medida que la prevista en él.

5.2. No podrá admitirse restricción o menoscabo de ninguno de los derechos humanos fundamentales reconocidos o vigentes en un Estado Parte en virtud de leyes, convenciones, reglamentos o costumbres, so pretexto de que el presente Pacto no los reconoce o los reconoce en menor grado.

PARTE III

6.1. El derecho a la vida es inherente a la persona humana. Este derecho estará protegido por la ley. Nadie podrá ser privado de la vida arbitrariamente.

6.2. En los países que no hayan abolido la pena capital sólo podrá imponerse la pena de muerte por los más graves delitos y de conformidad con leyes que estén en vigor en el momento de someterse el delito y que no sean contrarias a las disposiciones de] presente pacto ni a la Convención para la prevención y sanción del delito de genocidio. Esta pena sólo podrá imponerse en cumplimiento de sentencia definitiva de un Tribunal competente.

6.3. Cuando la privación de la vida constituya delito de genocidio se tendrá entendido que nada de lo dispuesto en este artículo excusará en modo alguno a los Estados Partes del cumplimiento de ninguna de las obligaciones asumidas en virtud de las disposiciones de la Convención para la prevención y la sanción del delito de genocidio.

6.4. Toda persona condenada a muerte tendrá derecho a solicitar el indulto o la conmutación de la pena. La amnistía, el indulto o la conmutación de la pena capital podrá ser concedidos en todos los casos.

6.5. No se impondrá la pena de muerte por delitos cometidos por personas de menos de dieciocho años de edad, ni se la aplicar a las mujeres en estado de gravidez.

6.6. Ninguna disposición de este artículo podrá ser invocada por un Estado Parte en el presente Pacto para demorar o impedir la abolición de la pena capital.

7. Nadie será sometido a torturas ni a penas o tratos crueles, inhumanos o degradantes. En particular, nadie será sometido sin su libre consentimiento a experimentos médicos o científicos.

8.1. Nadie está sometido a esclavitud. La esclavitud y la trata de esclavos estarán prohibidas en todas sus formas.

8.2. Nadie estará sometido a servidumbre.

8.3. a) Nadie será constreñido al ejecutar un trabajo forzoso u obligatorio;

b) El inciso precedente no podrá ser interpretado en el sentido de que prohibe, en los países en los cuales ciertos delitos pueden ser castigados con la pena de prisión acompañada de trabajos forzados, el cumplimiento de una pena de trabajos forzados impuesta por un Tribunal competente;

c) No se considerarán como trabajo forzoso u obligatorio, a los efectos de este párrafo:

i) Los trabajos o servicios que, aparte de los mencionados en el inciso b), se exijan normalmente de una persona presa en virtud de una decisión judicial legalmente dictada, o de una persona que habiendo sido presa en virtud de tal decisión se encuentre en libertad condicional:

ii) El servicio de carácter militar y, en los países donde se admite la exención por razones de conciencia, el servicio nacional que deben prestar conforme a la ley quienes se opongan al servicio militar por razones de conciencia;

iii) El servicio impuesto en casos de peligro o calamidad que amenace la vida o el bienestar de la comunidad;

iv) El trabajo o servicio que forme parte de las obligaciones cívicas normales.

9.1. Todo individuo tiene derecho a la libertad y a la seguridad personales. Nadie podrá ser sometido a detención o prisión arbitrarias. Nadie podrá ser privado de su libertad, salvo por las causas fijadas por la ley y con arreglo al procedimiento establecido en ésta.

9.2. Toda persona detenida será informada, en el momento de su detención, de las razones de la misma, y notificada, sin demora, de la acusación formulada contra ella.

9.3. Toda persona detenida o presa a causa de una infracción penal será llevada sin demora ante un Juez u otro funcionario autorizado por la ley para ejercer funciones judiciales, y tendrá derecho a ser juzgada dentro de un plazo razonable o a ser puesta en libertad. La prisión preventiva de las personas que hayan de ser juzgadas no debe ser la regla general, pero su libertad podrá ser subordinada a garantías que aseguren la comparecencia del acusado en el acto del juicio, o en cualquier otro momento de las diligencias procesales y, en su caso, para la ejecución del fallo.

9.4. Toda persona que sea privada de libertad en virtud de detención o prisión tendrá derecho a recurrir ante un Tribunal, a fin de que éste decida a la mayor brevedad posible sobre la legalidad de su prisión y ordene su libertad si la prisión fuera ilegal.

9.5. Toda persona que haya sido ilegalmente detenida o presa, tendrá derecho efectivo a obtener reparación.

10.1. Toda persona privada de libertad será tratada humanamente y con el respeto debido a la dignidad inherente al ser humano.

10.2. a) Los procesados estarán separados de los condenados, salvo en circunstancias excepcionales, y serán sometidos a un tratamiento distinto, adecuado a su condición de personas no condenadas;

b) Los menores procesados estarán separados de los adultos y deberán ser llevados ante los Tribunales de justicia con la mayor celeridad posible para su enjuiciamiento;

10.3. El régimen penitenciario consistirá en un tratamiento cuya finalidad esencial será la reforma y la readaptación social de los penados. Los menores delincuentes estarán separados de los adultos y serán sometidos a un tratamiento adecuado a su edad y condición jurídica.

11. Nadie será encarcelado por el solo hecho de no poder cumplir una obligación contractual.

12.1. Toda persona que se halle legalmente en el territorio de un Estado tendrá derecho a circular libremente por él y a escoger libremente en él su residencia.

12.2. Toda persona tendrá derecho a salir libremente de cualquier país, incluso del propio.

12.3. Los derechos antes mencionados no podrán ser objeto de restricciones salvo cuando éstas se hallen previstas en la ley, sean necesarias para proteger la seguridad nacional, el orden público, la salud o la moral públicas o los derechos y libertades de terceros, y sean compatibles con los demás derechos reconocidos en el presente Pacto.

12.4. Nadie podrá ser arbitrariamente privado del derecho a entrar en su propio país.

13. El extranjero que se halle legalmente en territorio de un Estado Parte en el presente Pacto sólo podrá ser expulsado de él en cumplimiento de una decisión adoptada conforme a la ley; y, a menos que razones imperiosas de seguridad nacional se opongan a ello, se permitirá a tal extranjero exponer las razones que lo asistan en contra de su expulsión, así como someter su caso a revisión ante la autoridad competente o bien ante la persona o personas designadas especialmente por dicha autoridad competente, y hacerse representar con tal fin ante ellas.

14.1. Todas las personas son Iguales ante los Tribunales y Cortes de justicia. Toda persona tendrá derecho a ser oída públicamente y con las debidas garantías por un Tribunal competente, independiente e imparcial, establecido por la ley, en la substanciación de cualquier acusación de carácter penal formulada contra ella o para la determinación de sus derechos u obligaciones de carácter civil. La prensa y el público podrán ser excluidos de la totalidad o parte de los juicios por consideraciones de moral, orden público o seguridad nacional en una sociedad democrática, o cuando lo exija el interés de la vida privada de las partes o, en la medida estrictamente necesaria en opinión del Tribunal, cuando por circunstancias especiales del asunto la publicidad pudiera perjudicar a los intereses de la justicia; pero toda sentencia en materia penal o contenciosa será pública, excepto en los casos en que el interés de menores de edad exija lo contrario, o en las actuaciones referentes a pleitos matrimoniales o a la tutela de menores.

14.2. Toda persona acusada de un delito tiene derecho a que se presuma su inocencia mientras no se pruebe su culpabilidad conforme a la ley.

14.3. Durante el proceso, toda persona acusada de un delito tendrá derecho, en plena igualdad, a las siguientes garantías mínimas:

a) A ser informada sin demora, en un idioma que comprenda y en forma detallada, de la naturaleza y causas de la acusación formulada contra ella;

b) A disponer del tiempo y de los medios adecuados para la preparación de su defensa y a comunicarse con un defensor de su elección;

c) A ser juzgada sin dilaciones indebidas;

d) A hallarse presente en el proceso y a defenderse personalmente o será asistida por un defensor de su elección; a ser informada, si no tuviera defensor, del derecho que le asiste a tenerlo y, siempre que el interés de la justicia lo exija, a que se le nombre defensor de oficio, gratuitamente, si careciera de medios suficientes para pagarlo;

e) A interrogar o hacer interrogar a los testigos de cargo y a obtener la comparecencia de los testigos de descargo y que éstos sean interrogados en las mismas condiciones que los testigos de cargo;

f) A ser asistida gratuitamente por un intérprete, si no comprende o no habla el idioma empleado en el Tribunal;

g) A no ser obligada a declarar contra sí misma ni a confesarse culpable.

14.4. En el procedimiento aplicable a los menores de edad a efectos penales se tendrá en cuenta esta circunstancia y la importancia de estimular su readaptación social.

14.5. Toda persona declarada culpable de un delito tendrá derecho a que el fallo condenatorio y la pena que se le haya impuesto sean sometidos a un Tribunal superior, conforme a lo prescrito por la ley.

14.6. Cuando una sentencia condenatoria firme haya sido ulteriormente revocada, o el condenado haya sido Indultado por haberse producido o descubierto un hecho plenamente probatorio de la comisión de un error judicial, la persona que haya sufrido una pena como resultado de tal sentencia deber ser indemnizada, conforme a la ley, a menos que se demuestre que le es imputable en todo o en parte el no haberse revelado oportunamente el hecho desconocido.

14.7. Nadie podrá ser juzgado ni sancionado por un delito por el cual haya sido ya condenado o absuelto por una sentencia firme de acuerdo con la ley y el procedimiento penal de cada país.

15.1. Nadie será condenado por actos u omisiones que en el momento de someterse no fueran delictivos según el Derecho nacional o internacional. Tampoco se impondrá pena más grave que la aplicable en el momento de la comisión del delito. Si con posterioridad a la comisión del delito la ley dispone la imposición de una pena más leve, el delincuente se beneficiará de ello.

15.2. Nada de lo dispuesto en este artículo se opondrá al juicio ni a la condena de una persona por actos u omisiones que, en el momento de someterse, fueran delictivos, según los principios generales del derecho reconocidos por la comunidad internacional.

16. Todo ser humano tiene derecho en todas partes al reconocimiento de su personalidad jurídica.

17.1. Nadie será objeto de injerencias arbitrarias o ilegales en su vida privada, su familia, su domicilio o su correspondencia, ni de ataques ilegales a su honra y reputación.

17.2. Toda persona tiene derecho a la protección de la ley contra esas injerencias o esos ataques.

18.1. Toda persona tiene derecho a la libertad de pensamiento, de conciencia y de religión; este derecho incluye la libertad de tener o adoptar la religión o las creencias de su elección, así como la libertad de manifestar su religión o sus creencias, individual o colectivamente, tanto en público como en privado, mediante el culto, la celebración de los ritos, las prácticas y la enseñanza.

18.2. Nadie será objeto de medidas coercitivas que puedan menoscabar su libertad de tener o de adoptar la religión o las creencias de su elección.

18.3. La libertad de manifestar la propia religión o las propias creencias estar sujeta únicamente a las limitaciones prescritas por la ley que sean necesarias para proteger la seguridad, el orden, la salud o la moral públicos, o los derechos y libertades fundamentales de los demás.

18.4. Los Estados Partes en el presente Pacto se comprometen a respetar la libertad de los padres y, en su caso, de los tutores legales, para garantizar que los hijos reciban la educación religiosa y moral que esté de acuerdo con sus propias convicciones.

19.1. Nadie podrá ser molestado a causa de sus opiniones.

19.2. Toda persona tiene derecho a la libertad de expresión; este derecho comprende la libertad de buscar, recibir y difundir informaciones e ideas de toda índole, sin consideración de fronteras, ya sea oralmente, por escrito o en forma impresa o artística, o por cualquier otro procedimiento de su elección.

19.3. El ejercicio de] derecho previsto en el párrafo 2 de este artículo entraña deberes y responsabilidades especiales. Por consiguiente, puede estar sujeto a ciertas restricciones que deberán, sin embargo, estar expresamente fijadas por la ley y ser necesaria para:

a) Asegurar el respeto a los derechos o a la reputación de los demás.

b) La protección de la seguridad nacional, el orden público o la salud o la moral públicas.

20.1. Toda propaganda en favor de la guerra estará prohibida por la ley.

20.2. Toda apología de] odio nacional, racial o religioso que constituya incitación a la discriminación, la hostilidad o la violencia estará prohibida por la ley.

21. Se reconoce el derecho de reunión pacífica. El ejercicio de tal derecho sólo podrá estar sujeto a las restricciones previstas por la ley que sean necesarias en una sociedad democrática, en interés de la seguridad nacional, de la seguridad publica o del orden público, o para proteger la salud o la moral públicas o los derechos y libertades de los demás.

22.1. Toda persona tiene derecho a asociarse libremente con otras, incluso el derecho a fundar sindicatos y afiliarse a ellos para la protección de sus intereses.

22.2. El ejercicio de tal derecho sólo podrá estar sujeto a las restricciones previstas por la ley que sean necesarias en una sociedad democrática, en interés de la seguridad nacional, de la seguridad pública o del orden público, o para proteger la salud o la moral públicas o los derechos y libertades de los demás. El presente artículo no impedirá la imposición de restricciones legales al ejercicio de tal derecho cuando se trate de miembros de las Fuerzas Armadas y de la Policía.

22.3. Ninguna disposición de este artículo autoriza a los Estados Partes en el Convenio de la Organización Internacional del Trabajo de 1948 relativo a la libertad sindical y a la protección de] derecho de sindicación a adoptar medidas legislativas que puedan menoscabar las garantías previstas en él ni aplicar la ley de tal manera que pueda menoscabar esas garantías.

23.1. La familia es el elemento natural y fundamental de la sociedad y tiene derecho a la protección de la sociedad y del Estado.

23.2. Se reconoce el derecho del hombre y de la mujer a contraer matrimonio y a fundar una familia si tiene edad para ello.

23.3. El matrimonio no podrá celebrarse sin el libre y pleno consentimiento de los contrayentes.

23.4. Los Estados Partes en el presente Pacto tomarán las medidas apropiadas para asegurar la igualdad de derechos y de responsabilidades de ambos esposos en cuanto al matrimonio, durante el matrimonio y en caso de disolución del mismo. En caso de disolución, se adoptarán disposiciones que aseguren la protección necesaria a los hijos.

24.l. Todo niño tiene derecho, sin discriminación alguna por motivos de raza, color, sexo, idioma, religión, origen nacional o social, posición económica o nacimiento, a las medidas de protección que su condición de menor requiere, tanto por parte de su familia como de la sociedad y del Estado.

24.2. Todo niño será inscrito inmediatamente después de su nacimiento y deberá tener un nombre.

24.3. Todo niño tiene derecho a adquirir una nacionalidad.

25. Todos los ciudadanos gozarán, sin ninguna de las distinciones mencionadas en el artículo 2º, y sin restricciones indebidas, de los siguientes derechos y oportunidades:

a) Participar en la dirección de los asuntos públicos directamente o por medio de representantes libremente elegidos;

b) Votar y ser elegidos en elecciones periódicas, auténticas, realizadas por sufragio universal e igual y por voto secreto que garantice la libre expresión de la voluntad de los electores;

c) Tener acceso, en condiciones generales de igualdad, a las funciones públicas de su país.

26. Todas las personas son iguales ante la ley y tienen derecho sin discriminación a igual protección de la ley. A este respecto, la ley prohibirá toda discriminación y garantizará a todas las personas protección igual y efectiva contra cualquier discriminación por motivos de raza, color, sexo, idioma, religión, opiniones políticas o de cualquier índole, origen nacional o social, posición económica, nacimiento o cualquier otra condición social.

27. En los Estados en que existan minorías étnicas, religiosas o lingüísticas, no se negará a las personas que pertenezcan a dichas minorías el derecho que les corresponde, en común con los demás miembros de su grupo, a tener su propia vida cultural; a profesar y practicar su propia religión y a emplear su propio idioma.

PARTE IV

28.1. Se establecerá un Comité, de Derechos Humanos (en adelante denominado el Comité). Se compondrá de 18 miembros, y desempeñará las funciones que se señalan más adelante.

28.2. El Comité estará compuesto de nacionales de los Estados Partes en el presente Pacto, que deberán ser personas de gran integridad moral, con reconocida competencia en materia de derechos humanos. Se tomará en consideración la utilidad de la participación de algunas personas que tengan experiencia jurídica.

28.3. Los miembros del Comité, serán elegidos y ejercerán sus funciones a título personal.

29.1. Los miembros del Comité, serán elegidos por votación secreta de una lista de personas que reúnan las condiciones previstas en el artículo 28 y que sean propuestas al efecto por los Estados Partes en el presente Pacto.

29.2. Cada Estado Parte en el presente Pacto podrá proponer hasta dos personas. Estas personas serán nacionales del Estado que las proponga.

29.3. La misma persona podrá ser propuesta más de una vez.

30.1. La elección inicial se celebrará a más tardar seis meses después de la fecha de entrada en vigor del presente Pacto.

30.2. Por lo menos cuatro meses antes de la fecha de la elección del Comité, siempre que no se trate de una elección para llenar una vacante declarada de conformidad con el artículo 34, el Secretario general de las Naciones Unidas invitará por escrito a los Estados Partes en el presente Pacto a presentar sus candidatos para el Comité, en el término de tres meses.

30.3. El Secretario general de las Naciones Unidas preparará una lista por orden alfabético, de los candidatos que hubieran sido presentados, con indicación de los Estados partes que los hubieran designado, y la comunicará a los Estados Partes en el presente Pacto a más tardar un mes antes de la fecha de cada elección.

30.4. La elección de los miembros del Comité, se celebrará en una reunión de los Estados Partes convocada por el Secretario general de las Naciones Unidas en la sede de la Organización. En esa reunión, para la cual el quórum estar constituido por dos tercios de los Estados Partes, quedarán elegidos miembros del Comité los candidatos que obtengan el mayor numero de votos y la mayoría absoluta de los votos de los representantes de los Estados Partes presentes y votantes.

31.1. El Comité, no podrá comprender más de un nacional de un mismo Estado.

31.2. En la elección del Comité, se tendrá en cuenta una distribución geográfica equitativa de los miembros y la representación de las diferentes formas de civilización y de los principales sistemas jurídicos.

32.1. Los miembros del Comité, se elegirán por cuatro años. Podrán ser reelegidos si se presenta de nuevo su candidatura. Sin embargo, los mandatos de nueve de los miembros elegidos en la primera elección expirarán al cabo de dos años. Inmediatamente después, de la primera elección, el Presidente de la reunión mencionada en el párrafo 4 del artículo 30 designará por sorteo los nombres de estos nueve miembros.

32.2. Las elecciones que se celebren al expirar el mandato se harán con arreglo a los artículos precedentes de esta parte del presente Pacto.

33.1. Si los demás miembros estiman por unanimidad que un miembro del Comité, ha dejado de desempeñar sus funciones por otra causa que la de ausencia temporal, el Presidente del Comité, notificará este hecho al Secretario general de las Naciones Unidas, quien declarará vacante el puesto de dicho miembro.

33.2. En caso de muerte o renuncia de un miembro del Comité, el Presidente lo notificará inmediatamente al Secretario general de las Naciones Unidas, quien declarará vacante el puesto desde la fecha del fallecimiento o desde la fecha en que sea efectiva la renuncia.

34.1. Si se declara una vacante de conformidad con el artículo 33 y si el mandato del miembro que ha de ser sustituido no expira dentro de los seis meses que sigan a la declaración de dicha vacante, el Secretario general de las Naciones Unidas lo notificará a cada uno de los Estados Partes en el presente Pacto, los cuales para llenar la vacante, podrán presentar candidatos en el plazo de dos meses, de acuerdo con lo dispuesto en el párrafo 2 del artículo 29.

34.2. El Secretario general de las Naciones Unidas preparar una lista por orden alfabético, de los candidatos así designados y la comunicará a los Estados Partes en el presente Pacto. La elección para llenar la vacante se verificará de conformidad con las disposiciones pertinentes de esta parte del presente Pacto.

34.3. Todo miembro del Comité, que haya sido elegido para llenar una vacante declarada de conformidad con el artículo 33 ocupará el cargo por el resto del mandato del miembro que deja vacante el puesto en el Comité, conforme a lo dispuesto en ese artículo.

35. Los miembros del Comité, previa aprobación de la Asamblea General de las Naciones Unidas, percibir emolumentos de los fondos de las Naciones Unidas en la forma y condiciones que la Asamblea General determine, teniendo en cuenta la importancia de las funciones del Comité.

36. El Secretario general de las Naciones Unidas proporcionará el personal y los servicios necesarios para el desempeño eficaz de las funciones del Comité en virtud del presente Pacto.

37.1. El Secretario general de las Naciones Unidas convocará la primera reunión del Comité en la sede de las Naciones Unidas.

37.2. Después de su primera reunión el Comité se reunirá en las ocasiones que se prevean en su reglamento.

37.3. El Comité se reunirá normalmente en la sede de las Naciones Unidas o en la Oficina de las Naciones Unidas en Ginebra.

38. Antes de entrar en funciones, los miembros del Comité, declararán solemnemente en sesión pública del Comité, que desempeñarán su cometido con toda imparcialidad y conciencia.

39.1. El Comité elegirá su Mesa por un período de dos años. Los miembros de la Mesa podrán ser reelegidos.

39.2. El Comité establecerá su propio reglamento, en el cual se dispondrá, entre otras cosas, que:

a) Doce miembros constituirán quórum.

b) Las decisiones del Comité se tomarán por mayoría de votos de los miembros presentes.

40.1. Los Estados Partes en el presente Pacto se comprometen a presentar informes sobre las disposiciones que hayan adoptado y que den efecto a los derechos reconocidos en el Pacto y sobre el progreso que hayan realizado en cuanto al goce de esos derechos.

a) En el plazo de un año a contar de la fecha de entrada en vigor del presente Pacto con respecto a los Estados Partes interesados.

b) En lo sucesivo, cada vez que el Comité, lo pida.

40.2. Todos los informes se presentarán al Secretario general de las Naciones Unidas, quien los transmitirá al Comité, para examen. Los informes señalarán los factores y las dificultades, si los hubiera, que afecten a la aplicación del presente Pacto.

40.3. El Secretario general de las Naciones Unidas después de celebrar consultas con el Comité, podrá transmitir a los organismos especializados interesados copia de las partes de los informes que caigan dentro de sus esferas de competencia.

40.4. El Comité estudiará los informes presentados por los Estados Partes en el presente Pacto. Transmitirá sus informes, y los comentarios generales que estime oportunos, a los Estados Partes. El Comité, también podrá transmitir al Consejo Económico y Social esos comentarios, 'unto con copia de los informes que haya recibido de los Estados Partes en el Pacto.

40.5. Los Estados Partes podrán presentar al Comité, observaciones sobre cualquier comentario que se haga con arreglo al párrafo 4 de] presente artículo.

41.1. Con arreglo al presente artículo, todo Estado Parte en el presente Pacto podrá declarar en cualquier momento que reconoce la competencia del Comité, para recibir y examinar las comunicaciones en que un Estado Parte alegue que otro Estado Parte no cumple las obligaciones que le impone este Pacto. Las comunicaciones hechas en virtud del presente artículo sólo se podrán admitir y examinar sí son presentadas por un Estado Parte que haya hecho una declaración por la cual reconozca con respecto a sí mismo la competencia del Comité. El Comité no admitir ninguna comunicación relativa a un Estado Parte que no haya hecho tal declaración. Las comunicaciones recibidas en virtud de este artículo se tramitarán de conformidad con el procedimiento siguiente:

a) Si un Estado Parte en el presente Pacto considera que otro Estado Parte no cumple las disposiciones del presente Pacto, podrá señalar el asunto a la atención de dicho Estado mediante una comunicación escrita. Dentro de un plazo de tres meses contado desde la fecha de recibo de la comunicación, el Estado destinatario proporcionará al Estado que haya enviado la comunicación una explicación o cualquier otra declaración por escrito que aclare el asunto, la cual hará referencia, hasta donde sea posible y pertinente, a los procedimientos nacionales y a los recursos adoptados, en trámite o que puedan utilizarse al respecto.

b) Si el asunto no se resuelve a satisfacción de los dos Estados Partes interesados en un plazo de seis meses, contado desde la fecha en que el Estado destinatario haya recibido la primera comunicación, cualquiera de ambos Estados Partes interesados tendrá derecho a someterlo al Comité, mediante notificación dirigida al Comité, y al otro Estado.

c) El Comité, conocerá del asunto que se le someta después de haberse cerciorado de que se han interpuesto y agotado en tal asunto todos los recursos de la jurisdicción interna de que se pueda disponer, de conformidad con los principios del Derecho internacional generalmente admitidos. No se aplicará esta regla cuando la tramitación de los mencionados recursos se prolongue injustificadamente.

d) El Comité celebrará sus sesiones a puerta cerrada cuando examine las comunicaciones previstas en el presente artículo.

e) A reserva de las disposiciones del inciso e), el Comité pondrá sus buenos oficios a disposición de los Estados Partes interesados, a fin de llegar a una solución amistosa del asunto, fundada en el respeto de los derechos humanos y de las libertades fundamentales reconocidos en el presente Pacto.

f) En todo asunto que se le someta, el Comité, podrá pedir a los Estados Partes interesados a que se hace referencia en el inciso b) que faciliten cualquier información pertinente.

g) Los Estados Partes interesados a que se hace referencia en el inciso b) tendrán derecho a estar representados cuando el asunto se examine en el Comité, y a presentar exposiciones verbalmente, o por escrito, o de ambas maneras.

h) El Comité, dentro de los doce meses siguientes a la fecha de recibo de la notificación mencionada en el inciso b), presentar un informe en el cual:

i) Si se ha llegado a una solución con arreglo a lo dispuesto en el inciso e), se limitar a una breve exposición de los hechos, y de la solución alcanzada.

j) Si no se ha llegado a una solución con arreglo a lo dispuesto en el inciso e), se limitar a una breve exposición de los hechos, y agregará las exposiciones escritas y las actas de las exposiciones verbales que hayan hecho los Estados Partes interesados.

En cada asunto, se enviará el informe a los Estados Partes interesados.

41.2. Las disposiciones de] presente artículo entrarán en vigor cuando diez Estados Partes en el presente Pacto hayan hecho las declaraciones a que se hace referencia en el párrafo 1 del presente artículo. Tales declaraciones serán depositadas por los Estados Partes en poder de] Secretario general de las Naciones Unidas, quien remitirá copia de las mismas a los demás Estados Partes. Toda declaración podrá retirarse en cualquier momento mediante notificación dirigida al Secretario general. Tal retiro no será obstáculo para que se examine cualquier asunto que sea objeto de una comunicación ya transmitida en virtud de este artículo; no se admitirá ninguna nueva comunicación de un Estado Parte una vez que el Secretario general de las Naciones Unidas haya recibido la notificación de retiro de la declaración, a menos que el Estado Parte interesado haya hecho una nueva declaración.

42.1. a) Si un asunto remitido al Comité con arreglo al artículo 41 no se resuelve a satisfacción de los Estados Partes interesados, el Comité, con el previo consentimiento de los Estados Partes interesados, podrá designar una Comisión Especial de Conciliación (denominada en adelante la Comisión). Los buenos oficios de la Comisión se pondrán a disposición de los Estados Partes interesados, a fin de llegar a una solución amistosa del asunto, basada en el respeto al presente Pacto.

b) La Comisión estará integrada por cinco personas aceptables para los Estados Partes interesados. Si, transcurridos tres meses los Estados Partes interesados no se ponen de acuerdo sobre la composición, en todo o en parte, de la Comisión, los miembros de la Comisión sobre los que no haya habido acuerdo serán elegidos por el Comité, de entre sus propios miembros, en votación secreta y por mayoría de dos tercios.

42.2. Los miembros de la Comisión ejercerán sus funciones a título personal. No serán nacionales de los Estados Partes interesados, de ningún Estado que no sea parte en el presente Pacto, ni de ningún Estado Parte que no haya hecho la declaración prevista en el artículo 40.

42.3. La Comisión elegirá su propio Presidente y aprobará su propio reglamento.

42.4. Las reuniones de la Comisión se celebrarán normalmente en la sede de las Naciones Unidas o en la Oficina de las Naciones Unidas en Ginebra. Sin embargo, podrán celebrarse en cualquier otro lugar conveniente que la Comisión acuerde en consulta con el Secretario general de las Naciones Unidas y los Estados Partes interesados.

42.5. La Secretaría prevista en el artículo 36 prestará también servicios a las comisiones que se establezcan en virtud de] presente artículo.

42.6. La información recibida y estudiada por el Comité se facilitará a la Comisión, y ésta podrá pedir a los Estados Partes interesados que faciliten cualquier otra información pertinente.

42.7. Cuando la Comisión haya examinado el asunto en todos sus aspectos, y en todo caso en un plazo no mayor de doce meses después de haber tomado conocimiento del mismo, presentará al Presidente del Comité, un informe para su transmisión a los Estados Partes interesados.

a) Si la Comisión no puede completar su examen del asunto dentro de los doce meses, limitará su informe a una breve exposición de la situación en que se halle su examen del asunto.

b) Si se alcanza una solución amistosa del asunto basada en el respeto a los derechos humanos reconocidos en el presente Pacto, la Comisión limitará su informe a una breve exposición de los hechos y de la solución alcanzada.

e) Si no se alcanza una solución en el sentido del inciso b), el informe de la Comisión incluirá sus conclusiones sobre todas las cuestiones de hecho pertinentes al asunto planteado entre los Estados Partes interesados, y sus observaciones acerca de las posibilidades de solución amistosa del asunto; dicho informe contendrá también las exposiciones orales hechas por los Estados Partes interesados.

d) Si el informe de la Comisión se presenta en virtud del inciso c), los Estados Partes interesados notificarán al Presidente del Comité, dentro de los tres meses siguientes a la recepción del informe, si aceptan o no los término del informe de la Comisión.

42.8. Las disposiciones de este artículo no afectan a las funciones del Comité, previstas en el artículo 41.

42.9. Los Estados Partes interesados compartirán por igual todos los gastos de los miembros de la Comisión, de acuerdo con el cálculo que haga el Secretario general de las Naciones Unidas.

42.10. El Secretario general de las Naciones Unidas podrá sufragar, en caso necesario, los gastos de los miembros de la Comisión, antes de que los Estados Partes interesados reembolsen esos gastos conforme al párrafo 9 del presente artículo.

43. Los miembros del Comité, y los miembros de las comisiones especiales de conciliación designados conforme al artículo 42 tendrán derecho a las facilidades, privilegios e inmunidades que se conceden a los expertos que desempeñan misiones para las Naciones Unidas, con arreglo a lo dispuesto en las secciones pertinentes de la convención sobre los privilegios e inmunidades de las Naciones Unidas.

44. Las disposiciones de aplicación del presente Pacto se aplicarán sin perjuicio de los procedimientos previstos en materia de derechos humanos por los instrumentos constitutivos y las convenciones de las Naciones Unidas y de los organismos especializados o en virtud de los mismos, y no impedirán que los Estados Partes recurran a otros procedimientos

para resolver una controversia, de conformidad con convenios internacionales generales o especiales vigentes entre ellos.

45. El Comité presentará a la Asamblea General de las Naciones Unidas, por conducto del Consejo Económico y Social, un informe anual sobre sus actividades.

PARTE V

46. Ninguna disposición del presente Pacto deberá interpretarse en menoscabo de las disposiciones de la Carta de las Naciones Unidas o de las constituciones de los organismos especializados que definen las atribuciones de los diversos órganos de las Naciones Unidas y de los organismos especializados en cuanto a las materias a que se refiere el presente Pacto.

47. Ninguna disposición del presente Pacto deberá interpretarse en menoscabo del derecho inherente de todos los pueblos a disfrutar y utilizar plena y libremente sus riquezas y recursos naturales.

PARTE VI

48.1. El presente Pacto estará abierto a la firma de todos los Estados miembros de las Naciones Unidas o miembros de algún organismo especializado, así como de todo Estado Parte en el Estatuto de la Corte Internacional de Justicia y de cualquier otro Estado invitado por la Asamblea General de las Naciones Unidas a ser parte en el presente Pacto.

48.2. El presente Pacto está sujeto a ratificación. Los instrumentos de ratificación se depositarán en poder del Secretario general de las Naciones Unidas.

48.3. El presente Pacto quedará abierto a la adhesión de cualquiera de los Estados mencionados en el párrafo 1 del presente artículo.

48.4. La adhesión se efectuará mediante el depósito de un instrumento de adhesión en poder del Secretario general de las Naciones Unidas.

48.5. El Secretario general de las Naciones Unidas informará a todos los Estados que hayan firmado el presente Pacto, o se hayan adherido a él, del depósito de cada uno de los instrumentos de ratificación o de adhesión.

49.1. El presente Pacto entrará en vigor transcurridos tres meses, a partir de la fecha en que haya sido depositado el trigésimo, quinto instrumento de ratificación o de adhesión en poder del Secretario general de las Naciones Unidas.

49.2. Para cada Estado que ratifique el presente Pacto o se adhiera a él después de haber sido depositado el trigésimo quinto instrumento de ratificación o de adhesión, el Pacto entrará en vigor transcurridos tres meses, a partir de la fecha en que tal Estado haya depositado su instrumento de ratificación o de adhesión.

50. Las disposiciones del presente Pacto serán aplicables a todas las partes componentes de los Estados federales, sin limitación ni excepción alguna.

51.1. Todo Estado Parte en el presente Pacto podrá proponer enmiendas y depositarlas en poder del Secretario general de las Naciones Unidas. El Secretario general comunicará las enmiendas propuestas a los Estados Partes en el presente Pacto, pidiéndoles, que le notifiquen si desean que se convoque a una conferencia de Estados Partes con el fin de examinar las propuestas, y someterlas a votación. Si un tercio al menos de los Estados se declara en favor de tal convocatoria, el Secretario general convocará una conferencia bajo los auspicios de las Naciones Unidas. Toda enmienda adoptada por la mayoría de los Estados presentes y votantes en la conferencia se someterá a la aprobación de la Asamblea General de las Naciones Unidas.

51.2. Tales enmiendas entrarán en vigor cuando hayan sido aprobadas por la Asamblea Generaį de las Naciones Unidas y aceptadas por una mayoría de dos tercios de los Estados Partes en el presente Pacto, de conformidad con sus respectivos procedimientos constitucionales.

51.3. Cuando tales enmiendas entren en vigor, serán obligatorias para los Estados Partes que las hayan aceptado, en tanto que los demás Estados Partes seguirán obligados por las disposiciones del presente Pacto y por toda enmienda anterior que hayan aceptado.

52. Independientemente de las notificaciones previstas en el párrafo 5 del artículo 48, el Secretario general de las Naciones Unidas comunicará a todos los Estados mencionados en el párrafo 1 del mismo artículo:

a) Las firmas, ratificaciones y adhesiones conformes con lo dispuesto en el artículo 48.

b) La fecha en que entre en vigor el presente Pacto conforme a lo dispuesto en el artículo 49, y la fecha en que entren en vigor las enmiendas a que hace referencia el artículo 51.

53.1. El presente Pacto, cuyos textos en chino, español, francés, inglés y ruso son igualmente auténticas, será depositado en los archivos de las Naciones Unidas.

53.2. El Secretario general de las Naciones Unidas enviará copias certificadas del presente Pacto a todos los Estados mencionados en el artículo 48.

2.3. Pacto Internacional de Derechos Económicos, Sociales, y Culturales de 16 de Diciembre de 1966

Los Estados Partes en el presente Pacto,

Considerando que, conforme a los principios enunciados en la Carta de las Naciones Unidas, la libertad, la justicia y la paz en el mundo tienen por base el reconocimiento de la dignidad inherente a todos los miembros de la familia humana y de sus derechos iguales e inalienables,

Reconociendo que estos derechos se desprenden de la dignidad inherente a la persona humana,

Reconociendo que, con arreglo a la Declaración Universal de Derechos Humanos, no puede realizarse el ideal del ser humano libre, liberado del temor y de la miseria, a menos que, se creen condiciones que permitan a cada persona gozar de sus derechos económicos, sociales y culturales, tanto como de sus derechos civiles y políticos,

Considerando que la Carta de las Naciones Unidas impone a los Estados la obligación de promover el respeto universal y efectivo de los derechos y libertades humanos,

Comprendiendo que el individuo, por tener deberes respecto de otros individuos y de la comunidad a que pertenece está obligado a procurar la vigencia y observancia de los derechos reconocidos en este Pacto,

Convienen en los artículos siguientes:

PARTE I

1.1. Todos los pueblos tienen el derecho de libre determinación. En virtud de este derecho establecen libremente su condición política y proveen, asimismo, a su desarrollo económico, social y cultural.

1.2. Para el logro de sus fines, todos los pueblos pueden disponer libremente de sus riquezas y recursos naturales, sin perjuicio de las obligaciones que derivan de la cooperación económica internacional basada en el principio de beneficio recíproco, así como del derecho internacional. En ningún caso podría privarse a un pueblo de sus propios medios de subsistencia.

1.3. Los Estados Partes en el presente Pacto, incluso los que tienen la responsabilidad de administrar territorios no autónomos y territorios en fideicomiso, promoverán el ejercicio del derecho de libre determinación y respetarán este derecho, de conformidad con las disposiciones de la Carta de las Naciones Unidas.

PARTE II

2.1. Cada uno de los Estados Partes en el presente Pacto se comprometen a adoptar medidas, tanto por separado como mediante la asistencia y la cooperación internacionales, especialmente económicas y técnicas, hasta el máximo de los recursos de que disponga, para lograr progresivamente, por todos los medios apropiados, inclusive, en particular, la adopción de medidas legislativas, la plena efectividad de los derechos aquí reconocidos.

2.2. Los Estados Partes en el presente Pacto se comprometen a garantizar el derecho de los derechos que en él se anuncian, sin discriminación alguna por motivos de raza, color, sexo, idioma, religión, opinión política o de otra índole, origen nacional o social, posición económica, nacimiento o cualquier otra condición social.

2.3. Los países en vías de desarrollo, teniendo debidamente en cuenta los derechos humanos y su economía nacional podrán determinar en que, medida garantizarán los derechos económicos reconocidos en el presente Pacto a personas que no sean nacionales suyos.

3. Los Estados Partes en el presente Pacto se comprometen a asegurar a los hombres y a las mujeres igual título a gozar de todos los derechos económicos, sociales y culturales enunciados en el Presente Pacto.

4. Los Estados Partes en el presente Pacto reconocen que, en el ejercicio de los derechos garantizados conforme al presente Pacto por el Estado, éste podrá someter tales derechos, únicamente a limitaciones determinadas por la Ley, sólo en la medida compatible con la naturaleza de esos derechos y con el exclusivo objeto de promover el bienestar general en una sociedad democrática.

5.1. Ninguna disposición de] presente Pacto podrá ser interpretada en el sentido de reconocer derecho alguno a un Estado, grupo o individuo para emprender actividades o realizar actos encaminados a la destrucción de cualesquiera de los derechos o libertades reconocidos en el Pacto o a su limitación en medida mayor que la prevista en él.

5.2. No podrá admitirse restricción o menoscabo de ninguno de los derechos humanos fundamentales reconocidos o vigentes en un país en virtud de leyes, convenciones, reglamentos o costumbres, a pretexto de que el presente Pacto no los reconoce o los reconoce en menor grado.

PARTE III

6.1. Los Estados Partes en el presente Pacto reconocen el derecho a trabajar que comprende el derecho de toda persona de tener la oportunidad de ganarse la vida mediante un trabajo libremente escogido o aceptado, y tomarán medidas adecuadas para garantizar este derecho.

6.2. Entre las medidas que habrá de adoptar cada uno de los Estados Partes en el presente Pacto para lograr la plena efectividad de este derecho deberá figurar orientación y formación técnico-profesional, la preparación de programas, normas y técnicas encaminadas a conseguir un desarrollo económico, social y cultural constante y la ocupación plena y productiva, en condiciones que garanticen las libertades políticas y económicas fundamentales de la persona humana.

7. Los Estados Partes en el presente Pacto reconocen el derecho de toda persona al goce de condiciones de trabajo, equitativas y satisfactorias, que le aseguren en especial:

a) Una remuneración que proporcione, como mínimo, a todos los trabajadores:

i) Un salario equitativo e igual por trabajo de igual valor, sin distinciones de ninguna especie; en particular debe asegurarse a las mujeres condiciones de trabajo no inferiores a las de los hombres, con salario igual por trabajo igual;

ii) Condiciones de existencia dignas para ellos y para sus familias, conforme a las disposiciones del presente Pacto;

b) La seguridad y la higiene en el trabajo.

e) Igual oportunidad para todos de ser promovidos, dentro de su trabajo, a la categoría superior que les corresponda, sin más consideraciones que los factores de tiempo de servicio y capacidad.

d) El descanso, el disfrute del tiempo libre, la limitación razonable de las horas de trabajo y las vacaciones periódicas pagadas, así como la remuneración de los días festivos.

8.1. Los Estados Partes en el presente Pacto se comprometen a garantizar:

a) El derecho de toda persona a fundar sindicatos y a afiliarse al de su elección, con sujeción únicamente a los estatutos de la organización correspondiente para promover y proteger sus intereses economices y sociales. No podrán imponerse otras restricciones al ejercicio de este derecho que las que prescriba la Ley y que sean necesarias en una sociedad democrática en interés de la seguridad nacional o del orden público, o para la protección de los derechos y libertades ajenos.

El derecho de los sindicatos a formar Federaciones o Confederaciones Nacionales, y el de éstas a fundar organizaciones sindicales internacionales o afiliarse a las mismas.

e) El derecho de los sindicatos a funcionar sin obstáculos y sin otras limitaciones que las que prescriba la Ley y que sean necesarias en una sociedad democrática en interés de la seguridad nacional o del orden público o para la protección de los derechos y libertades ajenos.

d) El derecho de huelga, ejercido de conformidad con las leyes de cada país.

8.2. El presente artículo no impedirá someter a restricciones legales el ejercicio de tales derechos por los miembros de las Fuerzas Armadas, de la Policía o de la Administración del Estado.

8.3. Nada de lo dispuesto en este artículo autorizará a los Estados Partes en el Convenio de la Organización Internacional del Trabajo de 1948, relativo a la libertad sindical y a la protección del derecho de sindicación a adoptar medidas legislativas que menoscaben las garantías previstas en dicho Convenio o a aplicar la Ley en forma que menoscabe dichas garantías.

9. Los Estados Partes en el presente Pacto reconocen el derecho de toda persona a la seguridad social, incluso al seguro social.

10. Los Estados Partes en el presente Pacto reconocen que:

10.1. Se debe conceder a la familia, que es el elemento natural y fundamental de la sociedad la más amplia protección y asistencias posibles, especialmente para su constitución y mientras sea responsable del cuidado y la educación de los hijos a su cargo. El matrimonio debe contraerse con el libre consentimiento de los futuros cónyuges.

10.2. Se debe conceder especial protección a las madres durante un período de tiempo razonable antes y después del parto. Durante dicho período, a las madres que trabajen se les debe conceder licencia con remuneración o con prestaciones adecuadas de seguridad social.

10.3. Se deben adoptar medidas especiales de protección y asistencia en favor de todos los niños y adolescentes, sin discriminación alguna por razón de filiación o cualquier otra condición. Debe protegerse a los niños y adolescentes contra la explotación económica y social. Su empleo en trabajos nocivos para su moral y salud o en los cuales peligre su vida o se corra el riesgo de perjudicar su desarrollo normal será sancionado por la Ley. Los Estados deben establecer también limites de edad por debajo de los cuales quede prohibido y sancionado por la Ley el empleo a sueldo de mano de obra infantil.

11.1. Los Estados Partes en el presente Pacto reconocen el derecho de toda persona a un nivel de vida adecuado para sí y su familia, incluso alimentación, vestido y vivienda adecuados, y a una mejora continua de las condiciones de existencia. Los Estados Partes tomarán medidas apropiadas para asegurar la efectividad de este derecho, reconociendo a este efecto la importancia esencial de la cooperación internacional fundada en el libre consentimiento.

11.2. Los Estados Partes en el presente Pacto, reconociendo el derecho fundamental de toda persona a estar protegida contra el hambre, adoptarán, individualmente y mediante la cooperación internacional, las medidas, incluidos programas concretos, que se necesitan para:

a) Mejorar los métodos de producción, conservación y distribución de alimentos mediante la plena utilización de los conocimientos técnicos y científicos, la divulgación de principios sobre nutrición y el perfeccionamiento o la reforma de los regímenes agrarios, de modo que se logre la explotación y la utilización más eficaces de las riquezas naturales.

b) Asegurar una distribución equitativa de los alimentos mundiales en relación con las necesidades, teniendo en cuenta los problemas que se plantean tanto a los países que importan productos alimenticios como a los que los exportan.

12.1. Los Estados Partes en el presente Pacto reconocen el derecho de toda persona al disfrute del más alto nivel posible de salud física y mental.

12.2. Entre las medidas que deberán adoptar los Estados Partes en el Pacto, a fin de asegurar la plena efectividad de este derecho, figurarán las necesarias para:

a) La reducción de la mortinatalidad y de la mortalidad infantil y el sano desarrollo de los niños.

b) El mejoramiento en todos sus aspectos de la higiene del trabajo y del medio ambiente.

e) La prevención y el tratamiento de las enfermedades epidémicas, endémicas, profesionales y de otra índole y la lucha contra ellas.

d) La creación de condiciones que aseguren a todos asistencia médica y servicios médicos en caso de enfermedad.

13.1. Los Estados Partes en el presente Pacto reconocen el derecho de toda persona a la educación. Convienen en que la educación debe orientarse hacia el pleno desarrollo de la personalidad humana y del sentido de su dignidad, y debe fortalecer el respeto por los derechos humanos y las libertades fundamentales.

Convienen, asimismo, en que la educación debe capacitar a todas las personas para participar efectivamente en una sociedad libre, favorecer la comprensión, la tolerancia y la amistad entre todas las naciones y entre todos los grupos raciales, étnicos o religiosos, y promover las actividades de las Naciones Unidas en pro del mantenimiento de la paz.

13.2. Los Estados Partes en el presente Pacto reconocen que, con objeto de lograr el pleno ejercicio de este derecho:

a) La enseñanza primaria debe ser obligatoria y asequible a todos gratuitamente.

b) La enseñanza secundaria, en sus diferentes formas, incluso la enseñanza secundaria, técnica y profesional, debe ser garantizada y hacerse accesible a todos, por cuantos medios sean apropiados y, en particular, por la implantación progresiva de la enseñanza gratuita.

e) La enseñanza superior debe hacerse, igualmente, accesible a todos, sobre la base de la capacidad de cada uno, por cuantos medios sean apropiados, y, en particular, por la implantación progresiva de la enseñanza gratuita.

d) Debe Comentarse o intensificarse, en la medida de lo posible, la educación fundamental para aquellas personas que no hayan recibido o terminado el ciclo completo de instrucción primaria.

e) Se debe proseguir activamente el desarrollo de] sistema escolar en todos los ciclos de la enseñanza, implantar un sistema adecuado de becas y mejorar continuamente las condiciones materiales del Cuerpo docente.

13.3. Los Estados Partes en el Presente Pacto se comprometen a respetar la libertad de los padres y, en su caso, de los tutores legales, de escoger para sus hijos escuelas distintas de las creadas por las autoridades públicas, siempre que aquellas, satisfagan las normas mínimas que el Estado prescriba o apruebe en materia de enseñanza, y de hacer que sus hijos o pupilos reciban la educación religiosa o moral que está de acuerdo con sus propias convicciones.

13.4. Nada de lo dispuesto en este artículo se interpretará como una restricción de la libertad de los particulares y entidades para establecer y dirigir instituciones de enseñanza, a condición de que se respeten los principios enunciados en el párrafo 1 y de que la educación dada en esas instituciones se ajuste a las normas mínimas que prescriba el Estado.

14. Todo Estado Parte en el presente Pacto que, en el momento de hacerse parte en él, aún no haya podido instituir en su territorio metropolitano o en otros territorios sometidos a su jurisdicción la obligatoriedad y la gratuidad de la enseñanza primaria, se compromete a elaborar y adoptar, dentro de un plazo de dos años, un plan detallado de acción para la aplicación progresiva, dentro de un número razonable de años fijado en el plan del principio de la enseñanza obligatoria y gratuita para todos.

15.1. Los Estados Partes en el presente Pacto reconocen el derecho de toda persona a:

a) Participar en la vida cultural.

b) Gozar de los beneficios del progreso científico y de sus aplicaciones.

c) Beneficiarse de la protección de los intereses morales y materiales que le correspondan por razón de las producciones científicas, literarias o artísticas de que es autora.

15.2. Entre las medidas que los Estados Partes en el presente Pacto deberán adoptar para asegurar el pleno ejercicio de este derecho figurarán las necesarias para la conservación, el desarrollo y la difusión de la ciencia y de la cultura.

15.3. Los Estados Partes en el presente Pacto se comprometen a respetar la indispensable libertad para la investigación científica y para la actividad creadora. 15.4. Los Estados Partes en el presente Pacto reconocen los beneficios que derivan del fomento y desarrollo de la cooperación y de las relaciones internacionales en cuestiones científicas y culturales.

PARTE IV

16.1. Los Estados Partes en el presente Pacto se comprometen a presentar, en conformidad con esta parte del Pacto, informes sobre las medidas que hayan adoptado, y los progresos realizados, con el fin de asegurar el respeto a los derechos reconocidos en el mismo.

16.2. a) Todos los informes serán presentados al Secretario general de las Naciones Unidas, quien transmitirá copias al Consejo Económico y Social para que las examine, conforme a lo dispuesto en el presente Pacto.

b) El Secretario general de las Naciones Unidas transmitirá también a los Organismos especializados copias de los informes o de las partes pertinentes de éstos, enviados por los Estados Partes en el presente Pacto, que, además, sean miembros de esos Organismos especializados, en la medida en que tales informes o partes de ellos tengan relación con materias que sean de la competencia de dichos Organismos, conforme a sus instrumentos constitutivos.

17.1. Los Estados Partes en el presente Pacto presentarán sus informes por etapas, con arreglo al programa que establecerá el Consejo Económico y Social en el plazo de un año desde la entrada en vigor del presente Pacto, previa consulta con los Estados Partes y con los Organismos especializados interesados.

17.2. Los informes podrán señalar las circunstancias y dificultades que afecten el grado de cumplimiento de las obligaciones previstas en este Pacto.

17.3. Cuando la información pertinente hubiera sido ya proporcionada a las Naciones Unidas o a algún Convenio especializado por un Estado Parte, no será necesario repetir dicha información, sino que bastará hacer referencia concreta a la misma.

18. En virtud de las atribuciones que la Carta de las Naciones Unidas le confiere en materia de derechos humanos y libertades fundamentales, el Consejo Económico y Social podrá concluir acuerdos con los Organismos especializados sobre la presentación por tales Organismos de informes relativos al cumplimiento de las disposiciones de este Pacto que corresponden a su campo de actividades.

Estos informes podrán contener detalles sobre las decisiones y recomendaciones que en relación con ese cumplimiento hayan aprobado los órganos competentes de dichos Organismos.

19. El Consejo Económico y Social podrá transmitir a la Comisión de Derechos Humanos, para su estudio y recomendación de carácter general o para información, según proceda, los informes sobre Derechos Humanos que presenten los Estados, conforme a los artículos 16 y 17, y los informes relativos a los Derechos Humanos que presenten los Organismos especializados conforme al artículo 18.

20. Los Estados Partes en el presente Pacto y los Organismos especializados interesados podrán presentar al Consejo Económico y Social observaciones sobre toda recomendación de carácter general hecha en virtud del artículo 19 o toda referencia a tal recomendación general que conste en un informe de la Comisión de Derechos Humanos o en un documento allí mencionado.

21. El Consejo Económico y Social podrá presentar de vez en cuando a la Asamblea General informes que contengan recomendaciones de carácter general, así como un resumen de la información recibida de los Estados Partes en el presente Pacto y de los organismos especializados acerca de las medidas adoptadas y los progresos realizados para lograr el respeto general de los derechos reconocidos en el presente Pacto.

22. El Consejo Económico y Social podrá señalar, a la atención de otros órganos de las Naciones Unidas, sus órganos subsidiarios, y los Organismos especializados interesados que se ocupen de prestar asistencia técnica, toda cuestión surgida de los informes a que se refiere esta parte del Pacto que pueda servir para que dichas Entidades se pronuncien, cada una dentro de su esfera de competencia, sobre la conveniencia de las medidas internacionales que puedan contribuir a la aplicación efectiva y progresiva del presente Pacto.

23. Los Estados Partes en el presente Pacto convienen en que las medidas de orden internacional destinadas a asegurar el respeto de los derechos que se reconocen en el presente Pacto comprenden procedimientos tales como la conclusión de Convenciones, la aprobación de recomendaciones, la prestación de asistencia técnica y la celebración de reuniones regionales y técnicas, para efectuar consultas y realizar estudios, organizados en cooperación con los Gobiernos interesados.

24. Ninguna disposición de] presente Pacto deberá interpretarse en menoscabo de las disposiciones de la Carta de las Naciones Unidas o de las constituciones de los Organismos especializados que definen las atribuciones de los diversos órganos de las Naciones Unidas

y de los Organismos especializados en cuanto a las materias a que se refiere el presente Pacto.

25. Ninguna disposición del presente Pacto deberá interpretarse en menoscabo del derecho inherente de todos los pueblos a disfrutar y utilizar plena y libremente sus riquezas y recursos naturales.

PARTE V

26.1. El presente Pacto estará abierto a la firma de todos los Estados Miembros de las Naciones Unidas o Miembros de algún Organismo especializado, así como de todo Estado Parte en el Estatuto de la Corte Internacional de Justicia y de cualquier otro Estado invitado por la Asamblea General de las Naciones Unidas a ser parte en el presente Pacto.

26.2. El presente Pacto está sujeto a ratificación. Los instrumentos de ratificación se depositarán en poder del Secretario general de las Naciones Unidas.

26.3. El presente Pacto quedará abierto a la adhesión de cualesquiera de los Estados mencionados en el párrafo 1 del presente artículo.

26.4. La adhesión se efectuará mediante el depósito de un instrumento de adhesión en poder del Secretario general de las Naciones Unidas.

26.5. El Secretario general de las Naciones Unidas informará a todos los Estados que hayan firmado el presente Pacto, o se hayan adherido a él del depósito de cada uno de los instrumentos de ratificación o de adhesión.

27.1. El presente Pacto entrará en vigor transcurridos tres meses a partir de la fecha en que haya sido depositado el trigésimo quinto instrumento de ratificación o de adhesión en poder del Secretario general de las Naciones Unidas.

27.2. Para cada Estado que ratifique el presente Pacto o se adhiera a él después de haber sido depositado el trigésimo quinto instrumento de ratificación o de adhesión, el Pacto entrará en vigor transcurridos tres meses a partir de la fecha en que tal Estado haya depositado su instrumento de ratificación o de adhesión.

28. Las disposiciones del presente Pacto serán aplicables a todas las artes componentes de los Estados federales, sin limitación ni excepción alguna.

29.1. Todo Estado Parte en el presente Pacto podrá proponer enmiendas y depositarlas en poder del Secretario general de las Naciones Unidas. El Secretario general comunicará las enmiendas propuestas a los Estados Partes en el presente Pacto, pidiéndoles, que le notifiquen si desean que se convoque una conferencia de Estados Partes con el fin de examinar las propuestas y someterlas a votación. Si un tercio, al menos, de los Estados se declara a favor de tal convocatoria, el Secretario general convocar una conferencia bajo los auspicios de las Naciones Unidas. Toda enmienda adoptada por la mayoría de Estados presentes y votantes en la conferencia se someterán a la aprobación de la Asamblea General de las Naciones Unidas.

29.2. Tales enmiendas entrarán en vigor cuando hayan sido aprobadas por la Asamblea General de las Naciones Unidas y aceptadas por una mayoría de dos tercios de los Estados Partes en el presente Pacto, de conformidad con sus respectivos procedimientos constitucionales.

29.3. Cuando tales enmiendas entren en vigor, serán obligatorias para los Estados Partes que las hayan aceptado, en tanto que los demás estados Partes seguirán obligados por las disposiciones del presente Pacto y por toda enmienda anterior que hayan aceptado.

30. Independientemente de las notificaciones previstas en el párrafo 5 del artículo 26, el Secretario general de las Naciones Unidas comunicará a todos los Estados mencionados en el párrafo 1 del mismo artículo:

a) Las firmas, ratificaciones y adhesiones conformes con lo dispuesto en el artículo 26.

b) La fecha en que entre en vigor el presente Pacto, conforme a lo dispuesto en el artículo 27, y la fecha en que entren en vigor las enmiendas a que hace referencia el artículo 29.

31.1. El presente Pacto, cuyos textos en chino, español, francés, inglés y ruso son igualmente auténticos, será depositado en los archivos de las Naciones Unidas.

31.2. El Secretario general de las Naciones Unidas enviará copias certificadas del presente Pacto a todos los Estados mencionados en el artículo 26. En fe de lo cual, los infrascritos, debidamente autorizados para ello por sus respectivos Gobiernos, han firmado el presente Pacto, el cual ha sido abierto a la firma en Nueva York, el decimonoveno día del mes de diciembre de mil novecientos sesenta y seis.

El presente Pacto Internacional entrará en vigor el 27 de julio de 1977, de conformidad con lo establecido en su artículo 27, apartado 2, habiendo sido depositado el Instrumento de Ratificación de España el 27 de abril de 1977.

2.4. Declaración del Parlamento de las Religiones del Mundo

Este texto se elaboró a partir de la Declaración y fue presentado en Chicago por un comité de redacción del Consejo del Parlamento de las Religiones del Mundo. La razón de ser de este texto era la de ofrecer un escueto resumen de la Declaración. Con ello, además, se pretendía facilitar su lectura pública. En este sentido se utilizó el texto en la solemne sesión pública de clausura de la Asamblea el 4 de septiembre de 1993 en el Grant Park de Chicago, durante la cual varios miles de asistentes prorrumpieron en aplausos tras la lectura de varios pasajes.

TEXTO: «*El mundo agoniza. Agonía tan penetrante y opresiva que nos sentimos movidos a señalar las formas en que se muestra para poner de manifiesto lo hondo de nuestra zozobra.*

La paz nos da la espalda. El planeta está siendo destruido. Los vecinos viven en temor mutuo. Hombres y mujeres se distancian entre sí. Los niños mueren.

Todo ello es terrible

Condenamos el mal uso de los ecosistemas de nuestra Tierra.

Condenamos la miseria, que estrangula las posibilidades de vida; el hambre, que debilita los cuerpos de los seres humanos; las desigualdades económicas, que a tantas familias amenazan con la ruina.

Condenamos el desorden social de las naciones; el desprecio de Injusticia, que empuja a los ciudadanos hacia la marginación; la anarquía, que gana posiciones en nuestras comunidades; y la absurda muerte de niños mediante la violencia. Condenamos especialmente la agresión y el odio en nombre de la religión.

Esta agonía debe cesar.

Debe cesar, porque ya existe la base de una ética. Tal ética brinda la posibilidad de un mejor orden individual y global que aleje a los hombres de la desesperación y a las sociedades del caos.

Somos mujeres y hombres que siguen los preceptos y las prácticas de las religiones del mundo.

Afirmamos que las enseñanzas de las religiones contienen un patrimonio común de valores radicales que constituyen la base de una ética mundial.

Afirmamos que esta verdad ya es conocida, pero aún no se vive como debiera de corazón y de obra.

Afirmamos que hay una norma irrevocable, imprescindible en todos los ámbitos de la vida, válida para las familias y las comunidades, para las razas, naciones y religiones. Ya hay criterios ancestrales del comportamiento humano que pueden hallarse en la enseñanzas de las religiones del mundo y que son la condición de un orden mundial duradero.

Declaramos.

Que todos somos interdependientes. Cada uno de nosotros depende de la salud del conjunto. Por ello respetamos la colectividad de los seres vivientes, hombres, animales y plantas, y nos sentimos preocupados por la conservación de la Tierra, del aire, del agua, del suelo.

Que como individuos somos responsables de todo lo que realizamos. Todas nuestras decisiones, actuaciones y negligencias tienen consecuencias.

Que debemos tratar a los demás como queremos que nos traten a nosotros. Nos comprometemos a respetar la vida y la dignidad humana, la individualidad y la diferencia, de suerte que toda persona sin excepción reciba un trato humano. Hemos de ejercitarnos en la paciencia y en la aceptación. Hemos de ser capaces de perdonar, aprendiendo del pasado, pero sin ceder jamás a la memoria del odio. Al abrir nuestro corazón a los demás debemos enterrar nuestras mezquinas querellas en aras de la comunidad mundial de manera que llevemos a la práctica una cultura de la solidaridad y de la vinculación mutuas.

Consideramos a la Humanidad nuestra familia. Hemos de esforzarnos en ser afables y generosos. No debemos vivir solamente para nosotros mismos sino que, por el contrario, hemos de servir a los demás y no olvidar jamás a los niños, ancianos, a los pobres, a los disminuidos, a los exiliados y a quienes se encuentran solos. Nadie debe ser jamás considerado o tratado como ciudadano de segunda clase. Nadie debe ser sometido a explotación, de la clase que sea. Entre hombre y mujer debe existir un compañerismo basado en la igualdad. No podemos incurrir en ningún tipo de comportamiento sexual inmoral. Debemos dejar a cualquier forma de dominio o de abuso.

Nos declaramos comprometidos con la cultura de la no violencia, del respeto, de la justicia y de la paz. Jamás oprimiremos a otro hombre, no le causaremos daño, ni le torturaremos, ni desde luego le causaremos la muerte, y renunciaremos a la violencia como medio de resolver las diferencias.

Nos esforzaremos por conseguir un orden social y económico justo en el que cada cual reciba las mismas oportunidades para desarrollar plenamente sus cualidades humanas. Hemos de expresarnos con fidelidad a la verdad y actuar en consecuencia comprendiendo a los demás, evitando dejarnos arrastrar por prejuicios u odios. No debemos robar. Hemos de superar cualquier inclinación a buscar ávidamente el poder el dominio, el prestigio, el dinero y el consumo, en aras deformar un mundo justo y pacífico.

La Tierra no puede cambiar a mejor si antes no cambia la mentalidad de los individuos. Nos comprometemos a dilatar nuestra capacidad de percepción sometiendo a disciplina nuestro espíritu mediante la meditación, la plegaria o la reflexión positiva. Sin riesgo y sin disposición al sacrificio no puede producirse un cambio fundamental en nuestra situación. Por eso nos comprometemos con esta ética mundial, con una mutua comprensión y con aquellas formas de vida que conlleven un concierto social, la consolidación de la paz y el respeto a la Naturaleza ».

Invitamos a todos, creyentes o no, a hacer lo mismo.

3. DECLARACIONES SECTORIALES DE DERECHOS HUMANOS

3.1. Declaración sobre la eliminación de la Discriminación contra la Mujer de 7 de Noviembre de 1967

La Asamblea General,

Considerando que los pueblos de las Naciones Unidas han reafirmado en la Carta su fe en los derechos fundamentales del hombre, en la dignidad y el valor de la persona y en la igualdad de derechos de hombres y mujeres,

Considerando que la Declaración Universal de Derechos Humanos establece el principio de la no discriminación y proclama que todos los seres humanos nacen libres e iguales en dignidad y derechos y que toda persona tiene todos los derechos y libertades proclamadas en dicha Declaración, sin distinción alguna, incluida la distinción por razón de sexo,

Teniendo en cuenta las resoluciones, declaraciones, convenciones y recomendaciones de las Naciones Unidas y los organismos especializados cuyo objeto es eliminar todas las formas de discriminación y fomentar la igualdad de derechos de hombres y mujeres.

Preocupada de que, a pesar de la Carta de las Naciones Unidas, de la Declaración Universal de Derechos Humanos, de los Pactos Internacionales de Derechos Humanos y de otros instrumentos de las Naciones Unidas y los organismos especializados y a pesar de los progresos realizados en materia de igualdad de derechos, continua existiendo considerable discriminación en contra de la mujer,

Considerando que la discriminación contra la mujer es incompatible con la dignidad humana y con el bienestar de la familia y de la sociedad, impide su participación en la vida política, social, económica y cultural de sus pases en condiciones de igualdad con el hombre, y constituye un obstáculo para el pleno desarrollo de las posibilidades que tiene la mujer de servir a sus países y a la humanidad,

Teniendo presente la importancia de la contribución de la mujer a la vida social, política, economice y cultural, así como su función en la familia y especialmente en la educación de los hijos,

Convencida de que la máxima participación tanto de las mujeres como de los hombres en todos los campos es indispensable para el desarrollo total de un país, el bienestar del mundo y la causa de la paz,

Considerando que es necesario garantizar el reconocimiento universal, de hecho y en derecho, del principio de igualdad del hombre y la mujer,

Proclama solemnemente la presente Declaración:

1. La discriminación contra la mujer, por cuanto niega o limita su igualdad de derechos con el hombre, es fundamentalmente injusta y constituye una ofensa a la dignidad humana.

2. Deberán adaptarse todas las medidas apropiadas a fin de abolir las leyes, costumbres, reglamentos y prácticas existentes que constituyan una discriminación en contra de la mujer, y para asegurar la protección jurídica adecuada de la igualdad de derechos del hombre y la mujer, en particular:

a) El principio de la igualdad de derechos figurará en las constituciones o será garantizado de otro modo por ley;

b) Los instrumentos internacionales de las Naciones Unidas y de los organismos especializados relativos a la eliminación de la discriminación en contra de la mujer se aceptarán mediante ratificación o adhesión y se aplicarán plenamente tan pronto como sea posible.

3. Deberán adaptarse las medidas apropiadas para educar a la opinión pública y orientar las aspiraciones nacionales hacia la eliminación de los prejuicios y la abolición de las

prácticas consuetudinarias y de cualquier otra índole que están basadas en la idea de la inferioridad de la mujer.

4. Deberán adaptarse todas las medidas apropiadas para asegurar a la mujer en igualdad de condiciones con el hombre y sin discriminación alguna:

a) El derecho a votar en todas las elecciones y a ser elegible para formar parte de todos los organismos constituidos mediante elecciones públicas;

b) El derecho a votar en todos los referéndum, públicos;

e) El derecho a ocupar cargos públicos y a ejercer todas las funciones públicas.

Estos derechos deberán ser garantizados por la legislación.

5. La mujer tendrá los mismos derechos que el hombre en materia de adquisición, cambio o conservación de una nacionalidad. El matrimonio con un extranjero no debe afectar automáticamente la nacionalidad de la mujer, ya sea convirtiéndola en apátrida o imponiéndole la nacionalidad de su marido.

6.1. Sin perjuicio de la salvaguardia de la unidad y la armonía de la familia, que sigue siendo la unidad básica de toda sociedad, deberán adaptarse todas las medidas apropiadas, especialmente medidas legislativas, para que la mujer, casada o no, tenga iguales derechos que el hombre en el campo del derecho civil y en particular:

a) El derecho a adquirir, administrar y heredar bienes y a disfrutar y disponer de ellos, incluyendo los adquiridos durante el matrimonio;

b) La igualdad en la capacidad jurídica y en su ejercicio;

e) Los mismos derechos que el hombre en la legislación sobre circulación de las personas.

6.2. Deberán adaptarse todas las medidas apropiadas para asegurar el principio de la igualdad de condición del marido y de la esposa, y en particular:

a) La mujer tendrá el mismo derecho que el hombre a escoger libremente cónyuge y a contraer matrimonio sólo mediante su pleno y libre consentimiento;

b) La mujer tendrá los mismos derechos que el hombre durante el matrimonio y a la disolución de] mismo. En todos los casos el interés de los hijos debe ser la consideración primordial;

c) El padre y la madre tendrán iguales derechos y deberes en lo tocante a sus hijos. En todos los casos el interés de los hijos debe ser la consideración primordial..

6.3. Deberán prohibirse el matrimonio de niños y los esponsales de las jóvenes antes de haber alcanzado la pubertad y deberán adaptarse medidas eficaces, inclusive medidas legislativas, a fin de fijar una edad mínima para contraer matrimonio y hacer obligatoria la inscripción del matrimonio en un registro oficial.

7. Todas las disposiciones de los códigos penales que constituyan una discriminación contra las mujeres serán derogadas.

8. Deberán adaptarse todas las medidas apropiadas, inclusive medidas legislativas, para combatir todas las formas de trata de mujeres y de explotación de la prostitución de mujeres.

9. Deberán adaptarse todas las medidas apropiadas para asegurar a la joven y a la mujer, casada o no, derechos iguales a los del hombre en materia de educación en todos los niveles, y en particular:

a) Iguales condiciones de acceso a toda clase de instituciones docentes, incluidas las universidades y las escuelas técnicas y profesionales, e iguales condiciones de estudio en dichas instituciones;

b) La misma selección de programas de estudios, los mismos exámenes, personal docente del mismo nivel profesional, y locales y equipo de la misma calidad, ya se trate de establecimientos de enseñanza mixta o no;

c) Iguales oportunidades en la obtención de becas y otras subvenciones de estudio;

d) Iguales oportunidades de acceso a los programas de ocupación complementaria, incluidos los programas de alfabetización de adultos;

e) Acceso a material informativo para ayudarla a asegurar la salud y bienestar de la familia.

10.1. Deberán adaptarse todas las medidas apropiadas para garantizar a la mujer, casada o no, los mismos derechos que al hombre en la esfera de la vida económica y social, y en particular:

a) El derecho, sin discriminación alguna por su estado civil o por cualquier otro motivo, a recibir formación profesional, trabajar, elegir libremente empleo y profesión y progresar en la profesión y en el empleo;

b) El derecho a igual remuneración que el hombre y a igualdad de trato con respecto a un trabajo de igual valor;

El derecho a vacaciones pagadas, prestaciones de jubilación y medidas que la aseguren contra el desempleo, la enfermedad, la vejez o cualquier otro tipo de incapacidad para el trabajo;

d) El derecho a recibir asignaciones familiares en igualdad de condiciones con el hombre.

10.2. A fin de impedir que se discrimine contra la mujer por razones de matrimonio, maternidad y garantizar su derecho efectivo al trabajo, deberán adaptarse medidas para evitar su despido en caso de matrimonio o maternidad, proporcionarle licencia de maternidad con sueldo pagado y la garantía de volver a su empleo anterior, así como para que se le presten los necesarios servicios sociales, incluidos los destinados al cuidado de los niños.

10.3. Las medidas que se adopten a fin de proteger a la mujer en determinados tipos de trabajo por razones inherentes a su naturaleza física no se considerarán discriminatorias.

11.1. El principio de la igualdad de derechos del hombre y la mujer exige os los Estados lo apliquen en conformidad con los principios de la Carta de las Naciones Unidas y de la Declaración Universal de Derechos Humanos.

11.2. En consecuencia, se encarece a los gobiernos, las organizaciones no gubernamentales y los individuos que hagan cuanto está de su parte para promover la aplicación de los principios contenidos en esta Declaración.

3.2. Declaración de los Derechos del Niño, de 20 de Noviembre de 1959

Considerando que los pueblos de las Naciones Unidas han reafirmado en la Carta su fe en los derechos fundamentales del hombre y en la dignidad y el valor de la persona humana, y su determinación de promover el progreso social y elevar el nivel de vida dentro de un concepto más amplio de la libertad.

Considerando que las Naciones Unidas han proclamado en la Declaración Universal de Derechos Humanos que toda persona tiene todos los derechos y libertades enunciados en ella, sin distinción alguna de raza, color, sexo, idioma, religión, opinión política o de cualquiera otra índole, origen nacional o social, posición económica, nacimiento o cualquiera otra condición,

Considerando que el niño, por su falta de madurez física y mental, necesita protección y cuidado especiales, incluso la debida protección legal, tanto antes como después del nacimiento,

Considerando que la necesidad de esa protección especial ha sido enunciada en la Declaración de Ginebra de 1924 sobre los Derechos del Niño y reconocida en la Declaración Universal de Derechos Humanos y en los convenios constitutivos de los organismos especializados y de las organizaciones internacionales que se interesan en el bienestar del niño,

Considerando que la humanidad debe al niño lo mejor que puede darle,

La Asamblea General

Proclama la presente Declaración de los Derechos del Niño a fin de que éste pueda tener una infancia feliz y gozar, en su propio bien y en bien de la sociedad, de los derechos y libertades que en ella se enuncian e insta a los padres, a los hombres y mujeres individualmente y a las organizaciones particulares, autoridades locales y gobiernos nacionales a que reconozcan esos derechos y luchen por su observancia con medidas legislativas y de otra índole adoptadas progresivamente en conformidad con los siguientes principios:

Principio 1. El niño disfrutará de todos los derechos enunciados en esta Declaración. Estos derechos serán reconocidos a todos los niños sin excepción alguna ni distinción o discriminación por motivos de raza, color, sexo, idioma, religión, opiniones políticas o de otra índole, origen nacional o social, posición económica, nacimiento u otra condición, ya sea del propio niño o de su familia.

Principio 2. El niño gozará de una protección especial y dispondrá de oportunidades y servicios, dispensado todo ello por la ley y por otros medios, para que pueda desarrollarse física, mental, moral, espiritual y socialmente en forma saludable y normal, así como en condiciones de libertad y dignidad. Al promulgar leyes con este fin, la consideración fundamental a que se atenderá será el interés superior del niño.

Principio 3. El niño tiene derecho desde su nacimiento a un nombre y a una nacionalidad.

Principio 4. El niño debe gozar de los beneficios de la seguridad social. Tendrá derecho a crecer y desarrollarse en buena salud; con este fin deberán proporcionarse, tanto a él como a su madre, cuidados especiales, incluso atención prenatal y postnatal. El niño tendrá derecho a disfrutar de alimentación, vivienda, recreo y servicios médicos adecuados.

Principio 5. El niño física o mentalmente impedido o que sufra algún impedimento social debe recibir el tratamiento, la educación y el cuidado especiales que requiere su caso particular.

Principio 6. El niño, para el pleno y armonioso desarrollo de su personalidad, necesita amor y comprensión. Siempre que sea posible, deberá crecer al amparo y bajo la responsabilidad de sus padres y, en todo caso, en un ambiente de afecto y de seguridad moral y material; salvo circunstancias excepcionales, no deberá separarse al niño de corta edad de su madre. La sociedad y las autoridades públicas tendrán la obligación de cuidar especialmente a los niños sin familia o que carezcan de medios adecuados de subsistencia. Para el mantenimiento de los hijos de familias numerosas conviene conceder subsidios estatales o de otra índole.

Principio 7. El niño tiene derecho a recibir educación, que será gratuita y obligatoria por lo menos en las etapas elementales. Se le dará una educación que favorezca su cultura general y le permita, en condiciones de igualdad de oportunidades, desarrollar sus aptitudes y su juicio individual, su sentido de responsabilidad moral y social, y llegar a ser un miembro útil de la sociedad. El interés superior del niño debe ser el principio rector de quienes tienen la responsabilidad de su educación y orientación; dicha responsabilidad incumbe, en primer término, a sus padres.

El niño debe disfrutar plenamente de juegos y recreaciones, los cuales deben estar orientados hacia los fines perseguidos por la educación; la sociedad y las autoridades públicas se esforzarán por promover el goce de este derecho.

Principio 8. El niño debe, en todas las circunstancias, figurar entre los primeros que reciban protección y socorro.

Principio 9. El niño debe ser protegido contra toda forma de abandono, crueldad y explotación. No será objeto de ningún tipo de trata.

No deberá permitirse al niño trabajar antes de una edad mínima adecuada; en ningún caso se le dedicará ni se le permitirá que se dedique a ocupación o empleo alguno que pueda perjudicar su salud o su educación o impedir su desarrollo físico, mental o moral.

Principio 10. El niño debe ser protegido contra las prácticas que puedan fomentar la discriminación racial, religiosa o de cualquier otra índole. Debe ser educado en un espíritu de comprensión, tolerancia, amistad entre los pueblos, paz y fraternidad universal. y con plena conciencia de que debe consagrar sus energías y aptitudes al servicio de sus semejantes.

4. CONSTITUCIÓN ESPAÑOLA DE 1978: DERECHOS Y DEBERES FUNDAMENTALES

TÍTULO I
De los derechos y deberes fundamentales

CAPÍTULO SEGUNDO
Derechos y libertades

Artículo 14.

Los españoles son iguales ante la ley, sin que pueda prevalecer discriminación alguna por razón de nacimiento, raza, sexo, religión, opinión o cualquier otra condición o circunstancia personal o social.

SECCIÓN I
De los derechos fundamentales y de las libertades públicas

Artículo 15.

Todos tienen derecho a la vida y a la integridad física y moral, sin que, en ningún caso, puedan ser sometidos a tortura ni a penas o a tratos inhumanos o degradantes. Queda abolida la pena de muerte, salvo lo que puedan disponer las leyes penales militares para tiempos de guerra.

Artículo 16.

1. Se garantiza la libertad ideológica, religiosa y de culto de los individuos y las comunidades sin más limitación, en sus manifestaciones, que la necesaria para el mantenimiento del orden público protegido por la ley.

1. Nadie podrá ser obligado a declarar sobre su ideología, religión o creencias.

3. Ninguna confesión tendrá carácter estatal. Los poderes públicos tendrán en cuenta las creencias religiosas de la sociedad española y mantendrán las consiguientes relaciones de cooperación con la Iglesia Católica y las demás confesiones.

Artículo 17.

1. Toda persona tiene derecho a la libertad y a la seguridad. Nadie puede ser privado de su libertad, sino con la observancia de lo establecido en este Artículo y en los casos y en la forma previstos en la ley.

2. La detención preventiva no podrá durar más del tiempo estrictamente necesario para la realización de las averiguaciones tendentes al esclarecimiento de los hechos, y, en todo caso, en el plazo máximo de setenta y dos horas, el detenido deberá ser puesto en libertad o a disposición de la autoridad judicial.

3. Toda persona detenida debe ser informada de forma inmediata, y de modo que le sea comprensible, de sus derechos y de las razones de su detención, no pudiendo ser obligada a declarar. Se garantiza la asistencia de abogado al detenido en las diligencias policiales y judiciales, en los términos que la ley establezca.

4. La ley regulará un procedimiento de «habeas corpus» para producir la inmediata puesta a disposición judicial de toda persona detenida ilegalmente. Asimismo, por ley se determinará el plazo máximo de duración de la prisión provisional.

Artículo 18.

1. Se garantiza el derecho al honor, a la intimidad personal y familiar y a la propia imagen.

2. El domicilio es inviolable. Ninguna entrada o registro podrá hacerse en él sin consentimiento del titular o resolución judicial, salvo en caso de flagrante delito.

3. Se garantiza el secreto de las comunicaciones y, en especial, de las postales, telegráficas y telefónicas, salvo resolución judicial.

4. La ley limitará el uso de la informática para garantizar el honor y la intimidad personal y familiar de los ciudadanos y el pleno ejercicio de sus derechos.

Artículo 19.

Los españoles tienen derecho a elegir libremente su residencia y a circular por el territorio nacional.

Asimismo, tienen derecho a entrar y salir libremente de España en los términos que la ley establezca. Este derecho no podrá ser limitado por motivos políticos o ideológicos.

Artículo 20.

1. Se reconocen y protegen los derechos:

a) A expresar y difundir libremente los pensamientos, ideas y opiniones mediante la palabra, el escrito o cualquier otro medio de reproducción.

b) A la producción y creación literaria, artística. científica y técnica.

c) A la libertad de cátedra.

d) A comunicar o recibir libremente información veraz por cualquier medio de difusión. La ley regulará el derecho a la cláusula de conciencia y al secreto profesional en el ejercicio de estas libertades.

2. El ejercicio de estos derechos no puede restringiese mediante ningún tipo de censura previa.

3. La ley regulará la organización y el control parlamentario de los medios de comunicación social dependientes del Estado o de cualquier ente público y garantizará el acceso a dichos medios de los grupos sociales y políticos significativos, respetando el pluralismo de la sociedad y de las diversas lenguas de España.

4. Estas libertades tienen su límite en el respeto a los derechos reconocidos en este Título, en los preceptos de las leyes que lo desarrollan y, especialmente, en el derecho al honor a la intimidad, a la propia imagen y a la protección de la juventud y de la infancia.

5. Sólo podrá acordarse el secuestro de publicaciones, grabaciones y otros medios de información en virtud de resolución judicial.

Artículo 21.

1. Se reconoce el derecho de reunión pacífica y sin armas. El ejercicio de este derecho no necesitará autorización previa.

2. En los casos de reuniones en lugares de tránsito público y manifestaciones se dará comunicación previa a la autoridad, que sólo podrá prohibirlas cuando existan razones fundadas de alteración del orden público, con peligro para personas o bienes.

Artículo 22.

1. Se reconoce el derecho de asociación.

2. Las asociaciones que persigan fines o utilicen medios tipificados como delitos son ilegales.

3. Las asociaciones constituidas al amparo de este Artículo deberán inscribirse en un registro a los solos efectos de publicidad.

4. Las asociaciones sólo podrán ser disueltas o suspendidas en sus actividades en virtud de resolución judicial motivada.

5. Se prohiben las asociaciones secretas y las de carácter paramilitar.

Artículo 23.

1. Los ciudadanos tienen el derecho a participar en los asuntos públicos, directamente o por medio de representantes, libremente elegidos en elecciones periódicas por sufragio universal.

2. Asimismo, tienen derecho a acceder en condiciones de igualdad a las funciones y cargos públicos, con los requisitos que señalen las leyes.

Artículo 24.

1. Todas las personas tienen derecho a obtener la tutela efectiva de los jueces y tribunales en el ejercicio de sus derechos e intereses legítimos, sin que, en ningún caso, pueda producirse indefensión.

2. Asimismo, todos tienen derecho al Juez ordinario predeterminando por la ley, a la defensa y a la asistencia de letrado, a ser informados de la acusación formulada contra ellos, a un proceso público sin dilaciones indebidas y con todas las garantías, a utilizar los medios de prueba pertinentes para su defensa, a no declarar contra sí mismos, a no confesarse culpables y a la presunción de inocencia. La ley regulará los casos en que, por razón de parentesco o de secreto profesional, no se estará obligado a declarar sobre hechos presuntamente delictivos.

Artículo 25.

1. Nadie puede ser condenado o sancionado por acciones u omisiones que en el momento de producirse no constituyan delito, falta o infracción administrativa, según la legislación vigente en aquel momento.

2. Las penas privativas de libertad y las medidas de seguridad estarán orientadas hacia la reeducación y reinserción social y no podrán consistir en trabajos forzados. El condenado a pena de prisión que estuviera cumpliendo la misma gozará de los derechos fundamentales de este Capítulo, a excepción de los que se vean expresamente limitados por el contenido

del fallo condenatorio, el sentido de la pena y la ley penitenciaria. En todo caso, tendrá derecho a un trabajo remunerado y a los beneficios correspondientes de la Seguridad Social, así como al acceso a la cultura y al desarrollo integral de su personalidad.

3. La Administración civil no podrá imponer sanciones que, directa o subsidiariamente, impliquen privación de libertad.

Artículo 26.

Se prohiben los Tribunales de Honor en el ámbito de la Administración civil y de las organizaciones profesionales.

Artículo 27.

1. Todos tienen el derecho a la educación. Se reconoce la libertad de enseñanza.
2. La educación tendrá por objeto el pleno desarrollo de la personalidad humana en el respeto a los principios democráticos de convivencia y a los derechos y libertades fundamentales.
3. Los poderes públicos garantizan el derecho que asiste a los padres para que sus hijos reciban la formación religiosa y moral que esté de acuerdo con sus propias convicciones.
4. La enseñanza básica es obligatoria y gratuita.
5. Los poderes públicos garantizan el derecho de todos a la educación, mediante una programación general de la enseñanza, con participación efectiva de todos los sectores afectados y la creación de centros docentes.
6. Se reconoce a las personas físicas y jurídicas la libertad de creación de centros docentes, dentro del respeto a los principios constitucionales.
7. Los profesores, los padres y, en su caso, los alumnos intervendrán en el control y gestión de todos los centros sostenidos por la Administración con fondos públicos, en los términos que la ley establezca.
8. Los poderes públicos inspeccionarán y homologarán el sistema educativo para garantizar el cumplimiento de las leyes.
9. Los poderes públicos ayudarán a los centros docentes que reúnan los requisitos que la ley establezca.
10. Se reconoce la autonomía de las Universidades, en los términos que la ley establezca.

Artículo 28.

1. Todos tienen derecho a sindicarse libremente. La ley podrá limitar o exceptuar el ejercicio de este derecho a las Fuerzas o Institutos armados o a los demás Cuerpos sometidos a disciplina militar y regulará las peculiaridades de su ejercicio para los funcionarios públicos. La libertad sindical comprende el derecho a fundar sindicatos y a afiliarse al de su elección, así como el derecho de los sindicatos a formar confederaciones y a fundar organizaciones sindicales internacionales o afiliarse a las mismas. Nadie podrá ser obligado a afiliarse a un sindicato.
2. Se reconoce el derecho a la huelga de los trabajadores para la defensa de sus intereses. La ley que regule el ejercicio de este derecho establecerá las garantías precisas para asegurar el mantenimiento de los servicios esenciales de la comunidad.

Artículo 29.

1. Todos los españoles tendrán el derecho de petición individual y colectiva, por escrito, en la forma y con los efectos que determine la ley.

2. Los miembros de las Fuerzas o Institutos armados o de los Cuerpos sometidos a disciplina militar podrán ejercer este derecho sólo individualmente y con arreglo a lo dispuesto en su legislación específica.

CAPÍTULO CUARTO
De las garantías de las libertades y derechos fundamentales

Artículo 53.

1. Los derechos y libertades reconocidos en el Capítulo segundo del presente Título vinculan a todos los poderes públicos. Sólo por ley, que en todo caso deberá respetar su contenido esencial, podrá regularse el ejercicio de tales derechos y libertades, que se tutelarán de acuerdo con lo previsto en el Artículo 161, 1 a).

2. Cualquier ciudadano podrá recabar la tutela de las libertades y derechos reconocidos en al Artículo 14 y la Sección 1 del Capítulo segundo ante los Tribunales ordinarios por un procedimiento basado en los principios de preferencia y sumariedad y, en su caso, a través del recurso de amparo ante el Tribunal Constitucional. Este último recurso será aplicable a la objeción de conciencia reconocida en el Artículo 30.

3. El reconocimiento, el respeto y la protección de los principios reconocidos en el Capítulo tercero, informará la legislación positiva, la práctica judicial y la actuación de los poderes públicos. Sólo podrán ser alegados ante la Jurisdicción ordinaria de acuerdo con lo que dispongan las leyes que los desarrollen.

Bibliografía sumaria

Aranguren, J. L. (1958): *Ética.* Ed. Rev. Occidente. Madrid

Berger, P. L. y Luckmann, T. (1997): *Modernidad, pluralismo y crisis de sentido.* Paidos. Barcelona

Bell, D. (1977): *Las contradicciones culturales del capitalismo.* Alianza. Madrid

Bilbeny, E. (1990): *Aproximación a la ética.* Ariel. Barcelona

Bonete Perales, E. (1990): *Éticas contemporáneas.* Tecnos. Madrid

Bunge, M. (1960): *Ética y Ciencia.* Siglo XX. Buenos Aires

Camps, V. (1983): *La imaginación ética.* Seix Barral. Barcelona

Cortina, A. (1997): *La ética de la sociedad civil* Anaya. Madrid

(1993): *Ética aplicada y democracia radical.* Tecnos. Madrid

(1996): *Ética mínima.* Tecnos. Madrid

Dessauer, F. (1964): *Discusión sobre la ética.* Rialp. Madrid

Díaz, E. (1990): *Ética contra política.* Centr. Estud. Constitucionales. Madrid

Fromm, E. (1953): *Ética y psicoanálisis.* FCE. México

García-Marzá, V. D. (1992): *Ética de Injusticia.* Tecnos. Madrid

Giddens, A. (1993): *Consecuencias de la modernidad.* Alianza. Madrid

Habermas, J. (1989): *El discurso filosófico de la modernidad.* Taurus. Madrid

Habermas, J. y Rawls, J. (1998): *Debate sobre el liberalismo político.* Paidos.

Hartmann, K. (1989): *¿ Qué es y qué pretende la ética?.* Concilium 223.

Hersh, H. P. (1994): *El crecimiento moral.* Narcea. Madrid

Huntington, S. (1997): *El choque de civilizaciones.* Paidos. Barcelona

Kutschera, F. (1989): *Fundamentos de ética.* Cátedra. Madrid

Lamas Estévez, M. A. (1987): *Deontología profesional.* Dirc. Gral. Policía. Madrid

Mardones, J. M. (1998): *Neoliberalismo y religión.* Verbo Divino. Estella

Martín Fernández, M. (1986): *La profesión de policía.* Siglo XXI. Madrid

Peters, R. S. (1984): *Desarrollo moral y educación moral.* FCE. Madrid

Poole, R. (1993): *Moralidad y modernidad. El porvenir de la ética.* Herder. Barcelona

Rawls, J. (1978): *Teoría de Injusticia.* FCE. Madrid

Rosanvailon, P. (1995): *La crisis del estado de Bienestar.* Civitas. Madrid

Rubio, J. (1987): *El hombre y la ética.* Anthropos. Barcelona

Sánchez Vázquez, A. (1981): *Ética.* Crítica. Barcelona

Savater, F. (1981): *Iniciación a la ética.* Anagrama. Barcelona

Singer, P. (1984): *Ética práctica.* Ariel. Barcelona

Torrente, A. (1966): *Deontología policial.* Esc. Gal. de policía. Madrid

Touraine, A. (1993): *Crítica a la modernidad.* Temas de Hoy. Madrid

OTROS TÍTULOS DE LA COLECCIÓN

1. **MANUAL DE TÉCNICA POLICIAL** (2ª Edición)
   Francisco Antón Barberá
   Juan Vicente de Luis y Turégano

2. **ANÁLISIS DE TEXTOS MANUSCRITOS, FIRMAS Y ALTERACIONES DOCUMENTALES**
   Francisco Antón Barberá
   Francisco Méndez Baquero

3. **DEFENSA PERSONAL POLICIAL**
   José A. Fernández Prada
   José L. Tejedor González

4. **POLICÍA CIENTÍFICA. VOLUMEN I y II** (3ª Edición)
   Francisco Antón Barberá
   Juan Vicente de Luis y Turégano

5. **INICIACIÓN A LA DACTILOSCOPIA Y OTRAS TÉCNICAS POLICIALES** (2ª Edición)
   Francisco Antón Barberá

– Di [illegible]è | [illegible]
por un [illegible]
largo [illegible]
[illegible]